Bewusstes Sehen

Roberto Kaplan

Bewusstes Sehen

Verwandle dein Leben
durch deine Augen

*Aus dem Amerikanischen von
Diane von Weltzien*

Integral

Die amerikanische Originalausgabe erschien 2001 unter dem Titel
»*Conscious Seeing*« im Verlag Beyond Words Publishing, Inc., Hillsboro,
Oregon. All rights reserved.

Der Integral Verlag ist ein Unternehmen der
Econ Ullstein List Verlag GmbH & Co. KG, München.

ISBN 3-7787-9075-7

© 2001 by Roberto M. Kaplan
© der deutschen Ausgabe 2001 by
Econ Ullstein List Verlag GmbH & Co. KG, München
Alle Rechte sind vorbehalten. Printed in Germany.
Überarbeitung: Gabriela Jorg
Umschlaggestaltung: HildenDesign, München
Gesetzt aus der Caslon und Odense bei
Franzis print & media GmbH, München
Druck und Bindung: Clausen & Bosse, Leck

Die in diesem Buch dargestellten Menschen setzen sich aus früheren oder gegenwärtigen Patienten, Kursteilnehmern oder anderen Personen zusammen, mit denen ich im Laufe meines Berufslebens zusammengearbeitet oder die ich unter anderen Umständen kennen gelernt habe. Ihre Namen und andere die Identifikation ermöglichenden Merkmale wurden abgewandelt, um ihre Persönlichkeitsrechte zu schützen.

Der Inhalt dieses Buches ist nicht als Ersatz für eine schulmedizinische Augenversorgung oder -behandlung gedacht. Die im Rahmen bewussten Sehens vorgestellten Techniken sollen erzieherisch wirken und den Leser in seinem persönlichen Wachstum unterstützen. Sollten Sie in irgendeiner Weise über den Zustand Ihrer Augen und aller mit ihnen zusammenhängenden Organe und Funktionen besorgt sein, dann wenden Sie sich bitte an einen Augenarzt Ihres Vertrauens. Autor und Verlag übernehmen keine Haftung für die Art und Weise, wie der Inhalt dieses Buches zur Anwendung gebracht wird.

Inhalt

Vorwort 11

1. Die Anatomie des Sehens 15
   Das Auge als Kamera 15
   Das Auge als Projektor 24
   Das Auge als Drucker 27
   Das Gehirn – ein Computerchip 30
   Der Geist – die Supersoftware 32
   Bewusstsein – das geistige Auge 41

2. Sehen, nicht schauen 45
   Schauen: Die Logik des Denkens und Handelns 45
   Sehen: Die Kunst des Fühlens 58

3. Genetische Veranlagung und Persönlichkeitsentwicklung . 71
   Der Ursprung der Persönlichkeit 71
   Die flexible Persönlichkeit 73
   Die Überlebenspersönlichkeit 78
   Denkender, fühlender und emotionaler Persönlichkeitstyp 82
   Irisphänomene und Persönlichkeitsmerkmale 89
   Raumwahrnehmung und Bewusstsein 93

4. Julianas Weg zu bewusstem Sehen 99
   Wer bin ich wirklich? 99
   Das denkende Selbst 104
   Das emotionale Selbst 108
   Das fühlende Selbst 112

5. Die vierte Dimension des Sehens 117
   Das geistige Auge 118
   Das Auge der Vivencia 119
   Den Raum des geistigen Auges erforschen 120
   Universeller Raum 123
   Überlebenswahrnehmungen des geistigen Auges 126
   Die mit dem Kameraauge aufgezeichneten Wahrnehmungen
   des geistigen Auges 128
   Wirklichkeit oder Illusion? 136

6. Bewusst sein – Gedanken und Gefühle verschmelzen 145
   Präsenz 149
   Integrative Sehtherapie 159
   Divergenz und Konvergenz 162

7. Kurzsichtigkeit – Expansion und Fokus 167
   Rationales Denken 167
   Genetisch bedingte Kurzsichtigkeit 172
   Kurzsichtigkeit und Persönlichkeit 176
   Angst vor dem Sehen 179
   Das Gesehene fühlen 181
   Maßnahmen gegen Kurzsichtigkeit 181
   Über das Selbst hinaussehen 185
   Weitsichtiges Wahrnehmen 188
   Erweiterung des Sehvermögens 188
   Kurzsichtigkeit bei Kindern 190

8. Weitsichtigkeit – Zentrierung und Klarheit 193
   Weitsichtigkeit bei Kindern 194
   Weitsichtig SEIN 197
   Zorn und Leidenschaft 198
   Die Weisheit des Zorns 200
   Zentriert SEIN 204
   Alterssichtigkeit 206

Weitsichtigkeit und Licht 209
Nähe und Nahsehen 210
Unabhängigkeit 211
Lesen, was sonst? 213

9. Astigmatismus – Von der Verzerrung zur integrierten Ganzheit 215
Astigmatismus ergründen 215
Wo sehen Sie am schärfsten? 216
Kompensation per Brille 218
Astigmatismus und Überlebenswahrnehmung 219
Flexible Wahrnehmung entwickeln 223
Therapeutische Brille gegen Astigmatismus 224
Orientierung und Bewusstsein 229
Selbstachtung 231
Diagonaler Astigmatismus und Sexualität 235
Körperhaltung und Astigmatismus 237

10. Augenkrankheiten – Erwache und siehe! 239
Von der Blindheit zum Licht 239
Ein Neuanfang 244
Körper und Geist aus dem Gleichgewicht 245
Abbremsen 248
Eine Wahrnehmungsverschiebung 251
Selbstheilung 252
Sehvermögen kann sich bessern! 254
Farben und Heilung 256

11. Die Zukunft und bewusstes Sehen 263

Glossar 271
Bibliografie 275
Hilfe zu bewusstem Sehen 277
Dank 279

Vorwort

Viele Jahrhunderte lang haben Dichter die Augen als das *Fenster zur Seele* bezeichnet. Diese Metapher hat die Fantasie der Menschen auf der ganzen Welt angeregt, denn in dieser poetischen Vorstellung liegt eine tiefe Wahrheit. Ein verliebter Mensch blickt seiner Angebeteten in die Augen und fühlt – oft, ohne zu wissen, warum – eine deutliche Anregung der Beziehung. Das Neugeborene und die Mutter sehen sich in die Augen und in dem Augenblick entsteht – manche sagen, auf elektrische Weise – ihre lebenslange Bindung. Je länger wir uns mit solchen Erfahrungen beschäftigen, desto klarer wird uns, wie viel uns die Augen sagen können: wer wir sind, welche inneren Visionen uns antreiben und sogar, was wir vielleicht verändern möchten, um ein erfüllteres Leben zu führen.

Ich war schon immer von der Vorstellung fasziniert, dass die Augen der Zugang zur Seele sind. Aber mein Interesse hat noch eine weitere Dimension, denn ich bin auch Augenarzt. Ein Leben mit diesem Beruf, in dem ich buchstäblich Zehntausende Augen genau untersucht habe, hat mir die Möglichkeit gegeben zu erforschen, was Augen ausdrücken und was sie uns über unser inneres Sehen lehren können. Zudem hat es mir zu einem besseren Verständnis davon verholfen, auf welche Weise uns die Augen, als Erweiterung des Gehirns, »Ein-Sichten« darüber geben können, wie wir das Leben und die Welt um uns wahrnehmen. Mein poetisches Interesse in Kombination mit meiner Berufserfahrung mit den Augen hat mich zu den Entdeckungen geführt, die ich in diesem Buch niedergeschrieben habe. Sie werden herausfinden, dass das, was ich hier erzähle, mit dem übereinstimmt, was die Dichter gesagt haben – dass die Augen wahrhaft das Fenster zur Seele sind. Ich spreche nicht nur darüber, was der liebende Mensch auf seine(n) Geliebte(n) projiziert, wenn er ihr (ihm) in die Augen schaut. Tatsächlich offenbaren die Augen objektive Informationen über uns, unsere Emotionen, unseren Gesundheitszustand, unsere Art und Weise, wie wir die Welt wahrnehmen. Darin liegt eine unschätzbare Quelle an Wissen, die bis jetzt stark vernachlässigt wurde.

Der Dichter George Santayana sagt: »Es ist nicht Weisheit, nur weise zu sein, um innerlich zu sehen, schließ die Augen dein ...« (O World, Thou Chooseth Not, 1894).

In diesem Buch liegt der Schwerpunkt eindeutig auf dem, was Santayana das »Innere Sehen« der Augen nennt. Ich habe auf diesen Seiten einen Weg beschrieben, wie Sie erforschen können, was Ihre Augen Ihnen über Ihr Leben erzählen. Sie geben Ihnen Hinweise darauf, wie Sie Aspekte Ihres gegenwärtigen Lebens, mit denen Sie unzufrieden sind, verändern können. In dieser Hinsicht ist dies kein Buch über Sehverbesserung, dennoch werden viele von Ihnen, wenn Sie diesen Prozess der Selbsterforschung durchlaufen, auch entdecken, dass Ihre Augen sich verändern, und Sie die Außenwelt klarer sehen. Als Folge werden Sie auch weniger auf Ihre Brille angewiesen sein. Es gibt allerdings ein Geschenk, das noch größer ist als dieses: innere Weisheit.

Die letzten 30 Jahre habe ich die Mechanismen des Sehens nicht nur als Augenarzt untersucht, sondern auch als Mensch, den die Wirkungsweise menschlicher Wahrnehmung fasziniert. Anfänglich habe ich meinen Beruf auf konventionelle Weise ausgeübt, so wie ich es in meiner Optometrieausbildung gelernt habe. Das heißt, wenn ein Patient nicht scharf sehen konnte, verschrieb ich ihm eine Brille. Ich habe aufrichtig geglaubt, dass diese Methode sein Problem lösen würde, und in den meisten Fällen tat es das auch. Ich interessierte mich jedoch zunehmend für die Fälle, in denen es nicht half. Warum behauptete ein Patient auf einmal, dass er seine Kontaktlinsen nicht mehr tragen konnte? Warum beklagten sich Patienten im Alter von 40 Jahren, dass sie Kleingedrucktes plötzlich unscharf sahen? Warum hatten manche Patienten so starke Reaktionen auf ihre neue Brille, warum war in manchen Fällen sogar ihr Leben ziemlich gestört? Solche Fragen trieben mich an, die Wissenschaft und die Weisheit des Sehens tiefer zu erforschen. Dieses Buch ist das Ergebnis der Tatsache, dass ich meine Aufmerksamkeit mehr auf diese Art von Fragen gelenkt und mich nicht nur auf die Korrektur der Sehkraft beschränkt habe.

Auf diesen Seiten beschreibe ich meine Reise in die Wissenschaft und die Weisheit des bewussten Sehens. Ich habe dem Verschreiben von Brillen neue Dimensionen des Heilens hinzugefügt. Veränderte Brillenstärken gepaart mit Augenübungen werden zu einem therapeutischen Mittel für meine Patienten, zu ihrem wahren Potential zu erwachen und bewusst sehen zu lernen.

Schließlich ist das Auge ein perfektes Modell für das Verständnis der menschlichen Wahrnehmung als Schlüssel zu Transformation und Veränderung. Wenn wir uns das, was wir über das Auge wissen, genau anschauen, können wir eine aktive Rolle übernehmen in der Erschaffung unserer Sicht der Welt, einer Sicht, die über unsere Augen hinausgeht. Wir erfahren, dass sich uns in der Verschwommenheit oder in der Unschärfe, die wir eventuell als »schlechtes Sehvermögen« beschrieben haben, neue Tore der Wahrnehmung öffnen können. Sie enthüllen uns die Gedanken und Emotionen, die unsichtbar werden, wenn wir scharf sehen. Das mag vielleicht zu diesem Zeitpunkt widersprüchlich klingen, aber am Ende des Buches werden Sie wissen, warum das nicht der Fall ist.

Dieses Buch enthält viele unterschiedliche Erfahrungen, die ich in meinem Leben gemacht habe – als Fotokünstler, Augenarzt, Schamane und Mensch, ein Mensch, der danach strebt, sich weiterzuentwickeln, bewusst zu sein im täglichen Leben. Die unglaublichen Einsichten, die mir meine Patienten und die Teilnehmer meiner Seminare vermittelt haben, haben auch zu meiner eigenen persönlichen Entwicklung beigetragen.

Bevor Sie Kapitel 1 lesen, nehmen Sie sich bitte fünf Minuten Zeit, um Farbtafel 1 im Bildteil dieses Buches zu betrachten.

Roberto Kaplan
Januar 2001

1. KAPITEL

Die Anatomie des Sehens

Schau mit Augen, die sehen, was ist, und nicht, was nicht ist.
Roberto Kaplan

Das Auge als Kamera

Der amerikanische Mathematiker und Philosoph Alfred North Whitehead war einer der größten Erforscher des menschlichen Bewusstseins. Er hat zum Beispiel aufgezeigt, dass die Schönheit, die wir in der Natur finden, viel mehr das Produkt menschlicher Wahrnehmung ist als das der Natur selbst. Mit dieser Einsicht tun wir den ersten Schritt auf unserem Weg, unser Verständnis von den Augen und dem Wesen der Wahrnehmung zu vertiefen. Dr. Whitehead sagte: »Die Dichter irren gewaltig. Sie sollten ihre Lyrik an sich selbst richten und sie in Oden der Selbstbeglückwünschung über die hervorragende Leistung des menschlichen Geistes umwandeln. Natur ist eine langweilige Angelegenheit, tonlos, geruchlos, farblos, eine Anhäufung von Material, endlos und bedeutungslos.«

Wenn Dr. Whitehead Recht hat, und ich glaube, dass es so ist, dann müssen wir die Tatsache akzeptieren, dass das, was wir zu sehen *glauben*, uns mehr über uns selbst erzählt als über die Welt der Erscheinungen. Dieser Gedanke ist tatsächlich das Kernstück der bedeutendsten psychologischen und spirituellen Lehren der Welt. Aber vielleicht fragen Sie, wie uns das Auge als Metapher dafür dienen kann, diese Prinzipien in unserem täglichen Leben anzuwenden. Um diesen Prozess zu beginnen, schauen wir uns doch an, was wir über die Sehkraft wissen!

Wenn Wissenschaftler versuchen, menschliches Sehvermögen zu erklären, dann vergleichen sie das Auge gerne mit einer Kamera. Wie eine

Kamera, sagen sie, hat das Auge eine Art Blende, die nach Bedarf geöffnet und geschlossen werden kann, um die einfallende Lichtmenge zu steuern. Im Auge heißt diese Blende Regenbogenhaut oder Iris. Das Licht fällt durch die Pupille auf den Augenhintergrund, die Netzhaut oder Retina. Die gewonnene Information wird durch den Sehnerv ins Gehirn transportiert und ein Bild entsteht. Bei der Kamera verhält es sich im Prinzip genauso, nur wird das Bild auf einem Film belichtet. Doch die Anatomie des Sehens ist viel komplizierter, als diese einfache Beschreibung ahnen lässt. Um etwas über bewusstes Sehen zu erfahren, müssen wir begreifen, wie die Zusammenarbeit von Auge, Gehirn und Geist Sehen ermöglicht, und dies führt weit über den vereinfachenden Vergleich mit der Kamera hinaus.

Das durch das Auge einfallende Licht löst eine komplexe Abfolge von Ereignissen im Gehirn aus, die alle Lebensbereiche einbezieht. Gutes Sehvermögen ist folglich weit mehr als gute Sehschärfe. Sehvermögen nimmt Einfluss auf das gesamte Leben, es bestimmt nicht nur über die Wahrnehmung von Licht, Farben und Formen, sondern auch über die Einschätzung des eigenen Lebens und die Beziehungsaufnahme mit der Umwelt. Die Genetik, das Verhalten, die frühesten Lebenserinnerungen, sie alle beeinflussen den Menschen darin, wie er sich seine Augen zunutze macht und was er sieht. Bei der eingehenderen Beschäftigung mit der Anatomie des Sehens ist vielleicht die Feststellung am aufregendsten, dass man sein Sehvermögen, die bewusste Wahrnehmung der Umwelt, die Qualität der getroffenen Wahl und sogar die Interaktion mit den Mitmenschen erheblich verbessern kann.

Lassen Sie uns noch einmal zum Vergleich von Auge und Kamera zurückkehren. Das Objektiv der Kamera ist auf den zu fotografierenden Gegenstand scharf eingestellt. Der Auslöser wird betätigt. Licht gelangt in das Innere der Kamera und belichtet den Film. Dieses einmal erzeugte Bild kann nicht mehr beeinflusst werden. Was festgehalten ist, kann zwar durch Manipulationen in der Dunkelkammer oder am Computer verändert werden, aber dieser Prozess, wie künstlerisch er auch sein mag, ist rein mechanisch. Wie also unterscheidet sich menschliches Sehvermögen von solchen eher passiven optischen Vorgängen?

Aus den Augen gelangen Millionen Sinnesempfindungen und Nervenimpulse in das Gehirn. Dort laufen zwischen Gehirn und Geist äußerst komplizierte Interaktionen ab. Wie Sie sehen, unterscheide ich zwischen Gehirn und Geist. Mit dem Begriff »Gehirn« fasse ich die physiologischen Funktionen dieses Organs zusammen. »Geist« hingegen bezeichnet jene Funktionen, die unsere Lebenserfahrung und damit auch die Vision, die wir von unserem Leben haben, unsere Werte, Erinnerungen, Gedanken und so weiter bewirken. Die Bilder also, die Gehirn und Geist gemeinsam produzieren, werden von Ihnen als Ihr Haus, Ihr Auto, der Strand, an dem Sie letztes Jahr Ihren Urlaub verbracht haben, das Gesicht Ihrer Mutter oder eben als das erkannt, was diese Bilder für Sie darstellen. Zu solchen wiedererkennbaren Bildern geformtes Licht stimuliert Erinnerungen an vergangene Ereignisse und interagiert mit ihnen. In dieser Hinsicht ist Sehvermögen alles andere als passiv.

Einen Großteil dessen, was der Mensch sieht, kann er nur deshalb als das erkennen, was es ist, weil er es zuvor gelernt hat. Der Mensch wird nicht mit der Fähigkeit geboren, das auf die Netzhaut fallende Licht gleich richtig zu interpretieren. In den ersten Lebensjahren bedeutet ihm das, was er sieht, zunächst wenig oder gar nichts. Die Lichtimpulse, die von der Netzhaut zum Gehirn rasen, sind nichts als Sinnesempfindungen ohne eigene Bedeutung. Mit zunehmendem Lernen und Wachsen jedoch interpretiert der Mensch diese Sinnesempfindungen und entwickelt Vorstellungen von ihrer Bedeutung.

Stellen Sie sich die Millionen von Sinnesempfindungen vor, die Ihr Gehirn in Ihrem bisherigen Leben bereits verarbeitet hat! Bedenken Sie, dass Ihr Gehirn diese zahllosen Nervenimpulse entschlüsseln musste, um dem hereinkommenden Strom aus Licht und Farben Sinn zu verleihen! Der Geist filtert und interpretiert die Informationen, die ihm das Gehirn zuspielt. Er entscheidet, welche akzeptabel sind und welche nicht, und damit über Bewusstwerdung und Verdrängung. Das macht den Geist zu der Instanz, die letztlich bewusstes Sehen ermöglicht.

FALLGESCHICHTE: JERRY

Ein Freund erzählte kürzlich eine Geschichte, die diese Zusammenhänge wunderbar verdeutlicht. Jerry befand sich seit mehreren Monaten in Therapie und hatte herausgefunden, dass seine Beziehungsprobleme etwas mit Dingen zu tun hatten, die sich um die Zeit seiner Geburt ereignet hatten. Bei seiner Geburt war seine Mutter aufgrund irgendwelcher lebensbedrohlicher Komplikationen in Narkose gelegt worden. Da sie bei seiner Geburt nicht bei Bewusstsein war und auch die beiden folgenden Tage noch stark unter dem Einfluss von Medikamenten stand, konnte er keine richtige Bindung zu ihr herstellen. Stattdessen befand er sich die meiste Zeit auf der Säuglingsstation, wurde mit der Flasche gefüttert und erlebte nur selten Körperkontakt, bis seine Mutter ihn drei Tage nach seiner Geburt schließlich zu sich nehmen konnte. Jerry machte Witze darüber, dass er statt zu seiner Mutter eine Bindung zu der Neonlampe hoch über seiner Wiege hergestellt hätte.

Als Jerry sich weiter mit menschlichem Bindungsverhalten beschäftigte, stellte er fest, dass Menschen, die in der frühen Kindheit keine Mutterbindung herstellen konnten, später als Erwachsene ganz bestimmte Verhaltensmuster zeigen. Dieses Wissen ließ Jerry besser verstehen, warum seine Freunde sich über seine »Distanziertheit« beklagten. Interessant ist außerdem, dass Jerry außerordentlich auf Selbstständigkeit bedacht und zudem weitsichtig war. Mit der Hilfe seines Therapeuten lernte er, der Gegenwart besser zu vertrauen und seine einschränkenden Verhaltensmuster zu überwinden.

Eines Tages suchte Jerry seinen besten Freund auf, bei dem er schon Hunderte von Malen gewesen war. An der dem Eingang gegenüberliegenden Wand fiel ihm ein Foto auf. Er blieb stehen und betrachtete es fasziniert. Das Foto zeigte seinen Freund, der sein eben geborenes Töchterchen in den Armen hielt. Es hielt den einschneidenden Augenblick des ersten Augenkontakts zwischen dem Neugeborenen und seinem Vater fest. Für Jerry war das Bild eine Offenbarung. Er bat seinen Freund, das Foto von der Wand nehmen zu dürfen, setzte sich damit auf den nächsten Stuhl und starrte es minutenlang an.

»Das ist ein bemerkenswertes Bild!«, rief Jerry aus. »Seit wann hast du es?«

»Aber es hängt doch mindestens seit sieben Jahren an dieser Wand«, entgegnete der Freund verwirrt.

Obwohl Jerry Hunderte von Malen an dem Foto vorbeigekommen war und es gut sichtbar an der Wand hing, war es ihm nie zuvor aufgefallen. Sein Geist hatte das tiefere Eindringen der hereinkommenden Sinnesempfindung und damit die Wahrnehmung des Bilds und seiner Botschaft verhindert. Erst nachdem ihm seine eigene Geburt offenbart und ihm klar geworden war, dass er als Säugling die so wichtige Bindung nicht hatte eingehen können, war er plötzlich fähig, einen Gegenstand zu sehen, der schon die ganze Zeit da gewesen war.

Diese Erfahrung und vergleichbare eigene zeigen, dass mit dem menschlichen Auge, anders als mit einer Kamera, eine ganze Reihe anderer Funktionen in Verbindung stehen. Es muss also genau unterschieden werden, welche funktionalen Teile unseres Auges denen einer Kamera gleichen und welche nicht. Die Kamera besteht wie unser Auge aus zahlreichen einzelnen Komponenten. Die Zusammenarbeit dieser Komponenten entscheidet darüber, wie das Licht einfällt und ob ein schlüssiges Bild auf dem Film beziehungsweise auf der Netzhaut entsteht.

Das Kameraauge

Der vordere Teil des Auges, also der, den man sieht, wenn man in den Spiegel schaut, ist einem natürlich vertraut. Er setzt sich zusammen aus der Hornhaut (Kornea), dem relativ stärker gekrümmten, durchsichtigen Bereich vor der Pupille, der Pupille selbst, der Regenbogenhaut (Iris) und der Lederhaut, jener weißbläulichen Umgebung der Regenbogenhaut. Wenn Sie versuchen, durch die Pupille in das Innere des Auges zu blicken, dann suchen Sie bereits Zugang zu einem Bereich, den Sie nicht kennen. Es ist dunkel dort. Nur mit einem besonderen Gerät, einem so genannten Ophthalmoskop oder Augenspiegel, kann man den Augenhintergrund sichtbar machen. Zu sehen ist dort vor allem das Rotorange der Netzhaut.

Die meisten Menschen assoziieren Dunkelheit mit Unsichtbarkeit oder wenigstens mit der Unfähigkeit, das zu sehen, was da ist. Dinge, die wir nicht bemerken oder sehen, bleiben aus dem Reich unseres Bewusstseins ausgeschlossen. So erging es auch meinem Freund Jerry in der eben erzählten Geschichte. Gewahr zu werden ging bewusstem Sehen voraus, machte das Unsichtbare sichtbar, und Jerry öffnete sich den Möglichkeiten, die sich nicht in seinem unmittelbaren Gesichtsfeld befanden. Um bewusst zu sehen, muss man wissen, welchen Einfluss Licht im Inneren auf den Menschen nimmt, und was es ihm über die Welt »da draußen« sagt.

Welchen Weg nimmt das Licht von außen in das Auge hinein? Zunächst dringen die Energiewellen des Lichts in die Hornhaut ein, die äußerste Schicht des Auges, die das Licht bündelt. Von dort erreichen sie die eigentliche Augenlinse. Hornhaut, Iris oder Regenbogenhaut, Lederhaut und Pupille sind die sichtbaren Teile des Auges, während Linse und Netzhaut für das nach innen blickende Auge unsichtbar sind.

Der Alltag zeigt, dass der Mensch sichtbar/unsichtbar und hell/dunkel als Analogie begreift. Während der hellen Stunden des Tages sind die meisten Menschen wach und gehen auf sichtbare Weise ihren Verrichtungen nach. Nachts werden sie ruhiger, sind mehr mit Sein als mit Tun beschäftigt und bereiten sich auf das Unsichtbare vor, dem sie im Schlaf begegnen werden. Auch wenn Ihnen der Zweck dieser Analogien noch nicht ganz schlüssig zu sein scheint, bitte ich Sie, sie beim Weiterlesen im Hinterkopf zu bewahren. Achten Sie dabei insbesondere auf die zunehmende Bedeutung, die das Unsichtbare bei der Entwicklung bewussten Sehens hat.

Das Licht auf dem Weg ins Augeninnere durchdringt nach der Augenlinse zunächst den Glaskörper und fällt dahinter schließlich auf die faszinierende Struktur der Netzhaut. Die Netzhaut kleidet die gesamte Innenfläche des Auges aus. Blickt man mit dem Augenspiegel durch die Pupille, dann ist es die rotorange Netzhaut, die man im Augenhintergrund sieht. Sie ist ein ganz außergewöhnliches Organ, und es gibt im gesamten Körper nichts, das mit ihr vergleichbar wäre.

Die Netzhaut besteht unter anderem aus 100 Millionen Fotorezeptoren, die als Stäbchen und Zapfen bezeichnet werden. Jede dieser Lichtsinneszellen ist dafür verantwortlich, einen bestimmten Bruchteil des fokussierten oder unfokussierten Lichts zu erkennen. Die Stäbchen sind insbesondere für das Dämmerungssehen beschaffen und werden aktiviert, wenn man versucht, das Unsichtbare zu sehen. Der Film in einer Kamera vermag nur jeweils eine bestimmte Lichtempfindlichkeit zu berücksichtigen: Entweder er eignet sich für gute oder für schlechte Lichtverhältnisse. Die Netzhaut hingegen wird mit einem qualitativ äußerst breiten Lichtspektrum fertig.

Anders als die Stäbchen benötigen die Zapfen Licht und ermöglichen das scharfe Helligkeitssehen. Ein Bereich der Netzhaut, die Sehgrube oder Fovea centralis, weist eine besonders hohe Konzentration an Zapfen auf. Sie ist die Stelle des schärfsten Sehens in der Netzhaut. In ihrem Buch *Deine Augen: Das Tor zur Seele* schreiben Catherine und Jeremiah Weser: »Während jeder Sekunde des Wachseins schicken die Augen nicht weniger als eine Milliarde neuer Informationen an das Gehirn. Diese kleinsten Lichtfragmente verwandeln sich im Geist zu Bildern unglaublicher Subtilität. Das Auge kann etwa zehn Millionen Lichtabstufungen und mehr als sieben Millionen Farbschattierungen unterscheiden; es ist für 75 Prozent unserer Gesamtwahrnehmung verantwortlich.«

Stellen Sie sich einen einzelnen Lichtstrahl der frühen Morgensonne vor, der auf Ihr Auge trifft. Er durchdringt die Hornhaut Ihres Auges und erreicht die Netzhaut. Um sich diese Vorstellung zu erleichtern, können Sie Farbtafel 2 betrachten. Das Bild des durch die Augen fallenden Lichts und der Strahlen, die uns scharf sehen lassen, zeigt einen Verwandlungsprozess, der im menschlichen Auge vor sich geht. Zunächst empfängt der sichtbare Teil des Auges das Licht. Die Pupille verkleinert sich angesichts des erhöhten Lichteinfalls. Dies geschieht, weil einer der Schließmuskeln der Regenbogenhaut (Musculus sphincter) auf Licht reagiert. Bei erhöhtem Lichteinfall zieht er sich zusammen und verkleinert die Pupille. Stellen Sie sich ein rundes Fenster vor, durch das Licht einfällt. Plötzlich wird das Fenster kleiner und kleiner, bis nur mehr ein einzelner Lichtstrahl ins Innere gelangt.

Man kann diese natürliche Reaktion des Auges auf Licht leicht als selbstverständlich empfinden, schließlich läuft sie ja ununterbrochen auch ohne unser Zutun ab. Doch vermittelt diese Muskelreaktion eine äußerst bedeutsame metaphorische Botschaft. Licht ist erforderlich, um diese Verengung zu bewirken. Licht ist Energie. Energie ist dazu fähig, Funktionsänderungen herbeizuführen. Wenn ein Teil des Körpers von einer Funktion zu einer anderen wechselt, dann findet eine Transformation statt.

> Das menschliche Auge ist die Laterne, entzündet am Urfeuer der Schöpfung. Wenn es sich öffnet, sendet es seine Strahlen in die Welt, die der Mensch sieht.
> ARTHUR ZAJONC, *Die gemeinsame Geschichte von Licht und Bewusstsein*

Die Pupille des Auges zieht sich zusammen, ohne dass irgendeine Anstrengung zur Kontrolle aufgebracht werden muss. Es muss kein Ring gedreht werden, um wie bei der Kamera die Blende richtig einzustellen. Das Gehirn führt die Pupillenkontraktion automatisch herbei. Die neuesten Autofokuskameras sind zu ähnlich automatisierten Prozessen fähig, weil sie hinter den Linsen des Objektivs über einen fotoelektrischen Sensor verfügen, der den Lichteinfall reguliert. Doch ist das Spektrum der Lichtempfindlichkeit noch immer von dem Film abhängig, den der Fotograf einlegt.

Ich habe mich schon immer dafür interessiert, warum die Pupille des menschlichen Auges kleiner wird. Die Lichtstrahlen müssen auf die Sehgrube fallen, um optimale Sehschärfe zu erreichen. Die Pupillengröße wird durch den Schließmuskel der Regenbogenhaut bestimmt. Die Hornhaut, die Pupille, die Augenlinse, der Glaskörper und sogar die Länge des Augapfels nehmen Einfluss darauf, in welcher Form das Licht schließlich auf die Netzhaut trifft. Sie alle bedingen die Lichtbrechung (Refraktion). Einerseits wird das einfallende Licht so stark wie möglich gebündelt und auf die Sehgrube gerichtet. Andererseits aber wird es so weit wie möglich gestreut, um möglichst die gesamte Netzhautfläche zu erreichen. Das Verständnis dieser staunenswerten Sehtechnik, die auf der Basis der richtigen

Lichtverteilung zwischen Netzhaut einerseits und Sehgrube andererseits funktioniert, ist als Voraussetzung für die Prinzipien bewussten Sehens entscheidend.

Licht gelangt durch eine kleine Öffnung in das Auge und durchdringt die überwältigende Dunkelheit des Augeninnenraums. Wie gesagt gliedert sich das Auge in zwei Bereiche: einen äußeren und einen inneren. Der äußere Raum umfasst das, was wir als außerhalb von uns selbst existierend wahrnehmen, was sich jenseits des sichtbaren Teils unserer Augen befindet. Die Wahrnehmung der Umwelt ist mit dem Sehen eines Films vergleichbar. Wir sehen den Film, und es ist so, als ob seine Handlungen alle außerhalb von uns stattfänden. Doch der Inhalt des Films beeinflusst uns im Inneren; im inneren Raum setzen wir uns aus anderer Position in Beziehung zu dem Film. Die Bilder und Sinneseindrücke, die wir empfangen, vermischen sich mit unserer persönlichen Geschichte, unseren Lebenserfahrungen und anderen Variablen; die Wirkung des Films und seine Interpretation werden durch das beeinflusst, was bereits in unserem Geist vorhanden ist.

Stellen Sie sich einen Moment lang das Dunkle im Inneren Ihres Auges als sichtbarer Raum vor. Das Licht, das von außen in diese Dunkelheit eindringt, verändert uns. Was wir als außerhalb von uns empfinden, ist eine transformierende Energie, und je tiefer sie in das Unsichtbare vorstößt, desto größer die Wirkung, die sie auf uns hat. Diese Reise des Lichts in die tiefen, unsichtbaren Regionen unseres Seins ähnelt einem Tauchgang in Meerestiefen oder einem Vordringen in bisher unerforschte Höhlen. Jedes Abenteuer dieser Art erzeugt Aufregung und setzt Energie frei. Je tiefer man vordringt, desto mehr gibt es zu sehen. In dem Raum, in den man auf diese Weise eindringt, lernen man schließlich das Unsichtbare kennen.

> Zwei Lichter erhellen unsere Welt. Eines liefert die Sonne, und ein anderes antwortet ihm – das Augenlicht. Nur dank ihrer Verschwisterung sehen wir: Fehlt eines, sind wir blind.
> ARTHUR ZAJONC, *Die gemeinsame Geschichte von Licht und Bewusstsein*

Voraussetzung für die Integration des Innenlebens ist das Verbinden von Sichtbarem und Unsichtbarem. Wahrnehmung und Sinnesempfindung führen letztlich zur Integration. Das menschliche Auge ist wie geschaffen für diese Art integrierten Sehens, und dieser integrative Prozess ist es, den ich als bewusstes Sehen bezeichne. Hier eröffnet sich uns ein Universum, das einen Vergleich des Auges mit dem Objektiv der Kamera verbietet, und wir entdecken, dass das Auge sehr viel mehr tut, als nur Licht zu verarbeiten.

Das Auge als Projektor

Eine Kamera kann nicht zugleich Projektor sein. Ein Projektor benötigt Informationen wie etwa ein lichtdurchlässiges, irgendein Bild zeigendes Dia oder ein Video, das elektronisch gespeicherte, in Licht verwandelbare Informationen enthält. Die Linsen des Projektors übermitteln die gegebenen Informationen auf eine Leinwand, wo sie der Wahrnehmung mehrerer Menschen zugleich zugänglich sind. So werden ursprünglich unsichtbare Daten, etwa von Filmen oder aus elektronischen Speichern, sichtbar gemacht.

Könnte es sein, dass das menschliche Auge etwas projiziert? Diese Frage wird seit den frühesten Anfängen der Psychologie und der Naturwissenschaften gestellt. Und obwohl dies inzwischen als erwiesen gilt, gibt es noch immer viele, die dem Auge jede Projektionsfähigkeit absprechen. Wenn man die Wahrnehmung des offensichtlich Sichtbaren als einzigen Bezugspunkt zulässt, wie dies etwa in der Analogie mit der Kamera der Fall ist, dann ist eine solche Einstellung verständlich. Doch wir beschäftigen uns nun mit der Frage, auf welche Weise und warum das Auge sehr viel mehr ist als eine Kamera. Um zu begreifen, wie das menschliche Auge ein Projektor sein kann, müssen wir mit unseren Augen viel tiefer blicken als nur auf das Oberflächliche, das offensichtliche äußere Erscheinungsbild der Dinge. Ich will erklären, was damit gemeint ist.

Während meiner Ausbildung in Optometrie und Sehkunde wurden meine Kollegen und ich mit dem Gebrauch eines Instruments namens

Skiaskop vertraut gemacht. Während der Patient seinen Blick auf unendlich richtet, wirft das Skiaskop ein stark gebündeltes parallelstrahliges Licht auf die Netzhaut, das als Schatten auf die Pupille reflektiert wird. Anhand dieses Schattenreflexes lässt sich die Refraktion des Auges, also die Lichtbrechung, und eine eventuelle Normabweichung genau messen. Die Arbeit mit dem Skiaskop ermöglicht es dem Augenarzt, den Grad der Abweichung und damit die Stärke der benötigten Brillengläser festzulegen.

Eines Tages hörte ich zufällig einen Arzt darüber sprechen, dass sich die Schattenreflexe in den Augen seiner Patienten bei der Bestimmung der Refraktion veränderten, wenn sie nachdachten oder visualisierten. Diese Information faszinierte mich. War es denn möglich, dass dieser Reflex, den man im Auge sah, durch die Gedanken oder die Gefühle des Menschen beeinflusst wurde? Ich fing an, meine Patienten während der Skiaskopie zu befragen. Ich bat sie, ihren Blick auf verschiedene Entfernungen einzustellen, ließ sie in unterschiedlichem Grad von scharf über leicht verschwommen bis hin zu vollkommen unscharf fokussieren, maß dabei ihre Refraktion und schrieb alles auf. Mein Kollege, den ich zuerst von den Veränderungen des Schattenreflexes hatte berichten hören, hatte Recht. Der Grad der Reflexbewegung und Farbgebung der Netzhaut war abhängig von der Beteiligung des Patienten. Wenn der Patient seinen Blick auf ein bestimmtes Objekt richtete, nicht fokussierte, sich nicht konzentrierte oder seine Gedanken auf etwas anderes richtete, dann veränderten sich die Reflexe der Netzhaut. Wenn ich ihn bat, sich an einen bestimmten angenehmen Moment aus der Kindheit zu erinnern, dann wurde der Reflex heller und war weniger in Bewegung. In der Tiefe des Auges konnte ich erkennen, dass die Gedanken und Gefühle der Person Qualität und Quantität des Lichts im Augeninneren beeinflussten. Der Geist und die Wechselwirkung mit dem Gehirn diktierten förmlich, welche Lichtmenge durch die Pupille auf die Netzhaut fallen durfte.

Die sichtbaren physischen Veränderungen der Augen faszinieren Psychologen seit langem. Durch sorgfältige Beobachtung kann man die verschiedensten Gefühle in den Augen und im umliegenden Gesichtsbereich ausmachen. Die Augen junger Menschen zum Beispiel strahlen mehr als die älterer, die oft wie von einem Schleier belegt sind. Die Augen von Frischverliebten wirken dynamischer und lebhafter als die weniger von Leidenschaft erfasster Personen.

Weitere Beweise dafür, dass das Auge tatsächlich als Projektor fungieren kann, sind kürzlich in der klinischen Praxis erbracht worden. Als multiple Persönlichkeiten diagnostizierte Patienten wurden einem Test mit dem Skiaskop unterzogen. Wie Sie wohl schon vermuten, zeigte es sich, dass der Schattenreflex von einer Persönlichkeit zur nächsten physische Unterschiede aufwies. Das Auge reflektiert die durch die verschiedenen Persönlichkeiten projizierten Veränderungen und wird zum projizierten Abbild des Bewusstseins der Persönlichkeit hinter dem Auge. Trotz dieser und anderer eindeutiger Forschungsergebnisse, die in den entsprechenden Fachzeitschriften und anderweitig veröffentlicht wurden, halten Hunderttausende Augenärzte und Optiker daran fest, ihre in der Skiaskopie ermittelten Ergebnisse ausschließlich auf der Basis der Refraktionsanomalie zu sehen. Sie blicken durch ihr Skiaskop wie auf die Oberfläche des Ozeans. Das ist zwar nicht falsch, aber eben doch nur *ein* Ausschnitt aus dem Gesamtbild. Das neue Paradigma der Augengesundheitsvorsorge verlangt, das Nichtoffensichtliche und das Unbekannte zu erforschen. Es gilt, eine vollkommen neue Welt zu entdecken. Das jedoch setzt die Bereitschaft zur Entwicklung voraus. Um tiefer zu blicken, müssen wir das untersuchen, was ich als unser »konstruiertes« Leben bezeichne. Bewusst zu sein, bewusst zu sehen verlangt, dass wir uns tiefer mit dem Menschen auseinander setzen, der wir zu sein glauben. Vielleicht ist es deshalb leichter, an der Oberfläche zu bleiben. Wenn wir uns nicht zu weit vorwagen, brauchen wir uns den eingebildeten Haien in der Tiefe nicht zu stellen. Aber es kann sein, dass wir gar nicht vor den Haien Angst haben, vielleicht ist es unsere eigene Großartigkeit, die wir dort entdecken könnten. Ist das Illusion? Wir werden sehen!

Das Auge als Drucker

Das menschliche Auge funktioniert nicht unabhängig vom Gehirn. Vielmehr verhält es sich ein wenig wie die im Weltraum dahinschwebende Mutter Erde. Sie wird durch den Mond, die Sonne, weit entfernte Planeten, die Sterne und durch astronomische Phänomene beeinflusst, die Wissenschaftler noch kaum durchschauen. Auch wenn das Auge als externes Organ ein wenig isoliert scheint, seine Lebenslinie verbindet es direkt mit dem Gehirn. Das Auge ist buchstäblich eine vorgeschobene Erweiterung, ja ein spezialisiertes Anhängsel des Gehirns. Es ist über den Sehnerv mit dem Sehzentrum verbunden. Der Sehnerv ist ein vibrierendes, komplexes Bündel Neuronen, die den Augapfel umfassen und sich wie eine Sonnenblume dem Licht entgegenstrecken. Das gesunde Funktionieren des Auges hängt von den Nerven ab und von ihrer angemessenen Blutversorgung durch das Gehirn. Stellen Sie sich diese Blutlieferung als eine Art Lebensenergie vor, die das Gehirn den Augen als Nährmittel und zugleich als Training schickt.

Richten Sie Ihre Aufmerksamkeit einen Augenblick lang auf den Drucker, der an Ihren Computer angeschlossen ist. Er erhält seine Befehle vom Computer; genauso bekommen auch Ihre Augen ihre Befehle von Ihrem Gehirn und letztlich von Ihrem Geist. Das, was Ihr Drucker ausspuckt, ermöglicht Ihnen Rückschlüsse auf das Wesen der Informationen in Ihrem Computer. Genauso können Sie von der Struktur der Augen – insbesondere von der Netzhaut und den Voraussetzungen von Kurzsichtigkeit, Weitsichtigkeit und so fort – auf die Anweisungen schließen, die das Gehirn (Ihr Computer) an seine Peripherie (die Augen) übermittelt. Als Kliniker beschäftige ich mich seit 30 Jahren mit den Augen und beobachte, wie sich unsichtbare Faktoren auf die Qualität der Sehkraft auswirken. Anders ausgedrückt: Manchmal findet sich die Ursache einer Sehschwäche hinter der Netzhaut und nicht vor ihr. Unser Sehvermögen ist das Produkt unseres Geistes, nicht allein der äußeren Welt und der physischen Augen.

Nachdem ich erst einmal zu der Überzeugung gelangt war, dass Sehschwächen sich nicht ausschließlich auf den Bereich vor der Netzhaut beschränkten, schien es mir wenig sinnvoll, mich weiterhin auf die Diagnose der Augen und die Feststellung einer Kurz- oder Weitsichtigkeit oder eines anderen pathologischen Zustands zu beschränken. Es wurde für mich immer offensichtlicher, dass sich die Augen zum Gehirn eher wie ein Drucker zum Computer verhielten und mir somit etwas über die unsichtbaren Voraussetzungen der Sehkraft sagen konnten. Mir wurde klar, dass der jeweilige Zustand der Augen mir etwas über das Gehirn und seinen Lebenspartner, den Geist, mitteilte.

Lassen sich mich Ihnen einige Beispiele aus meiner Patientenkartei geben, um zu erläutern, was mich zu dieser Mutmaßung veranlasste. Bei einer Patientin traf erhöhter Augeninnendruck, auch als grüner Star bezeichnet, mit einer Zeit zusammen, die für sie in beruflicher wie in familiärer Hinsicht äußerst angespannt und stresserfüllt war. Bei einem anderen hatte ich zu einer Zeit eine Trübung der Augenlinse, also grauen Star, diagnostiziert, als er gerade nicht wusste, wie sein Leben weitergehen sollte. Bei manchen Patienten fiel der Beginn einer Kurzsichtigkeit (Schwierigkeit, kleine Details in der Ferne zu erkennen) in eine Zeit, in der es in der Familie an Harmonie fehlte, und sie mit der Situation zu Hause nicht zurechtkamen. Bei einem Säugling drehte sich das rechte Auge nach innen, als der Vater die Familie verließ. Bei einem anderen Patienten kam es zufällig gerade in dem Moment zu einer Netzhautablösung, als er feststellte, dass er sich innerlich von seiner Lebenspartnerin entfernt hatte.

Als ich mich darauf einließ, die Lebensumstände meiner Patienten zu erfragen, die wegen ihrer Augenprobleme zu mir kamen, wurde es für mich immer offensichtlicher, dass ich die enge Verbindung zwischen Augen, Gehirn und Geist näher untersuchen musste. Andere Forscher stimmten darin mit mir überein. In seinen frühen Schriften zur Verhaltensoptometrie verglich der in dieser Hinsicht führende amerikanische Kliniker A. M. Skeffington seine auf das Auge bezogenen Ergebnisse mit jenen von Hans Selye, einem kanadischen Wissenschaftler, der sich mit Stress und seinen Auswirkungen auf die unterschiedlichsten Körperorgane befasst. Sind Stressauslöser vorhanden, dann sorgen Reflexzentrum und das schnell reagierende autonome Nervensystem für Anpassungen, die es dem Körper ermöglichen, mit der zusätzlichen Belastung fertig zu werden. Die Augen sind eines der zahlreichen von solchen Anpassungen betroffenen Organsysteme. In seinen wissenschaftlichen Untersuchungen konnte Skeffington anhand seiner optometrischen Messergebnisse zeigen, dass die Augen die durch das autonome Nervensystem herbeigeführten Veränderungen förmlich »ausdrucken«. Bei einem Patienten etwa, der Sorgen hat, drücken sich diese in der Schwerfälligkeit des Ziliarmuskels und einer verlangsamten Augenlinsenanpassung aus. Die für die Lektüre eines Buches oder die Arbeit am Bildschirm erforderliche Konzentration ist bei diesen Menschen reduziert. In der Folge kann sich Kurzsichtigkeit entwickeln. Wenn Stressbewältigung nur unzureichend gelingt, dann fällt eine angemessene Reaktion auf die Ereignisse des Alltags plötzlich schwerer, und die Fähigkeit, das eigene Leben auf räumlich integrierte Weise zu sehen, lässt nach.

In der modernen Augengesundheitsvorsorge untersucht der Augenarzt die Netzhaut regelmäßig mit einem Augenspiegel, um bestimmte gesundheitliche Probleme bereits im Frühstadium zu erkennen. So zeichnen sich etwa Krankheiten wie Bluthochdruck oder Diabetes recht deutlich in den Blutgefäßen und in anderen Strukturen der Netzhaut ab. Das Gehirn liefert den von ihm dokumentierten Körperzustand als subtile Information an die Netzhaut der Augen, wo sie sozusagen »ausgedruckt« wird. Augen, Gehirn und Geist erweisen sich hier eindeutig als integratives System, so wie ja der gesamte menschliche Organismus vor allem integrativ funktioniert. Integration ist einer der Schlüsselbegriffe bewussten Sehens und in einem späteren Kapitel werde ich noch einmal detaillierter auf dieses Thema zu sprechen kommen.

Nicht nur Augenärzten ist aufgefallen, dass die Netzhaut Krankheiten in anderen Körperbereichen quasi vorhersagen kann. Ein unter dem Namen »Augendiagnostik« bekanntes System hat die Beziehung zwischen einer Krankheit und ihrem Ausdruck in der Iris des Auges quantifiziert, und es gibt inzwischen überall auf der Welt Ärzte, die die Augendiagnostik unterstützend zu ihrer gewöhnlichen Diagnose hinzuziehen. Da es fast den Anschein hat, als habe uns die Natur mit dem Auge einen »Ausdruck« in die Hand gegeben, der alle Körpervorgänge dokumentiert, ist dies nicht besonders verwunderlich.

Indem wir das Verhältnis Augen/Gehirn in der Metapher Drucker/Computer aufgreifen, können wir durch die im Auge vermittelten Informationen viel über uns lernen. Ich möchte das Konzept jedoch insofern ausweiten, als ich der Meinung bin, dass uns die Augen nicht nur Aufschluss über mögliche Krankheiten wie Bluthochdruck oder Herzkreislaufstörungen geben, sondern auch über das Gehirn, den Geist und sogar über das menschliche Bewusstsein.

Zunächst mag es Ihnen vielleicht so vorkommen, als ob ich mich mit dieser Behauptung auf einem dünnen Grat zwischen Spekulation und wissenschaftlicher Forschung bewege. Doch was ich hier beschreibe, sind Beobachtungen, die ich und viele andere Ärzte in der Praxis gemacht haben. Außerdem möchte ich den Leser daran erinnern, dass jeder neue Ansatz in der Wissenschaft zunächst auf Skepsis, wenn nicht gar auf Ablehnung stößt. Natürlich müssen die Aussagen, die ich in diesem Buch über bewusstes Sehen treffe, anhand der heute existierenden, sichtbaren und realen Standards beurteilt werden. Doch möchte ich zu bedenken geben, dass meine Aussagen auf einer 30-jährigen klinischen Praxis und der Arbeit mit Tausenden von Patienten beruhen.

Das Gehirn – ein Computerchip

In unserer hoch technologisierten Welt haben heute die meisten Menschen auf die eine oder andere Weise mit Computerchips zu tun. Ein solches elektronisches Gedächtnis kann programmiert und mit Informationen aufgeladen werden. Je nachdem, wie ein solcher Chip programmiert wurde, steuert er eine Uhr, erinnert uns an Verabredungen, stellt morgens die Kaffeemaschine an, verschickt nachts, während wir schlafen, Faxe oder bewältigt komplizierteste Rechenaufgaben.

Diese Beispiele sind Metaphern für das, was im abgeschlossenen Raum unseres Gehirns möglich ist. Schließlich war es das menschliche Gehirn, das überhaupt erst die Idee zur Herstellung von Computerchips hatte. Entwicklungen wie Handys, Laptops und Gameboys gleichen selbst einem Computerausdruck des Gehirns und liefern den greifbaren Beweis für seine kreativen Kapazitäten. Auf die gleiche Weise ist das Auge dazu in der Lage, das »auszudrucken«, was sich im Gehirn abspielt. Meine digitale Videokamera liefert mir unmittelbare, gestochen scharfe Bilder in strahlenden Farben und hilft mir dabei zu begreifen, wie mein Gehirn funktioniert. Wenn ich mir genug Zeit nehme, mich bewusst mit der Außenwelt auseinander zu setzen, dann fällt es mir leichter, die Vorgänge in meinem Inneren zu verstehen. Man könnte das Gehirn als eine Art Landeplattform für hereinkommende Sinneswahrnehmungen betrachten. Je tiefer sie in das Gehirn eindringen, desto umfassender und eigensinniger werden sie organisiert. Dieser Integrationsprozess hilft dem Gehirn, das Chaos zu begreifen.

Hierzu fällt mir ein Beispiel ein. Optiker können mit Prismen und Spiegeln eine Brille herstellen, durch die der Träger die Welt auf dem Kopf und seitenverkehrt sieht. Eine Zeit lang löst dies äußerste Verwirrung aus. Das Gehirn empfängt diese ungewohnten Bilder und der Computerchip darin bemüht sich mit der Unterstützung eines Netzwerks aus Millionen untereinander verbundener Nervenzentren sofort, die neuen Informationen zu ordnen und ihren Sinn zu ermitteln. Schon bald scheint alles wieder vollkommen normal und der Träger der Brille sieht die Welt wieder so wie zuvor ohne sie. Um auf diese Weise das Bild zu drehen und zu wenden, müssen das Gehirn und der Geist neben Sehvermögen viele andere Faktoren wie etwa die Erdanziehungskraft, die Koordination des Muskel-Skelett-Systems, die Geschwindigkeit und die Entfernung des Betrachters und der Gegenstände um ihn herum berücksichtigen.

Auf der Ebene der Neokortex ist die Arbeit, die der Computerchip des Gehirns leistet, sehr einfach. Der Neokortex ist sozusagen die Oberfläche des Gehirns und verhält sich zu ihm wie die Haut zum Körper. Sinneseindrücke werden gesammelt und gespeichert. Augenblick um Augenblick werden die elektrischen und chemischen Impulse, die vom Auge und anderen Sinnesorganen kommen, methodisch im Gedächtnis eingelagert. Je tiefer die Information in die Schichten der Neokortex vordringen, desto systematischer erfolgt die Datenablage. Die ursprünglichen Lichtimpulse setzen sich nun zu komplizierten Bildern zusammen, die später von Gehirn und Geist interpretiert werden.

Das Gehirn interpretiert die Umwelt mit der Hilfe visuell-motorischer Erfahrungen, das heißt, es setzt visuelle Impulse zu den Informationen in Beziehung, die es von den großen Muskelgruppen des Körpers, von Armen und Beinen, von der Reaktion des Körpers auf die Erdanziehungskraft, von der Größe und Position des Körpers und von jedem Körperteil in seinem Verhältnis zum Ganzen erhält. Was Sie sehen, wird mit der Körpermotorik und damit mit Ihrer physischen Gegenwart verbunden.

Der Geist – die Supersoftware

Wie ein Film bildet sich der Alltag auf der Netzhaut des Auges ab. Ströme von Bildern gelangen so in das Gehirn. Die Fähigkeit des Menschen, Bilder zu empfangen und ihrem stetig fließenden Strom Sinn zu verleihen, ist wenigstens teilweise von seinem Geisteszustand abhängig. Angst zum Beispiel reduziert die Empfänglichkeit und das Verständnis für hereinströmende visuelle Eindrücke. Dies ist auf einen im Nervensystem verankerten Überlebensinstinkt zurückzuführen, der in einer Angstsituation einfallendes Licht einfach unterdrückt. In welchem Ausmaß das Gehirn das Gesehene dennoch bearbeitet, wird zum Teil durch den Geist festgelegt. Der menschliche Geist verarbeitet das hereinkommende Licht auf emotionale Weise und legt auf der Basis dieses Prozesses fest, was ins Bewusstsein dringen darf und was nicht. Wenn Sie eine Situation beobachten, die unangenehme Gefühle bei Ihnen auslöst und die Sie möglicherweise mit vergleichbaren Erfahrungen aus der Vergangenheit assoziieren, dann kann es gut sein, dass Ihr Geist einen Teil der hereinkommenden Eindrücke abwehrt. Mit dieser Überlebensstrategie sollen aus der Vergangenheit bekannte schmerzhafte oder gefährliche Situationen vermieden werden.

Die nachfolgende Geschichte wird Ihnen helfen, besser zu verstehen, wie Sie auf Licht reagieren, was es mit Ihren Augen auf sich hat, welche Funktionen Gehirn und Geist erfüllen, und wie es sich mit der Entwicklung von Bewusstsein und Sehvermögen verhält.

FALLGESCHICHTE: SARA

Sara war im dritten Jahr ihres Medizinstudiums. Bestandteil ihres Studiums war die gründliche Beschäftigung mit den komplizierten Vorgängen im Gehirn. Sara war fasziniert von diesem Bereich ihres Studiums und schrieb ausgezeichnete Arbeiten. Sie hatte außerdem Freude an den hitzigen Debatten über die Rolle des Geistes, die im Seminarraum regelmäßig ausbrachen.

Viele von Saras Professoren waren der Überzeugung, dass man den Geist vom Gehirn trennen müsse. Sie meinten, dass der Geist in den Arbeitsbereich der Psychiater, Philosophen und Priester fiele. Sie warnten ihre Studenten davor, sich auf den mentalen und emotionalen Aspekt ihrer Patienten einzulassen. Um ein guter Arzt zu sein, müsse man zunächst den physischen Körper begreifen und wissen, was zu tun ist, um seine Funktionen wiederherzustellen.

Saras Vater Daved war Archäologe und er lud sie zu einer Reise nach Israel ein. Er erzählte ihr im Vorhinein nicht allzu viel über den Zweck ihrer Reise, bemerkte eigentlich nur, dass sie ihnen die Gelegenheit geben würde, Zeit miteinander zu verbringen.

Während ihres Aufenthalts in Israel nahm Daved Sara zu einer Ausgrabungsstätte mit. Als sie zwischen den Überresten einer alten Zivilisation umhergingen, wies Daved auf einen kleinen Hügel und erklärte Sara, dass es sich um einen »Tell«, einen Siedlungshügel, handle. Sara hatte ihn bis dahin für einen ganz normalen Hügel gehalten. Als sie und ihr Vater sich der Erhebung näherten, erklärte ihr der erfahrene Archäologe, was ihr ungeschultes Auge sah. Daved machte sie auf die Form der Felsen aufmerksam und wies sie auf die kreisrunden Löcher in ihrer Oberfläche hin. Sara stellte fest, dass sich in ihnen Regenwasser gesammelt hatte. Ihr Vater erklärte ihr, dass die frühen Siedler dieser Gegend dort ihre Wäsche und ihre Kochutensilien gewaschen hatten. Sara musste zugeben, dass sie die Bedeutung der Löcher ohne die Erklärungen ihres Vaters nicht erkannt hätte.

Als sie weitergingen, dachte Sara darüber nach, dass die oberflächliche Beschäftigung mit den Dingen nur ein oberflächliches Gewahrsein dessen schaffe, was das Leben zu bieten habe. Sie fragte sich, wie diese flache Sicht auf die Welt wohl entstanden sei, und suchte die Antwort in ihrer eigenen Lebensgeschichte. Ihre Erinnerungen führten sie zurück in eine Zeit, als sie zwölf Jahre alt war, eine unglückliche Zeit in ihrem Leben. Die beiden vorangegangenen Jahre waren äußerst schwierig für sie gewesen. Ihre Mutter Sophia war nach langer Krankheit gestorben. Während dieser Zeit hatte sich Saras Vater vor allem um die Mutter gekümmert. Als Einzelkind war Sara die meiste Zeit auf sich allein gestellt und wurde schließlich recht introvertiert.

Sara erinnerte sich daran, dass sie viele Stunden unglücklich in ihrem Zimmer verbrachte. Sie zog sich die Bettdecke über den Kopf und las nachts stundenlang mit der Taschenlampe. So konnte sie den Schmerz, den ihr das Sterben der Mutter verursachte, von sich fern halten. »Warum hat sie mich gerade dann verlassen, als ich sie so sehr brauchte?«, hatte sie sich als junges Mädchen gefragt. Sara erinnerte sich daran, wie sich in dieser Zeit ihre Weltsicht verändert hatte. Ihr Interesse an Dingen, die sich außerhalb von ihr ereigneten, war verschwunden. Stattdessen konzentrierte sie sich auf das, was in ihrem Kopf vor sich ging. In der Fantasie, in der Traum- und Gedankenwelt ihres Geistes konnte Sara sich vor ihren schmerzhaften Gefühlen verstecken. Sie verschlang Bücher und sprach zu anderen Menschen kaum über ihre Innenwelt. Ihre Innenwelt war ihr Geheimnis.

Kurz vor ihrem 13. Geburtstag setzte Sara ihre erste Brille auf, die ihre Kurzsichtigkeit und ihren Astigmatismus kompensieren sollte.

In den Jahren vor und nach ihrem 20. Geburtstag arbeitete Sara an ihrer persönlichen Entwicklung und fing an, sich mit ihren bis dahin unterdrückten Gefühlen auseinander zu setzen. Sie betrachtete die Außenwelt weiterhin durch ihre Kontaktlinsen, die ihr zu einem normalen Sehvermögen verhalfen. Doch die Sehkraft, über die sie in ihrem Geist hinter den Augen verfügte, glich weiterhin der nach innen gerichteten Wahrnehmung des Mädchens, das sich unter der Bettdecke in ihrer geheimen Welt versteckte.

Als Sara jetzt an der Seite ihres Vaters zwischen den Siedlungshügeln umherging, da erkannte sie, dass sie sich innerlich seit ihrem zwölften Lebensjahr nicht verändert hatte, dass sie nach innen und auf eine Welt der Bücher und Fantasien ausgerichtet war. Überdies hatten sich ihre Augen ihrem Lebensstil angepasst und sich ein Sehen angewöhnt, das ihre Innenkehr widerspiegelte: die Kurzsichtigkeit.

Viele Jahre lang hatte sich Sara kaum mit ihren Augen beschäftigt. Sie hatte keine Schwierigkeiten mit ihren Kontaktlinsen und mit ihrer Brille und war eine ausgezeichnete Medizinstudentin. Doch seit kurzem hinterfragte sie die Beziehung zwischen ihrem Sehvermögen und ihrer inneren, emotionalen Welt. War die Kurzsichtigkeit ihrer Augen vielleicht Ausdruck einer geistigen Kurzsichtigkeit? Hatte sie deshalb die Felsformationen, zu denen ihr Vater so viel zu sagen wusste, so oberflächlich beurteilt? Hatte das Gehirn Einfluss auf die Art, wie sie ihre Augen gebrauchte? War es möglich, die Art und Weise des Sehens zu erweitern? Sara hatte gelernt, dass das Gehirn sehr anpassungsfähig wäre, dass in vielen Fällen ein gesunder Teil Funktionen eines beschädigten Teils des Gehirn übernahm, auch wenn er ursprünglich mit diesen Funktionen wenig zu tun hatte. Galt das auch für das Sehen? Konnte das Gehirn ihre Art, die Augen zu verwenden, verändern?

Sara ließ ihren Blick in die Ferne schweifen, wo ihre Augen sich an dem Anblick des fruchtbaren grünen Tals von Galiläa erfreuten. Ihr fiel der Kontrast zwischen der Wüstenlandschaft der Tells und dem üppigen Tal auf. An diesem Tag trug sie statt ihrer Kontaktlinsen ihre optische Sonnenbrille. »Wie sehe ich wirklich ohne meine Brille?«, fragte sich Sara und nahm die Brille ab. Nun konnte sie die Einzelheiten des Tals nicht mehr erkennen.

Die Gegenstände in unmittelbarer Nähe nahm sie deutlich wahr. In dem weit entfernten Tal jedoch verschwammen die Details zu einem impressionistischen Farbteppich. Sara stellte fest, dass die Lichtimpulse, die ihre Augen aus größerer Entfernung erreichten, keinen Sinn ergaben. Es war offensichtlich, dass ihr Gehirn Unterstützung brauchte, um mit diesen Lichteindrücken fertig zu werden und um ihrer Wahrnehmung der weiter entfernten Welt Bedeutung zu verleihen. Nur mit einer Sehhilfe war ihr Gehirn dazu in der Lage, die äußere Wirklichkeit als solche zu erkennen.

Sara fiel eine Vorlesung ein, die einer ihrer Professoren, ein theoretischer Neurowissenschaftler, gehalten hatte. Er behauptete, dass Erleben Einfluss auf die komplizierte Beziehung zwischen Gehirn und Geist nehme und dass es die Struktur des Erlebten im Geist sei, in der der »Sehende« auf das »Gesehene« treffe.

Sara und Daved setzten ihren Weg fort, bis sie zu mauerähnlichen Strukturen kamen. Daved erklärte, dass es sich um die teilweise Rekonstruktion einer Siedlung handle. Dieser bescheidene Steinhaufen war einmal ein berühmter Ort namens Yodefat gewesen. So wie Saras Vater ihr zuvor die Augen für die Tells geöffnet hatte, so bereitete er sie nun darauf vor, die scheinbar offensichtlichen Dinge des Lebens genauer in Augenschein zu nehmen. Sara begriff, dass die Interaktion mit der Umwelt durch die Augen dem Betrachter freistellt, nur die oberflächlichen Schichten wahrzunehmen. Zwar funktioniert das Leben auf dieser Ebene des Sehens, doch entgehen uns die tieferen Schichten einer Erfahrung.

Vater und Tochter standen vor dem Eingang zu einer Höhle. Daved gab Sara ein Zeichen, das geheimnisvolle Innere der Höhle mit ihm zu betreten. Anfangs kam es Sara sehr dunkel vor, doch nachdem die Stäbchen ihrer Netzhaut aktiviert worden waren, sah sie besser, und die Höhle war mit einem Mal wie von Kerzenlicht erhellt.

Als sie ihren Weg ins Innere der Höhle fortsetzten, betrachtete Sara eingehend die Wände. Farbenprächtige, von außergewöhnlichen Fossilien durchwachsene Schichten zogen sich durch den Fels. Sie verfolgte das so entstandene Muster mit den Augen. Jeder Stein war ein Stück Geschichte. Menschen hatten hier gelebt. Ereignisse hatten hier stattgefunden. Alte Weisheit war in den Strukturen der Höhle verborgen. Daved zeigte ihr die verschiedenen wie mit Farbe aufgetragenen Zeichen an den Höhlenwänden und die Trittstellen, die sich mit der Zeit in den Fels gegraben hatten. Die bemerkenswerte Fähigkeit ihrer Augen, sich an dämmriges Licht anzupassen, brachte Sara dazu, ihr Sehvermögen mehr zu respektieren. Sie schwor sich, sich der wundertätigen Arbeit ihrer Augen in jedem Moment an jedem Tag mehr gewahr zu werden. Das war ein wichtiger Schritt in Richtung bewusstes Sehen.

Sara und Daved drangen tiefer in die Höhle ein. Der Höhlengang wurde enger. Daved führte Sara bei der Hand. Schon bald weitete sich vor ihnen der Gang zu einem größeren Raum. Durch einen Spalt hoch oben in der Decke drang Licht in die Dunkelheit. Sara blickte hinauf und bemerkte ein teilweise abgedecktes Loch, durch das zu einem Strahl gebündeltes Sonnenlicht zu ihnen gelangte. Sie konnte die Details dieses unterirdischen Raums ausmachen.

Die Verbindung der Gerüche, die von einer eigenen Zeitqualität zu sein schienen, mit ihrer inneren Erregung verursachte Sara Schwindelgefühle. Sie atmete tief, nahm ihre Brille ab und entspannte sich in das nun unscharfe Bild hinein. Sich auf einen flachen Fels setzend, bedeutete sie ihrem Vater, sich neben ihr niederzulassen. Ihre Schwindelgefühl hielt an, und es kam ihr so vor, als bewegten sich die Felswände um sie her. Sie hatte das Gefühl, sich in einem Auto zu befinden, dessen Fahrer wegen zu hoher Geschwindigkeit die Kontrolle verlor. Sara streckte sich auf dem Boden der Höhle aus. Ihren Pullover legte sie zusammen, um ihn als Kissen unter ihren Kopf zu schieben. Ihr Vater legte sich neben sie. Saras Anspannung entlud sich in einem langen Seufzer. Stille breitete sich um sie aus. Nachdem Sara die Augen einen Moment lang geschlossen hatte, öffnete sie sie wieder und sah sich in der Höhle um. Sie hatte das Gefühl, durch die Zeit zu fliegen. Hunderte von Jahren verstrichen.

Sara legte die Hände neben sich auf den Boden, wie um sich festzuhalten, weil sie sich noch immer in einem außer Kontrolle geratenen Auto wähnte. Fragen schossen ihr durch den Sinn. »Wohin bin ich unterwegs? Was geschieht mit mir?« Doch die äußere Stille beruhigte sie. Sie konnte ihre Entspannung aufrechterhalten, sich der Erfahrung hingeben.

Sie wandte ihrem Vater das Gesicht zu. Ein Schaudern ergriff ihren Körper. Der Mann neben ihr war nicht ihr Vater, sondern jemand mit langen Haaren und Bart. Lange Schläfenlocken hingen von seinen Ohren bis auf die Schultern hinunter. Sein magnetischer Blick zog ihre Aufmerksamkeit an. Seine Stimme sprach in einem fremden englischen Dialekt zu ihr. Sara fühlte sich wie verzaubert.

»Sieh hinauf, zu dem Spalt in der Höhlendecke«, wies der fremde Mann sie an.

Ohne die Aufforderung zu hinterfragen und wie in Trance richtete Sara ihre Aufmerksamkeit auf die kleine Öffnung.

»Höre auf meine Stimme. Sprich selbst nicht und stell auch keine Fragen. Du bist hier, um transformiert zu werden. Du bist Bewusstsein! Höre! Siehe! Sei in der Gegenwart und du wirst Bewusstheit erlangen. Dein wird das wirkliche Sehen sein.«

Sara gelangte in einen tieferen Zustand innerer Bewusstheit. Etwas in ihrer Brust erwachte plötzlich. Sie atmete tief und betrat den Raum, der sich vor ihr öffnete. Es kam ihr so vor, als befände sie sich in ihren Augen und blickte hinaus. Das kleine Loch in der Höhlendecke war ihre Pupille.

»Bewusstes Sehen heißt, die eigenen Augen SEIN«, hörte Sara, und sie meinte, nun spräche die Höhle selbst zu ihr. Sie fühlte sich so, als befände sie sich im Inneren ihres linken Auges. Ein Lichtstrahl richtete sich unmittelbar auf sie auf ihrem Beobachtungsposten. Sie saß mitten in der Netzhaut, genau in der Sehgrube. Aus dieser Position konnte sie sich unmittelbar auf den Lichtstrahl konzentrieren. Sara holte tief Luft, ließ den Lichtstrahl eindringen und folgte ihm in einen Bereich ihres Bewusstseins, der mit tiefstem Verständnis und universellem Wissen erfüllt war. Das Denken fiel ihr leicht. Die Ereignisse folgten einer logischen Ordnung. Die Gedanken flossen geordnet und waren äußerst präzise.

Am Rande ihres Gesichtsfelds sah sie rechts Licht, das die Netzhaut ihres linken Auges füllte und den nachdenklichen Teil ihres Wesens anzusprechen schien. Sie nahm das Licht auf, schloss die Augen und vertiefte ihre Atmung. Mit offenen Augen wurde sich Sara des Lichts bewusst, das linkerseits des Punktes, auf den ihre Augen fokussiert waren, hereinströmte. Es löste ein Aufwallen von Gefühlen in ihr aus. Sie meinte, in ihrem Inneren tue sich neuer Raum auf. Sie fühlte sich frei. Die Zeit schmolz.

Die fremde Stimme meldete sich wieder: »Jede Lichtschwingung, die zu deinen Augen gelangt, bringt eine Botschaft des universellen

Bewusstseins. Die Lichtschwingungen sind Teil der göttlichen Schöpfung. Das Licht erweckt das Sehen. Bleibe präsent und du wirst mehr sehen!«

Plötzlich füllte sich die gesamte Höhle wie mit einer Lichtexplosion. Sara erinnerte sich, dass ihr Vater sie als kleines Kind bei einem Feuerwerk bei der Hand gehalten hatte. In ihrem Gedächtnis blitzte ein Bild auf, das ihn auf ihrer rechten Seite zeigte. Ihre Mutter hielt sie bei ihrer linken Hand. Sie hörte ihre eigene Stimme irgendwo weit entfernt in ihrem Geist: »Ich fühle mich eins in der liebenden Gegenwart meiner beiden Eltern.« Sara bewahrte sich dieses Bild wie ein Nachbild auf ihrer Netzhaut.

Die Höhle schien neuerlich in Bewegung geraten zu sein. Sara meinte in einen tieferen Teil ihres linken Auges, in dem sie saß, transportiert zu werden. Sie öffnete einen Moment lang die Augen. Dort, auf der rechten Seite, sah sie, dass ihr Vater in ihrem rechten Auge saß. Er winkte ihr zu, als hieße er sie willkommen.

Die Stimme der Höhle erhob sich erneut: »Du trägst in dir die Erinnerung an die Integration, an die Vereinigung deiner Eltern. Führe dein linkes mit deinem rechten Auge in einer heiligen Hochzeit zusammen. Damit bereitest du dich auf die Reise zu den tiefsten Schichten deiner Ganzheit vor. Du wirst zu deinem wahren Selbst werden.«

»Wie kann denn all das sein?«, fragte sich Sara. »Ich suche eine Höhle in Israel auf und sie spricht zu mir! Nein, das muss mein Vater sein, der sich einen Scherz mit mir erlaubt.«

Sie streckte die Hand nach ihrem Vater aus, und als sie ihn berührte, schien es in der Höhle heller zu werden. Sie hörte ein brausendes Geräusch und meinte, wieder in dem außer Kontrolle geratenen Auto zu sitzen, das nun mit unglaublicher Geschwindigkeit rückwärts fuhr.

Sara raste in einem Kokon aus Licht den Sehnerv ihres linken Auges entlang und durch eine Reihe von Tunneln. Wieder sprach die Höhle zu ihr. »Du bist Licht. Lerne, Licht zu empfangen, ohne zu reagieren. Fließe mit dem hereinkommenden Licht wie das Wasser eines Stroms. Jedes Lichtbild, das in dein Auge gelangt, wetteifert mit allen anderen darum, erkannt zu werden. Dein Geist wird später jedem von ihnen eine Bedeutung geben. Sei im Licht gegenwärtig. Deine Millionen Zapfen und Stäbchen setzten die Fragmente des von deiner Hornhaut und deiner Augenlinse fokussierten Bildes zusammen. Dieses elektrochemische Signal transportiert die visuelle Information. Bleib, solange du kannst, bei dem Licht. Jeder Schritt auf deiner Reise verschafft dir zusätzliche Gelegenheit, dich weiter zu transformieren. Das in dein Auge eindringende Licht durchläuft die gleiche Transformation. Je weiter der Lichtimpuls auf der Sehbahn zum Sehzentrum vordringt, umso komplexer wird die Information. Damit dein Geist die Lichtsignale richtig interpretieren kann, kommt es zur Integration. Zusätzliches Potential für Verständnis und Ganzheit wird zugänglich.«

Stille kehrte ein. Sara war so, als würde sie gerollt und gedreht. Sie befand sich in einem unsichtbaren Raum wie in einem schwarzen Loch im Weltall, in einem Vakuum. Sie wähnte sich in der Höhlung ihres eigenen Geistes, an jenem Ort, wo aus den Lichtimpulsen Erfahrungen zu Bildern geordnet, zu Inhalten verdichtet und mit Sinn erfüllt werden. Sara erkannte in ihrem Geist den Organisator ihres Gehirns.

Im nächsten Moment öffnete Sara die Augen und befand sich wieder in der Höhle. Sie erinnerte sich deutlich an alle Einzelheiten ihres Abenteuers. Ihr Vater saß neben ihr in der gleichen Position wie ihr rechtes Auge während ihrer Reise. Sara erinnerte sich, dass die Bilder aus beiden Augen sich mehr und mehr vereinigt hatten, je weiter sie in ihr Gehirn und in ihren Geist vorgedrungen waren.

Daved nahm Sara in die Arme. Er sah sie wissend an. Er wusste, was Sara eben erlebt hatte. Sie wussten beide, dass alles gut war. Sie gingen zurück zum Eingang und setzten sich auf die Mauerreste der alten Zivilisation. Dort redeten sie stundenlang über alles, was sich ereignet hatte.

Bewusstsein – das geistige Auge

> Dein Gehirn ist eine Datenverarbeitungsmaschine.
> Es sagt dir, was es wahrnimmt, und nicht, was wirklich ist.
> NEALE DONALD WALSCH, *Gespräche mit Gott*

Bewusstes Sehen, wie Sara es in der hier wiedergegebenen Geschichte erlebt, wirft eine ganze Reihe von Fragen auf, für die sich Wissenschaftler, transpersonale Psychologen, Schamanen und Philosophen gleichermaßen interessieren. Wo ereignet sich dieses erweiterte Sehen? Im Gehirn, im Geist oder noch jenseits dieser Instanzen? Ist die Wahrnehmung des Menschen auf das Gehirn in seinem Schädel beschränkt? Sind Gehirn und Geist ein und dasselbe? Und wo hat Bewusstsein seinen Sitz?

Mein Ziel ist es, Ihnen hier die erforderlichen Fakten zusammen mit meinen persönlichen und klinischen Ergebnissen zu präsentieren, damit Sie Ihre eigenen Erfahrungen machen und Ihre eigenen Schlüsse ziehen können. In Anbetracht der räumlichen Beschränkung, die mir dieses Buch auferlegt, und seiner Konzentration auf die Sehkraft, ist es nicht möglich, hier umfassend auf das Wesen menschlichen Bewusstseins einzugehen. Doch da es bei bewusstem Sehen auch um die transzendierten Potentiale menschlichen Bewusstseins geht, müssen wir uns wenigstens so weit mit diesem faszinierenden Thema befassen, zu zeigen, wie Bewusstsein zur Verbesserung der Sehkraft beitragen kann. Sollte Sie das Thema Gehirn/Geist und Bewusstsein jedoch auch über diese Zusammenhänge hinaus interessieren, dann ermutige ich Sie hiermit, sich etwa mit den themenbezogenen Büchern zu befassen, die ich im Anhang aufführe.

Die Erforschung des menschlichen Bewusstseins ist mehr oder weniger wissenschaftliches Neuland. Von entscheidender Voraussetzung waren die Erfolge, die die biologische und die neurowissenschaftliche Forschung erzielten. Während der letzten hundert Jahre, in denen wir uns mühten, das mechanistische Modell auf die menschliche Existenz anzuwenden, haben Wissenschaftler versucht, den menschlichen Geist anhand von chemischen und elektromagnetischen Vorgängen im Gehirn zu erklären. Zwar waren so große Fortschritte auf dem Gebiet des Nervensystems möglich, doch für das Verständnis des menschlichen Bewusstseins erwies sich dieser Ansatz als Fehlschlag.

Die fortschrittlichsten Bewusstseinsforscher gehen heute davon aus, dass die physische Gehirnstruktur vermutlich ein Bestandteil eines ausgedehnten, nichtphysischen Phänomens ist, das allgemein als Geist bezeichnet wird. Der Geist beherbergt komplexe Gedanken und Gefühle. Dorthin gelangen zudem die Sinneswahrnehmungen, die wir unseren Augen, Ohren, der Nase, der Zunge und dem Tastsinn verdanken. All diese Informationen verschmelzen miteinander, wenn wir etwa das Gesicht eines Menschen vor uns erkennen. Dies mag wiederum Gefühle auslösen, die wir dann mit dem Gesicht assoziieren. Darüber hinaus können wir unseren Geist erforschen und unter Zuhilfenahme neuer elektronischer Instrumente die Aktivität des Gehirns während bestimmter Gefühle und Gedanken messen. Allerdings ist es unser mit dieser Gehirnaktivität interagierendes Bewusstsein, das ein messbares Ergebnis überhaupt erst ermöglicht. Ohne die Beteiligung des Bewusstseins würden diese mentalen Funktionen im Gehirn einfach nicht existieren. Ohne die Interaktion mit der Umwelt wäre das Gehirn nichts als eine graue Masse.

Die Erforschung des Sehvermögens verlangt mehr als nur das Ausmessen der physischen Augenstruktur. Sehen ist eine erheblich umfassendere Funktion und das menschliche Bewusstsein etwa ist entscheidend daran beteiligt. Ein rein mechanistischer Ansatz liefe aber praktisch darauf hinaus, den Menschen insgesamt auf chemische und elektromagnetische Vorgänge im Gehirn zu reduzieren. Eine tiefer gehende Untersuchung des Sehvermögens verlangt jedoch die Einbeziehung des ganzen Menschen *mit* seinem einzigartigen Bewusstsein und des, wie ich es nenne, »geistigen Auges«. Zwar ist dieses geistige Auge zum Teil mit dem Gehirn deckungsgleich, doch wenn wir über die fassbare Gehirnstruktur hinausgehen, dann gelangen wir zwangsläufig in den Bereich menschlichen Bewusstseins, das jenseits von messbarer Zeit und messbarem Raum existiert. Bewusstsein schließt das Ich mit ein, gestattet es uns jedoch, unsere Identität in einem größeren universellen Rahmen zu erleben. All dies wirkt sich auf unser geistiges Auge aus. Und im Laufe der Zeit nehmen die Außenbereiche des Bewusstseins Einfluss auf die physischen Augen in ihrer Funktion als Drucker des Gehirns.

Das geistige Auge ermöglicht es einer grenzenlosen Zahl unsichtbarer Einflüsse, auf die Sehkraft einzuwirken. Auf der Ebene des geistigen Auges ist Sehen ein Gefühl wie Intuition oder Liebe, eine Form von Vibration und sich verändernder Energie, die sich jeder rationalen Erklärung entzieht. Kein Wunder also, dass das geistige Auge für bewusstes Sehen zuständig ist.

Zahlreiche Bewusstseinsforscher haben festgestellt, dass der Geist eines Menschen nur von diesem selbst beobachtet werden kann. Ein von außen hinzutretender Beobachter kann einfach nicht wissen, welche Kapazität der Geist eines anderen hat, oder welche Vorgänge in ihm ablaufen. Doch die transpersonale Psychologie betrachtet menschliche Erfahrung als etwas, das über das mechanistische Modell von Bewusstsein und Universum hinausgeht, und zeigt, dass eine Erfahrung wie die von Sara nicht nur stattfinden kann, sondern auch real ist. Doch das ist noch nicht alles. Die transpersonale Psychologie führt außerdem den unanzweifelbaren Beweis, dass sich menschliches Bewusstsein über physische Grenzen hinaus erstreckt. Stanislav Grof, der Autor von *Topographie des Unbewussten* und *Die Welt der Psyche*, ist einer der führenden Forscher und Förderer dieser Disziplin. Er sagt: »Wir sind nicht nur hoch entwickelte Tiere, die in ihren Schädeln über biologische Computer verfügen; wir sind außerdem auch grenzenlose Bewusstseinsfelder, die Zeit, Raum, Materie und lineare Kausalität transzendieren.« Ergänzend weist er darauf hin, dass »die Welt, die wir aus unserer persönlichen Mythologie und aus sensorischen Daten erschaffen und unsere ›Innenwelt‹ nennen, im besten Fall ein Stiefkind dieses unendlichen Bewusstseins ist«.

In den folgenden Kapiteln wollen wir herausfinden, in welcher Hinsicht Ihr Sehvermögen mehr ist als das, was in Ihren Augen und in Ihrem Gehirn abläuft. Wir werden uns damit beschäftigen, wie unser individuelles Bewusstsein uns nicht nur in direkten Kontakt mit unserer unmittelbaren Umgebung und mit Teilen unserer Vergangenheit bringen kann, sondern auch mit Ereignissen, die die physischen Sinne mit ihrer Reichweite weit hinter sich lassen. Ja, menschliches Bewusstsein und das geistige Auge vermögen uns Einblicke in Regionen zu verschaffen, die über unseren physischen Aufenthaltsort hinausgehen und sogar bis in andere historische Epochen hineinreichen, in die Natur und in die Unendlichkeit des Kosmos selbst.

Die Schilderung von Saras Erfahrungen hat Ihnen eine Vorstellung von der Tiefe dieser Art des Sehens vermittelt. Vor Ihnen liegen weitere Geschichten und Praktiken, die es Ihnen ermöglichen, aus eigener Anschauung zu erfahren, dass Ihre Augen viel mehr können als eine Kamera. Sie werden über das hinausgehen, was Sie bisher für Bewusstsein hielten und werden ein Reich betreten, das der anerkannte Philosoph William James bereits vor fast 100 Jahren mit den Worten beschrieb: »Unser normales Wachbewusstsein, unser rationales Bewusstsein, wie wir es auch nennen, ist nur eine besondere Art von Bewusstsein. Umgeben jedoch ist es auf allen Seiten und von diesem nur durch den allerdünnsten Film getrennt von einer vollkommen anderen potentiellen Form des Bewusstseins.« Bewusstes Sehen kann für Sie der Zugang zu diesen Tiefen des Sehens, des Lebens und Ihres Selbst sein.

ÜBUNG: ÖFFNUNG FÜR DAS POTENTIAL DER AUGEN

- Verbringen Sie mindestens einen Monat oder länger täglich fünf Minuten damit, Farbtafel 3 zu betrachten.
- Machen Sie sich das Licht in Ihrem Auge und um Sie herum bewusst, so wie Sara es getan hat.
- Lesen Sie Saras Geschichte 21 Tage lang täglich, damit Sie eine bessere Vorstellung für die darin beschriebenen Dinge entwickeln und zu einem Beobachter werden, der sich von allen Ebenen des Bewusstseins berühren lässt. Indem Sie dies tun, bereiten Sie sich darauf vor, bewusst zu sehen.

2. KAPITEL

Sehen, nicht schauen

Ihre erste Vorstellung dessen, was der Begriff »Sehvermögen« bedeutet, mag der meinen ähnlich gewesen sein. Wie die meisten Menschen setzen Sie Sehvermögen vermutlich einfach mit dem Funktionieren Ihrer Augen gleich und mit den Bildern, die zu sehen Ihre Augen Ihnen gestatten. Auf der Ebene der schulmedizinischen Augenheilkunde ist diese vereinfachende Auffassung von Sehen im Allgemeinen angemessen. Wenn Ihre Augen Ihnen klares Sehen nicht länger ermöglichen, dann suchen Sie den Augenarzt auf, der Ihnen hilft, indem er Ihnen eine Brille oder Medikamente verschreibt oder einen chirurgischen Eingriff vornimmt. Bewusstes Sehen bedeutet jedoch, diese enge Auffassung von Sehen erheblich zu erweitern.

Vor langer Zeit, als der Mensch noch auf die Nahrungsbeschaffung durch die Jagd angewiesen war, war Sehschärfe entscheidend. Die Fähigkeit, die Beute in der Entfernung genau zu erkennen, machte den erfolgreichen Jäger aus und war überlebenswichtig. In der heutigen Welt haben wir solch eine Sehschärfe offenbar nicht mehr nötig. Doch auch wenn uns die Begabung unserer Vorfahren offenbar verloren gegangen ist, gibt es keinen Grund, sie nicht wieder zu aktivieren.

Schauen: Die Logik des Denkens und Handelns

Die Fähigkeit, ein hohes Maß an Sehschärfe aufrechtzuerhalten, bezeichne ich allgemein als *Schauen*, das ich vom *Sehen* unterscheide. Wenn das Licht auf die Fovea entralis (die Sehgrube in der Mitte der Makula, Teil der Netzhaut) fällt, dann schauen wir gut. Dann stellen wir auf das scharf, was sich unmittelbar vor uns befindet.

Was ist der Unterschied zwischen Schauen und Sehen? Anders als beim

Schauen ist das Sehen von den Lichtimpulsen abhängig, die den Randbereich der Netzhaut erreichen. Sehen heißt nicht einfach, das Vorhandensein oder die Abwesenheit von Dingen oder Personen zu registrieren, sondern Gefühle gegenüber den gesehenen Dingen zu entwickeln. Damit hat Sehen weniger mit Sehschärfe und Klarheit zu tun als vielmehr mit Intuition, Spüren und Kreativität. Bewusstes Sehen ist nur dann möglich, wenn sich das Sehen mit dem Schauen verbindet. In meinem früheren Buch, *Die integrative Sehtherapie* habe ich dies als »integriertes Sehen«, als »die Kraft hinter den Augen« bezeichnet. Auch *wenn* es sich im ersten Augenblick einfach anhört, Sehen und Schauen miteinander zu verschmelzen, so handelt es sich doch um einen komplizierten Prozess, der tiefe Selbsterkenntnis voraussetzt.

Was haben Sie zu erwarten, wenn Sie Sehen und Schauen nicht zu einem übergeordneten Ganzen zusammenfügen? Angenommen Sie sind ein Mensch, dem es schwer fällt, das Gesamtbild zu sehen, und der mehr auf Details ausgerichtet ist. Das bedeutet, dass Sie sich in Ihrem Sehstil hauptsächlich auf die Sehgrube, die Fovea in Ihrer Netzhaut, verlassen und zu fovealem Schauen neigen. Foveales Schauen fördert eine eher rational-logische, analytische und auf Handeln ausgerichtete Weltsicht mit einer einhergehenden Konzentration auf Leistung und Zielsetzung. Sie sind geschäftig, wollen Dinge erledigen. Solche Eigenschaften sind wertvoll, wenn es darum geht, im Beruf erfolgreich zu sein oder ein Haus zu bauen, oder wenn Details Ihrer gebündelten Aufmerksamkeit bedürfen. Genauigkeit und Konzentrationsfähigkeit sind in einer solchen Situation unverzichtbar. Doch wie wirkt es sich auf Ihre Lebensqualität aus, wenn konzentriertes Schauen und Handeln einen unverhältnismäßig großen Raum einnehmen?

ÜBUNG: WIE SEHE ICH?

- Untersuchen Sie Ihr Leben aus zwei unterschiedlichen Perspektiven. Stellen Sie auf die eine Seite Ihren Beruf beziehungsweise Ihre Karriere und auf die andere Ihr Privatleben.
- Gehen Sie davon aus, dass Sie jeden Tag etwa 16 Stunden wach sind. Stellen Sie fest, wie viele Stunden Sie täglich Ihrem Beruf und wie viele Ihrem Privatleben widmen.
- Dann machen Sie sich klar, wie viel von Ihrem 16-Stunden-Tag Sie mit handlungsorientiertem fovealen Schauen verbringen. Die folgenden Aussagen liefern Ihnen einige hilfreiche Anhaltspunkte:
  - Sie springen morgens erst im allerletzten Augenblick aus dem Bett.
  - Sie empfinden Badezimmeraktivitäten wie etwa Duschen als unangenehm, weil Ihr Geist diese Zeit für exzessives Nachdenken beansprucht.
  - Sie haben grundsätzlich keine Zeit, um in Ruhe zu frühstücken.
  - Sie verabreden sich mit Freunden, haben jedoch das Gefühl, dass dabei keine erfüllende Verbindung entsteht.
  - Ihr beruflicher Alltag und die mit ihm verbundenen Projekte gehen Ihnen unablässig durch den Kopf.
  - Sie lassen das Mittagessen ausfallen oder essen hastig, weil Sie zu viel Arbeit haben.
  - Abends sind Sie erschöpft und flüchten sich vor den Fernseher, in ein Buch oder ins Internet.
  - Ihr Körper scheint immer müde zu sein.
  - Sie haben keine Lust, Sport zu treiben, oder sind umgekehrt geradezu fanatisch auf Ihre körperliche Fitness bedacht.

Ein auf fovealem Schauen basierender Lebensstil kann bedeuten, dass Sie Ihrem Beruf Vorrang vor Ihrem Privatleben einräumen. Sie sind zwar beruflich erfolgreich, doch Ihr Privatleben scheint unerfüllt.

Mir selbst war mein Beruf lange Zeit wichtiger als alles andere. Erst mit Mitte dreißig, als ich als Arzt und Universitätsdozent beruflich meinen Höhepunkt erreicht hatte, wurde mir bewusst, dass ich mich in privater Hinsicht unvollständig fühlte. Ich hatte viele Aufsätze geschrieben und ein Buch veröffentlicht. Doch meine Rolle als Vater füllte ich nicht richtig aus. Meine Ehe erschien mir langweilig. Meinem Hobby, der Fotografie, ging ich nicht nach. Die Karriere verstellte mir den Blick auf mich selbst. In meiner Suche nach einem sicheren Ort in der Welt für meine geringe Selbstachtung hatte ich mein Gesichtsfeld zu stark eingeengt.

Nachdem ich mir das Ungleichgewicht erst einmal bewusst gemacht hatte, ergriff ich Gegenmaßnahmen und näherte mich durch Intuition, Spüren und Kreativität den vernachlässigten Anteilen in mir. Überrascht stellte ich fest, dass es dort Bereiche gab, die ebenso viel Aufmerksamkeit benötigten wie mein äußeres Leben und der Beruf, auf den ich mich so ausschließlich konzentriert hatte. Daraufhin widmete ich meinem Privatleben mehr Aufmerksamkeit. Ich verbrachte mehr Zeit mit meinen Kindern und mit meiner Frau. Ich sprach über meine Gefühle und lernte sie besser kennen. Mit einem Wort: Ich beschäftigte mich nun mehr mit Sehen und Sein als mit Schauen und Tun.

Wer dagegen zu viel auf einmal sieht, dem kommt der Brennpunkt abhanden und dem fällt es möglicherweise schwer, sich auf eine Aufgabe zu konzentrieren. Wenn jemand seinen persönlichen Stil im Sehen und Sein findet, dann braucht er mehr Raum und erscheint Außenstehenden oft etwas vergesslich oder weltfremd. Sehen ist kreativ und geht nicht ohne Sein. Es gibt viele Menschen, die wie ich über ausgezeichnete Sehkraft verfügen und sich von der Masse des Gesehenen überwältigt fühlen. Überwältigt sein heißt, sich auf eine Sache nicht lang genug konzentrieren zu können, um auch nur die einfachste Aufgabe zu bewältigen.

Vielen Kindern fällt Lesen schwer, weil sie Mühe damit haben, Ihre Fähigkeit zu konzentriertem Schauen für sich einzusetzen. Stattdessen stützen sie sich fast ausschließlich auf ihre Fähigkeit zu sehen. Ihre Aufmerksamkeit geht überallhin, statt sich ausschließlich auf einen Text oder den Lehrer zu richten. Ihren Eltern gelingt es in der Regel kaum, ihre Aufmerksamkeit mehr als ein oder zwei Minuten lang zu fesseln. Nicht selten wird bei solchen Kindern ein Aufmerksamkeitsdefizitsyndrom diagnostiziert, und sie erhalten Methylphenidat, ein indirekt wirkendes Psychostimulans. Auch später als Erwachsene haben sie möglicherweise Schwierigkeiten damit, einmal begonnene Projekte zu Ende zu bringen. Die soziale Eingliederung ist bei ihnen häufig erschwert.

Unsere Gesellschaft bevorzugt diejenigen, die das Schauen zu ihrem bevorzugten Sehstil gemacht haben, denn sie sind konzentrationsfähig und bleiben an einem Projekt »dran«, bis es abgeschlossen ist. Menschen mit besonders hoher Leistungsfähigkeit sind typischerweise auf Schauen spezialisiert. Im beruflichen Alltag wird Leistungsfähigkeit mit Beförderungen, höherem Verdienst und gesteigertem Erfolg assoziiert. Solche Belohnungen sind in unserer Kultur besonders erstrebenswert. Sehen hingegen fällt in den Bereich von Künstlern, Musikern und Menschen, die am Rand der Gesellschaft leben, die zwar toleriert werden, aber doch nicht so recht in unsere leistungsorientierte Gesellschaft passen.

Die Zielsetzung dieses Buches ist es, Sehen und Schauen neuerlich ins Gleichgewicht zu bringen. Doch fragt man sich unwillkürlich, warum so viele Menschen ihr Heil im Schauen suchen, wenn doch offenbar ein ausgeglichenes, integriertes Sehvermögen so wünschenswert ist? Wie verhält es sich bei Ihnen? Haben Sie Augenbeschwerden, die darauf schließen lassen, dass Sie konzentriertes Schauen bevorzugen? Wenn ja, was können Sie dann tun, um mehr Zeit für reines Sehen und einfaches Sein zu finden?

Sozialisierte Kurzsichtigkeit:
Die Neigung der heutigen Gesellschaft zu fovealem Schauen

In seiner Doktorarbeit an der Universität von New York in Binghamton schreibt Robert Kellum über »Kapitalismus und das Auge«. Er macht deutlich, wie entscheidend für den frühen Menschen Peripheriesehen war. Der Mensch musste sich in die Welt hinauswagen, um Nahrung zu erjagen oder anzubauen – eine eindeutig nach außen gerichtete Orientierung. »Dieses Sozialsystem war eine Struktur der Selbstermächtigung«, formuliert Kellum. In der Fachsprache der Augenheilkunde ausgedrückt bezeichnet dieser Sehstil nichts anderes als Weitsichtigkeit. Kellum behauptet, dass sich im Verlauf der letzten 700 Jahre unsere Sicht auf die Welt verändert hat. Der bisherige, nach außen gerichtete »weitsichtige« Sehstil wurde durch einen nach innen gerichteten »kurzsichtigen« ersetzt. Neben dieser Veränderung des Wahrnehmungsstils fand zugleich auch eine bedeutende innere Veränderung statt. »Nun, da sich die Perspektive nach innen auf das Ich und den Körper verlagert«, fährt Kellum fort, »gelangen ›kurzsichtige‹ Eindrücke in den Geist. Das Denken wird ichbezogen. Der eigene Körper stellt nun die Grenze zwischen nach innen und nach außen gerichteter Wahrnehmung dar. Die Augen erhalten neue, im Nahbereich angesiedelte Aufgaben. Das Bewusstsein des ›Kurzsichtigen‹ nimmt die Welt wahr, als befände sie sich in unmittelbarer Nähe.«

Der »kurzsichtige« Wahrnehmungsstil setzte sich Kellum zufolge durch, als sich der Handel entwickelte und Geld im Tausch für Nahrungsmittel und Waren in Umlauf kam. Der Mensch musste nicht mehr auf die Jagd gehen und benötigte folglich seine »Weitsichtigkeit« nicht mehr. Stattdessen konzentrierte er sich nun zum Beispiel auf die Speisen und Gegenstände vor ihm auf dem Tisch oder auf die Person, mit der er handelte, und auf das Geld, das von der einen Hand in die andere wechselte. Vor dieser Zeit war das Sehvermögen auf die Nahrungsbeschaffung ausgerichtet, auf das enge Verhältnis zur Natur, auf die Einbindung in die Gemeinschaft, auf die Beachtung der Jahreszeiten und auf die Wahrnehmung des Gesamtzusammenhangs, womit einerseits die ausgedehnten Landschaften, andererseits aber auch die sozialen Wechselwirkungen im Zusammenhang mit der Aufrechterhaltung einer gesunden Gemeinschaft gemeint sind. »Weitsichtige« Menschen waren stärker mit der Natur verbunden und daran gewöhnt, sich im Lauf der Jahreszeiten treiben zu lassen. Sehen kennzeichnete einen Lebensstil, der zwar harte Arbeit verlangte, aber auch genug Zeit ließ, um die natürliche Schönheit der Umgebung zu würdigen. Familie und Gemeinschaft waren wichtiger als Leistung. Sehen ermöglichte es den Menschen, sich als Teil des Lebens, als Ganzes zu empfinden. Sehen und Schauen waren im Gleichgewicht.

Der Handel förderte dagegen eine Weltsicht, die zwischen »wir« und »die anderen« unterscheidet. Geld als Tauschmittel verdrängte Natur, Gemeinschaft und das Gesamtbild zugunsten einer individuellen, auf das eigene Ich hin orientierten Sicht der Dinge in die zweite Reihe und unterstützte, wie Kellum es ausdrückt, die »Neustrukturierung von Gehirn und Geist«.

Vor dieser Zeit lebten die Menschen »in relativ isolierten und nur locker miteinander verbundenen Gruppen«. Mit der zunehmenden Verbreitung des Handels trafen nun plötzlich Menschen aus weit entfernten Regionen aufeinander. Diese globale Integration verlangte Kellum zufolge die zunehmende »Nutzung der in der Sehgrube gebündelten und eng miteinander verschalteten Nervenzellen«. Damit war das Gleichgewicht erschüttert und in der Folge wurde foveales Schauen gegenüber retinalem Sehen bevorzugt.

Je mehr Bedeutung dem konzentrierten Sehen eingeräumt wurde, desto mehr schrumpfte das im Geist wahrgenommene Bild, und es kam folglich zu einer Wahrnehmungseinengung. Gleichzeitig wurden die metaphysischen und spirituellen Heilansätze durch physikalische und medizinische Herangehensweisen als kulturelle Norm ersetzt. Die Perspektiven des Heilens waren nun in einem sehr engen und konzentrierten Feld gefasst. Die Bedeutung der Intuition wurde von kognitivem logischen Denken verdrängt. Plötzlich war eine Idee, die wissenschaftlich nicht bewiesen werden konnte, nichts mehr wert und verdiente auch keinen Respekt. Alte schamanische Praktiken, die auf retinalem Sehen fußten, galten nun als primitiv und wertlos. Schamanen und traditionelle Heiler waren von ihrer »Weitsichtigkeit« abhängig, während der neue Lebensstil »Kurzsichtigkeit« und die Konzentration auf einen engen Bereich direkt vor den Augen verlangte.

Das Aufkommen dieser physisch-kognitiven Orientierung war der Grund, warum sich Augenärzte nur noch für die physischen Ursachen von Augenbeschwerden interessierten. Das Auge wurde als aus dem Gesamtbild des Körpers herausgelöste Einheit behandelt. Noch vor 100 Jahren erwogen Augenärzte ernsthaft die Möglichkeit, dass Kurzsichtigkeit mit einer Überanstrengung der Augen in Verbindung stehe. Die ophthalmologische Literatur kennt Übungen, die Ärzte damals zur Entspannung der Augen verschrieben. Und noch Anfang des 20. Jahrhunderts galt man keinesfalls als modisch schick, wenn man eine Brille trug.

In seiner Dissertation erinnert uns Kellum daran, dass das Better Vision Institute in den Vereinigten Staaten 1936 mit der Hilfe von Brillenherstellern, Händlern und Optikern gegründet wurde. Er schreibt: »Es war die Aufgabe dieser Organisation, Brillentragen als ›cool‹ und vernünftig anzupreisen. Dahinter steckte die Idee, das Bewusstsein für die Augen zu wecken. Bekräftigungen von berühmten Persönlichkeiten und die Sicherheit propagierende Plakat- und Rundfunkwerbung half der breiten Öffentlichkeit, ihre Vorurteile gegen das Brillentragen zu überwinden. Es wurden sogar Bücher über die ›Kleidsamkeit‹ von Brillen geschrieben. Als diese Indoktrination nach und nach Fuß fasste, gewöhnte sich der Konsument daran, Brillentragen als intellektuell zu empfinden.«

Wenn Kellums Thesen zutreffen, dann wird die Physiologie und Funktion der Augen durch den jeweiligen Bewusstseinsstand der Gesellschaft beeinflusst. Wie wir denken und wie wir in der Welt funktionieren, wirkt sich auf unser Sehvermögen aus. Unsere Auffassung von der Welt entscheidet darüber, wie wir unser Leben strukturieren. Kellum meint: »Das Auge reagiert darauf, wie wir leben. Ein Leben im Tiefschlaf erzeugt ein bestimmtes Vibrationsmuster. Es erscheint zunächst auf der Quantenebene des Raums, die wir auch als Geist bezeichnen. Weitergeleitete Gedanken und Gefühle instruieren das Gehirn, den Körper auf ein bestimmtes vorhersagbares Verhalten zu programmieren. Wie bewusst oder unbewusst wir uns verhalten, bestimmt letztlich der Geist.«

Körper, Geist und Gehirn wirken als integrierte Teile der Einheit Mensch. Der Körper bringt Mitteilungen zum Ausdruck, die ihren Ursprung im Geist oder im Gehirn haben, und empfängt Informationen von der Umwelt, die vom Gehirn interpretiert und vom Geist genutzt werden. Wenn eine entsprechende bewusste Absicht existiert, dann vermag der Geist den Körper sogar anzuweisen, Einfluss auf die Funktionsweise des Gehirns zu nehmen. Die Augen sind ein direkter Zugang zum Bewusstsein des Gehirns und letztlich auch des Geistes. Informationen können durch die Augen weitergeleitet und wie neue Software im Geist abgespeichert werden. Somit ist uns die Möglichkeit gegeben, unser Denken, unser Sehen und unsere Lebensweise zu verändern.

Sozialgeschichtliche Forschungen machen den Wechsel von einem auf die Umwelt orientierten Sehen zu einem auf das Innere gerichteten Schauen deutlich. In der Folge dieser Umorientierung haben »wir an Bewusstheit verloren«, schreibt Kellum. »Die Annäherung an das Innere rückte den Körper in den Brennpunkt unseres Interesses. Die bewusste Wahrnehmung unserer Beziehung zur Außenwelt hingegen nahm im gleichen Maß ab.«

Diese Verschiebung hin zu fovealem Schauen und der dazugehörigen logischen, kognitiven Perspektive ließ Augenärzte im Umgang mit Augenbeschwerden zu einem physischeren und pragmatischeren Ansatz finden. Das tiefer blickende Bewusstsein, das die Ursache für das stetige Anwachsen der an Kurzsichtigkeit erkrankten Bevölkerung intuitiv erfasste, wurde durch eine physiologische Erklärung basierend auf der Refraktionsstärke des Auges ersetzt. Aus der Perspektive des konzentrierten fovealen Schauens war diese Erklärung vollkommen logisch.

In den Vereinigten Staaten gibt es heute mehr als 70 Millionen Kurzsichtige. Dieses wild wuchernde Problem sollte uns dazu veranlassen, unsere Sehgewohnheiten und unsere übertriebene Neigung zu fovealem Schauen zu überprüfen. Als eine Kultur, die Einfluss auf das gesamte Weltgeschehen nimmt, befleißigen wir uns ausgerechnet eines kurzsichtigen Standpunkts und überbewerten nach innen gerichtetes, immer stärker auf das Ich fokussiertes Schauen.

Bewusstes Sehen hingegen bezieht Sehen mit ein und zwingt uns, uns wieder dem Gesamtbild zuzuwenden. Statt unsere Augen durch ständiges konzentriertes Hinschauen zu überanstrengen, können wir mit bewusstem Sehen ein integriertes Sehvermögen entwickeln. Nicht nur zur sichtbaren Welt finden wir so einen neuen Zugang, sondern auch zur unsichtbaren. Der expressionistische Maler Paul Gauguin bringt genau das zum Ausdruck, wenn er sagt: »Ich schließe die Augen, um zu sehen.« Indem wir unsere Sehgewohnheiten hinterfragen und ändern, geben wir unserem Wahrnehmungsvermögen wichtige neue Impulse. Wir werden bewusster und lernen dabei, Gedanken und Gefühle in Einklang zu bringen.

Integration: Unschärfe und Unbewusstes

Umfangreiche Forschung erfolgte, um die Strukturen und Prozesse des Sehens besser zu verstehen. Klar ist, dass jedes der beiden Augen für sich Informationen in die Sehbahnen, die zu den beiden Hirnhemisphären führen, einspeist. Je tiefer die Lichtimpulse in die Hirnschichten eindringen, desto leichter bildet unsere visuelle Wahrnehmung mit unserem Verständnis für uns selbst und unsere Umwelt ein einheitliches Ganzes. Die Anatomie und Physiologie menschlichen Sehens ist eigens beschaffen, um diesen Integrationsprozess zu ermöglichen. Ziel ist es fraglos, Ich- und Umweltbewusstsein miteinander in Einklang zu bringen. Dieser Einklang ist die Basis für Einheit und Ganzheit und für das Gefühl, dass alle Teile des Ich miteinander verbunden sind. Von diesem Zustand der Integration aus kann der Mensch über sich selbst hinausgehen und über seine Sinne bewusst die Verbindung mit der Umwelt suchen. Seine integrierte Sehkraft kann die Wirklichkeit besser erkennen. Je besser Sie Ihr Inneres kennen, desto eher offenbaren Ihnen Ihre Augen die Wahrheit dessen, was Sie sehen.

Die Verbindung von Schauen und Sehen ist maßgeblich für das Bild, das wir von uns selbst und von der Welt entwickeln. Licht dringt in beide Augen ein, und daher besteht eine der Aufgaben des Sehapparats darin, das, was jedes Auge für sich sieht, in einem geschlossenen Bild zusammenzufügen. In der Fachsprache wird dies als »Fusion« bezeichnet. Die auf den korrespondierenden Netzhautstellen der beiden Augen entstehenden Bilder werden zu einem einzigen Bild verschmolzen. Was hier abläuft, ist jedoch mehr als ein einfaches Addieren von mehreren Einzelinformationen. Der Fusionsprozess beliefert unser Bewusstsein mit einem Eindruck von Ganzheit, der sehr viel mehr umfasst als nur die Summe seiner Einzelbestandteile.

Der Fusionsprozess ist vielmehr mit einer gut funktionierenden Beziehung zu vergleichen. Zwei aufeinander eingespielte Menschen tun sich zusammen und vereinigen ihre Fähigkeiten und Begabungen. Dieser Zusammenschluss resultiert in einem Seinszustand, der wertvoller ist, als es je eine der beiden Personen für sich genommen sein könnte. Auf der Ebene des Sehens bietet sich ein Vergleich mit dem stereoskopischen räumlichen Sehen an, das dem Bild überhaupt erst Tiefe verleiht. Solches dreidimensionale Sehen ist die Voraussetzung, um Entfernungen wahrnehmen und einschätzen zu können – eine Fähigkeit, die etwa beim Autofahren oder im Sport entscheidend ist. Im bewussten Sehen beschäftigen wir uns mit dieser Tiefe der Wahrnehmung in unserem Inneren, und zwar in unserem Geist. Tief zu sehen ermöglicht es, das innere Wissen zu erleben und seine Verbindung zur Außenwelt. Das ist es, was wir generell als Bewusstsein bezeichnen.

Lassen Sie uns zu der Frage zurückkehren, wie es dazu kommen konnte, dass Schauen in unserer Gesellschaft zu einer so dominierenden Wahrnehmungsform wurde. Für gewöhnlich übertreiben wir eine Verhaltensweise immer dann, wenn es uns an einer mit ihr in Zusammenhang stehenden Fertigkeit mangelt. Meine Forschung hat ergeben, dass die Überbetonung des Schauens auf den Versuch zurückzuführen ist, einen Mangel an der Fähigkeit zu sehen zu kompensieren. Wenn jemandem der Zugang zu fovealem Schauen verstellt ist, dann empfängt er ohne Brille ein verschwommenes Bild von seiner Umwelt. Diese Unschärfe entsteht jedoch in vielen Fällen gar nicht durch einen äußeren Einfluss, sondern kann durch einen Aspekt im Inneren verursacht werden, den der Betreffende nicht klar und deutlich im Blick hat. Meistens handelt es sich um ein unaufgelöstes emotionales Thema in seinem Leben. Wenn er sich um diese »innere Unschärfe« nicht kümmert, dann wird er sie auch weiterhin von der Innen- auf die Außenwelt projizieren. Ohne das Sehen gerät das Schauen aus dem Gleichgewicht. Lässt man sich nun eine Brille verschreiben, um die Unschärfe zu korrigieren, dann kann die Überbetonung des Schauens noch verschlimmert werden.

Wenn Sie sich in Ihrem Sehvermögen vor allem auf angespanntes foveales *Hin*schauen verlassen, dann kann es gut sein, dass Sie auf der emotionalen Ebene wichtige Gefühle *über*sehen. Blockierte Gefühle tauchen ins Unbewusste ab, ein wichtiger Teil Ihres Wesens, den Sie sich erschließen müssen. Häufig steht ein solches übersehenes Gefühlselement im Zusammenhang mit einer erfahrenen Verletzung. Vielleicht waren Sie damals auf der intellektuellen Ebene noch nicht reif genug oder emotional nicht ausreichend vorbereitet, um die Intensität des Ereignisses zu verkraften. Folglich blieb Ihnen damals nichts anderes übrig, als das beunruhigende Ereignis aus Ihrem Bewusstsein zu verdrängen.

Der an der psychiatrischen Fakultät von Harvard tätige Frederic Schiffer vertritt in seinem Buch *Of Two Minds* (dt.: *Zweierlei Geistes*) die Auffassung, dass »jede der beiden Seiten unseres Gehirns eine autonome von der anderen deutlich verschiedene Persönlichkeit mit eigenen Erinnerungen, Motiven und Verhaltensweisen besitzt«. Ein Trauma könnte also in einen entlegenen Teil einer der Gehirnhälften zurückgedrängt und im ja eher emotionsarmen Alltag leicht übersehen werden. Oder aber das Trauma äußert sich in Form der bereits beschriebenen Unschärfe. Schiffer hilft seinen Patienten, die Erinnerung an diese Traumata aus der Vergangenheit zu wecken und freizusetzen, indem er sich spezielle Methoden visueller Stimulation zunutze macht wie etwa unterschiedlich abgeklebte Spezialbrillen, die ein Auge oder beide teilweise abdecken. Nach einer solchen Behandlung bessert sich das Befinden seiner Patienten oft erheblich.

Vor einiger Zeit führte ich eine Untersuchung an kurzsichtigen Patienten durch, die daran gewöhnt waren, eine Brille zu tragen. Ich prüfte die Fusionsfähigkeit der beiden Augen, während die Patienten ihre Brillen aufhatten. Zwar verschafften ihnen die Brillen eine ausgezeichnete Sehschärfe, doch auf die Fusionsfähigkeit der Augen wirkte sich die Sehhilfe ungünstig aus. Die beiden Sehgruben erreichten nicht den erforderlichen hohen Grad von Übereinstimmung, sondern wirkten auf mich wie ein unglückliches Paar, deren zerbröckelnde Beziehung ihnen angemessene räumliche Wahrnehmung unmöglich machte. Mir kam es so vor, als stellte die Brille eine künstliche Konkurrenz zwischen den beiden Sehgruben her und hemmte ihre natürliche Neigung zur Integration. Warum das so war, verstand ich erst Jahre später.

Wenn Licht in ein gesundes, »nacktes« Auge ohne Sehhilfe fällt, dann wird ein Teil dieses Lichts gebündelt und auf die Sehgrube des Auges gerichtet, während der Rest sich diffus über die übrige Netzhaut verteilt. Brillengläser jedoch fokussieren alles Licht auf die Sehgrube, um scharfes foveales Schauen zu ermöglichen. Der Teil des Lichts, der zur Gewährleistung retinalen Sehens auf die Netzhaut fällt, verringert sich damit maßgeblich. Das fokussierte Licht stimuliert neben der Sehgrube auch den Bereich des Geistes, der die Gedankenwelt beheimatet. Da jedoch nur wenig Licht auf die übrige Netzhaut fällt, kommt der Bereich des Gehirns, der die Gefühlswelt enthält, zu kurz. Die retinale Wahrnehmung des Brillenträgers ist also reduziert und mit ihr auch sein emotionales Erleben.

In der eigenen Gedankenwelt festzustecken, auf emotionales Erleben zu verzichten oder die eigenen Gefühle nur durch einen Nebel der Unschärfe wahrzunehmen reduziert Bewusstheit. Das Tragen einer Brille oder von Kontaktlinsen schafft eine künstliche Sehschärfe, die die verschwommenen Aspekte unseres Innenlebens überdeckt. So wie eine Maske die wahren Gefühle, die in einem Gesicht zum Ausdruck kommen, verdeckt, so erzeugt die Brille die Illusion, dass unser Innenleben keine Unklarheiten aufweist. Und der Geist fällt auf die Korrektur herein. Auf der Ebene inneren Erlebens führt die Korrektur schließlich zum Ausbleiben von Gefühlen. Lassen wir uns hingegen auf die Verschwommenheit ein, dann führt uns diese Unschärfe nach innen, und wir »sehen« das bisher Unsichtbare. Dass wir das Potential besitzen, die geistige Ebene der Materie zu erkennen, kann uns nur retinales Sehen ins Bewusstsein rufen. Die geistige Ebene des Lebens, die unsichtbare Schöpferkraft, tritt nur dann in unser Gesichtsfeld, wenn wir uns von der Dominanz fovealen Schauens befreien.

Gedanken und foveales Schauen sind wie Zwillingsschwestern, die gemeinsam alles infrage stellen und »verstehen« wollen. Wenn wir der Außenwelt keine genauen Informationen entlocken können, dann suchen wir im Inneren nach Antworten, entfernen uns vom Gesamtbild und unserem intuitiven Verständnis der Welt. Diesen Vorgang bezeichnet man als Denken oder Nachdenken, und er stellt ein ausgezeichnetes Mittel dar, um schmerzliche Ereignisse, die sich in der Verschwommenheit des Bewusstseins verbergen, nicht zu sehen. Foveales Schauen lässt sich vergleichen mit dem Blick durch ein Teleskop, das nur ein äußerst eingeschränktes Gesichtsfeld liefert. Wir können eine einzelne Krähe auf einem Baum in großer Entfernung bis ins Detail ihrer Federn ausmachen. Doch alles, was sich im Umfeld dieser Krähe befindet, übersehen wir: Dörfer, Bäume, Tiere auf der Weide, Hügel, einzelne Häuser und Menschen auf den Feldern entgehen uns. Wir sehen nur die Krähe, und wir werden mit List dazu gebracht zu glauben, dass es nicht mehr zu sehen gibt.

Sehen: Die Kunst des Fühlens

Neugeborene sehen. Und sie fühlen. Tatsächlich hat bereits der Fötus im Uterus die ersten Gefühle. Der heranwachsende Fötus ist sich der Atmung seiner Mutter vollkommen bewusst. Verstärkt durch das Fruchtwasser hört der Fötus sogar Geräusche, die ihren Ursprung außerhalb des Körpers seiner Mutter haben. Das Sehvermögen bildet sich bereits innerhalb der ersten vier Monate nach der Empfängnis aus und die offenen Augen des sich entwickelnden Kindes nehmen diffuse Lichtimpulse wahr. Doch kann weder das ungeborene noch das neugeborene Kind Licht fokussieren. Der Geist des Kindes muss lernen, die Lichtimpulse so zu verarbeiten, wie sie in die Augen und von dort zum Gehirn gelangen. Ein paar Jahre vergehen, bevor sich foveale Schärfe entwickelt und mit ihr die Stimulierung jener Gehirnbereiche, die mit der Kognition in Beziehung stehen. Alles Sehen beginnt jedoch mit der Fähigkeit, Licht als diffuse retinale Stimulation zu empfangen und folglich also zu sehen. Anfangs erlebt das Neugeborene diese Stimulation als »diffuse Freude«. Sehen bringt tiefe Gefühle mit sich und diese wiederum die Intuition.

Kleine Kinder mit ihrer erstaunlichen Intuition wissen von Dingen, die Erwachsene nicht wahrnehmen. Kinder haben ihre Fähigkeit zu sehen noch nicht durch angestrengtes Hinschauen verstellt und sind offen für das »Unsichtbare«. Wie ein Kind zu sehen bedeutet also nicht weniger, als sich auf das Unsichtbare zu projizieren. Sehen bedeutet, Objekte oder den eigenen Standpunkt nicht scharf, sondern diffus zu sehen. Statt ein klares, eindeutiges Bild zu empfangen, fühlen Sie sich eher von einem wagen Gefühl des »Ahnens« oder von dem berühmten »Gefühl im Bauch« erfasst. Sehen zu können, sich seines inneren Wissens gewahr zu sein und sich ihm zu öffnen, ist eine sehr wertvolle Fähigkeit.

Da Sehen im Zusammenhang mit tiefstem inneren Erleben steht, ist es eine äußerst private Angelegenheit. Ansel Adams, der für seine wunderbaren Naturaufnahmen in Schwarzweiß berühmte Fotograf, war sich über die Einzigartigkeit seines inneren Sehvermögens im Klaren. Als ihn Journalisten fragten, warum er ein bestimmtes Bild aufgenommen habe und was er mit seiner Arbeit beim Betrachter erreichen wolle, entgegnete er, was der Betrachter in seinen Bildern wahrnehme, gehe ihn, Ansel Adams, nichts an. Er fügte hinzu: »Und was ich in meinen Bildern sehe, geht nur mich etwas an.« Im Sehen verbirgt sich ein ganz persönlicher Blick, der manchmal zutiefst kreativ und wie in Adams' Fall sogar eine Kunstform sein kann. Wie Sie sehen, ist Ausdruck Ihres emotionalen Wesens.

Die Verhaltensoptometristin Antonia Orfield beschreibt Sehen in den Begriffen des Raumes: »Die Raumwelt ist die mentale Wahrnehmung der Fragen ›Wie weit ist weit?‹, ›Wie tief ist tief?‹ und ›Wie breit ist breit?‹. Wir alle sind dazu in der Lage, 20 Meter genau abzumessen, aber wir alle nehmen diese Entfernung unterschiedlich wahr.« Auch wenn die Sehkraft ausgezeichnet ist und sich retinales Sehen und foveales Schauen im Gleichgewicht befinden, so hat doch ein jeder eine eigene Wertschätzung dessen, was er sieht. Die Wahrnehmung des Gesehenen steht direkt mit dem Bewusstsein eines Menschen in Verbindung.

Der fühlende Teil Ihrer selbst ist Bestandteil Ihres Wesens. Fühlen heißt, sich damit zu beschäftigen, was in seinem Inneren vorgeht. Unglücklicherweise ist das, was wir in unserem Inneren wahrnehmen, nicht immer angenehm. Deshalb haben wir Mittel und Wege gefunden, um solchen schwierigen Gefühlen zu entgehen. Wer zum Beispiel eher zu konzentriertem Hinschauen neigt, der verwechselt leicht Denken und Fühlen. Er denkt über Gefühle nach und hält dieses Nachdenken für die eigentlichen Gefühle. Das Nachdenken über Gefühle an sich ist natürlich nicht schlecht und kann sogar den Zugang zu ihnen verbessern. Ich jedenfalls habe festgestellt, dass dies in meinem Leben häufig der Fall ist.

Damit ich einen tiefen Zugang zu meinen Gefühlen bekomme, muss ich erst einmal über sie nachdenken und sprechen. Das passt zu meiner Neigung, fokussiertem Hinschauen den Vorzug vor retinalem Sehen zu geben. Ich muss mir meine Gefühle erst »logisch« erklären, bevor ich mich sicher genug fühle, um mich auf sie einzulassen. Ich brauche die Sicherheit, meine Gefühle intellektuell zu verstehen, um innerlich die Bereitschaft zu erlangen, sie auch zu erleben. Schauen verhilft mir zum Sehen und dazu, die Wahrheit zu fühlen. Dieses Sich-in-die-Gefühle-Hineindenken ist ein wichtiger Aspekt des integrativen Sehprozesses.

Bewusstes Sehen zu praktizieren heißt, die vielen Ebenen des Sehens zu erforschen, so wie es ja auch viele verschiedene Gefühlsebenen gibt. Gefühle können rein sein und spontan aus dem Inneren zum Vorschein kommen. Möglicherweise sind sie die Reaktion auf ein bestimmtes Ereignis, das in der Außenwelt abläuft. Ich unterscheide Gefühle von Emotionen, die ich als »aufgeladene Gefühle« bezeichne. Emotionen können explosiv sein; ein Zornausbruch ist ein gutes Beispiel. Wenn wir uns auf die Fähigkeit zu sehen einstimmen, dann erhalten wir leichter Zugang zu unseren reinen Gefühlen. Und doch scheint das Sehen auf einer bestimmten Ebene mit unseren Gedanken verbunden zu sein. Das ist der Grund dafür, dass Nachdenken wie in meinem Fall manchmal dazu beitragen kann, unsere Gefühle ebenso wie unser Sehen zu vertiefen.

Es gibt noch einen weiteren Aspekt des Sehens, mit dem wir uns ebenfalls beschäftigen müssen. Gelegentlich, wenn man sich nach innen wendet, kommen traurige und depressive Gefühle an die Oberfläche. Bilder und Erinnerungen aus der Vergangenheit tauchen auf und lösen in uns möglicherweise Bedauern und Schuldgefühle aus. Und doch ist eine solche eher unangenehme Erfahrung ein Schritt hin zu weiterem Erkennen. Je mehr Sie sich Ihrer selbst bewusst werden, desto leichter gelingt es Ihnen, Ihr Verhalten auf Integration auszurichten. Die reaktiven Muster, auf die Sie bei Ihrem Bewusstwerdungsprozess stoßen, haben ihren Ursprung meist in unbewältigten Gefühlen, die sich ihrerseits zu Traumata und Verletzungen aus der Vergangenheit zurückverfolgen lassen und in Ihrem Bewusstsein noch immer präsent sind. Die Bearbeitung dieser reaktiven Muster setzt eine Wahrnehmung voraus, die kreativ ist, aktiv mitgeht und sich auf Ganzheit zubewegt. Sehen, ohne zu reagieren bedeutet, dass Sie die Verantwortung für Ihre Gefühle übernehmen und die Schuld nicht bei jemand anderem suchen.

Wenn Sie auf alte Traumata und Verletzungen reagieren, dann nehmen Sie auf der Basis Ihres Körpers zu ihnen Beziehung auf. So soll es sein. Es ist richtig, den Körper zu spüren. Bewusstwerdung und langsame Einstimmung auf den Körper sind ein wichtiger Schritt auf dem Weg zur Selbstfindung. Einer meiner Patienten erklärte es so: »Wenn ich mich aus meinem tiefsten Selbst heraus auf die Welt beziehe, bin ich viel mehr als mein Körper. Ich fühle ihn zwar immer noch, doch meine Präsenz ist so stark, dass ich mich auf einer ganz anderen Schwingungsebene befinde. Ich habe eine stärkere Verbindung mit mir und meinem Leben.« Das ist ein Beispiel dafür, wie es ist, wenn Schauen und Sehen integriert sind. Das ist bewusstes Sehen.

Ein ausgeprägtes Körperbewusstsein steht dem Ichgefühl nicht im Wege. Stellen Sie sich vor, einem geliebten Menschen nahe zu sein. Sie spüren Ihren Körper in der Berührung von Haut zu Haut mit dem des anderen. Wie sehr sich dieses Gefühl vom distanzierten Händeschütteln mit einem Bekannten unterscheidet! Intimität und Sinnlichkeit sorgen dafür, dass Sie mit Ihren Gefühlen auf einer tieferen Ebene in Verbindung treten. In der Situation selbst bewertet man diese Nähe normalerweise nicht; man empfindet sie spontan und direkt im »Hier und Jetzt«. Gefühle, die Ihnen der Tastsinn vermittelt, transportieren Sie auf eine tiefere Seinsebene und stellen eine Verbindung zu Ihrem Herzen her. Damit wird Ihr physischer Körper zum Mittel, um Ihren innersten Kern zu erreichen. Körperliche Intimität ist wie ein Fenster zu Ihrem Bewusstsein. Dann sind Sie bewusst.

Wenn Sie sich auf bewusstes Sehen einlassen, werden Sie sich an alles erinnern, was Sie wissen müssen – über sich selbst und über Ihre Erfahrungen in der Welt heute und früher. Bewusstes Sehen erschließt Ihnen Ihre Wahrheit und lässt Sie mit ihr eins werden. Sie haben den Anschluss an Ihren Wesenskern gefunden und sind mit allem, was Sie umgibt, verbunden.

> Das Selbst kann man nicht beobachten.
> Das Selbst ist der Beobachtungsprozess.
> RICARDO ROJAS, *ein peruanischer Neurowissenschaftler*

Das Sehen steigern

Wenn Sie sich bewusst gemacht haben, dass Sie mehr Schauen als Sehen, dann stehen Ihnen viele Möglichkeiten offen, Ihr Wahrnehmungsvermögen zu steigern, um das Gleichgewicht zwischen diesen beiden grundlegenden Arten des Sehens wiederherzustellen.

- Falls Sie eine Brille oder Kontaktlinsen tragen, sollten Sie sich als Erstes Gedanken darüber machen, wie Sie die Abhängigkeit von diesen Sehhilfen reduzieren und Ihre Augen dazu anregen können, auch ohne Unterstützung wieder klarer zu sehen. Am einfachsten gelingt dies, indem Sie ab und zu auf Ihre Brille verzichten oder sich eine schwächere verschreiben lassen.
- Stellen Sie zunächst fest, wie viele Stunden täglich Sie Ihre Brille aufhaben. Falls Sie sich mehr als 80 Prozent des Tages auf sie verlassen, dann versuchen Sie, sich während größerer Zeitabschnitte mit Ihren »nackten« Augen zufrieden zu geben.
- Wechseln Sie von Kontaktlinsen zurück zur Brille. Die Brille hat den Vorteil, dass Sie sie während des Tages immer wieder absetzen können. Verzichten Sie auf Ihre Brille aber nur in einer sicheren Umgebung, also etwa zu Hause oder am Arbeitsplatz, keinesfalls während des Autofahrens.
- Als Nächstes bitten Sie Ihren Augenarzt um eine Brille, die 30 Prozent unter dem eigentlichen Korrekturbedarf Ihrer Sehkraft liegt. Die Ihnen zuletzt verschriebene Sehhilfe wurde vermutlich mit dem Ziel ausgewählt, Ihnen 100 Prozent Sehschärfe zu ermöglichen. Eine schwächere Brille gibt den einfallenden Lichtimpulsen die Möglichkeit, Ihre Netzhaut und die Sehgruben auf eine natürlichere Weise zu stimulieren und ermutigt Ihre Augen, aus eigener Kraft ein besseres Sehvermögen zu erreichen.
- Wenn Sie schon seit längerem an das Tragen einer Sehhilfe gewöhnt sind, dann kann der Verzicht auf diese Unterstützung und die Beschränkung auf die »nackten« Augen anfangs beunruhi-

gend sein. Möglicherweise machen Sie eine oder mehrere der folgenden Erfahrungen:
- Sie fühlen sich durch die Unschärfe gestört.
- Sie fühlen sich unwohl und ruhelos.
- Ein Großteil Ihrer Welt erscheint Ihnen unklar.
- Sie »schaffen« Ihren Alltag nicht.
- Sie fühlen sich gezwungen, langsamer zu treten, sich hinzusetzen und einfach zu »sein«.
- Ihr Empfindungsvermögen steigt.
- Sie können es kaum abwarten, Ihre Brille wieder aufzusetzen.
- Sie sehen und fühlen wie durch einen Weichzeichner.
- Ihre Welt wirkt auf angenehme Weise impressionistisch.
- Sie fühlen sich befreit.
- Indem Sie darauf achten, wie und was Sie mit Ihren »nackten« Augen sehen, können Sie Ihr Gehirn auf bewusstes Sehen vorbereiten. Setzen Sie sich das Ziel, jeden Tag eine Zeit lang ohne Brille oder mit einer schwächeren auszukommen.
- Führen Sie Tagebuch darüber, was Ihnen im Zusammenhang mit Ihrem Sehvermögen, aber auch in Ihrem Körper und in Ihrem Herzen, während dieser brillenfreien Zeit auffällt. Sie werden feststellen, dass Ihre Augen Ihrem Gehirn und Ihrem Geist Anweisungen schicken, die Ihnen Farben strahlender, Dimensionen vielschichtiger und das Gesichtsfeld weiter vorkommen lassen.

Ohne Brille ist das im Auge eintreffende Licht diffuser. Da es weniger auf die Sehgrube fokussiert ist, erhält die Netzhaut den Anreiz, sich wieder mehr am Sehprozess zu beteiligen. Als ich im Verlauf einer Untersuchung meinen Patienten schwächere Brillen verschrieb, berichteten sie von interessanten Nebenwirkungen. 85 Prozent von ihnen zeigten sich begeistert von dem ungewohnt »weichen« Sehen und von den Gefühlen, die sich beim Tragen der schwächeren Brille in ihrem Körper ausbreiteten. Wenn sie ihre schwächeren Brillen aufsetzten, konnte ich sehen, wie sich ihre Gesichtszüge sofort entspannten.

Wie kann es sein, dass eine schwächere Brille Entspannung verursacht? Ganz einfach: Die Neigung zu fovealem Schauen wird reduziert, während das retinale Sehen eine Steigerung erfährt, und es kommt zur Wiederherstellung des gewünschten Gleichgewichts. Außerdem wiesen 80 Prozent der Studienteilnehmer eine erhöhte Fusionsfähigkeit beider Augen auf. Die gesteigerte Integration auf diesen beiden Ebenen ist für entspannteres und bewussteres Sehen verantwortlich.

Sehen ist weiches Schauen. Wer sieht, der denkt weniger über das Wahrgenommene nach, sondern lässt es auf sich einwirken und stellt sich den freigesetzten Gefühlen. Mit anderen Worten: Der sehende Mensch ist stärker am Geschehen beteiligt als der schauende.

Sehen heißt außerdem, sich der Möglichkeiten des Seins bewusst zu werden, ohne diesen gleich eine bestimmte Form zu geben. Betrachten Sie diese Übung als Einladung, um über Ihre gegenwärtige begrenzte Wahrnehmungsfähigkeit hinauszugehen und sich einer größeren emotionalen Bewusstheit zu öffnen. Der Verzicht auf bewusstes Sehen bringt Sie in Gefahr, eine Weltsicht zu zementieren, die allein auf die Einsichten Ihres denkenden Geistes beschränkt ist.

ÜBUNG: INTEGRIERTES SEHEN

- Bitte betrachten Sie nun die Farbtafel 4. Sie soll Ihnen helfen, Ihr bewusstes Sehen zu steigern.
- Nehmen Sie die Brille ab und betrachten Sie das Bild mit entspannten »nackten« Augen.
- Sehen Sie die Flamme in der Mitte des Bildes direkt an. Im Hintergrund sind weitere Bilder verborgen, die Ihr Sehen fördern sollen. Doch zunächst einmal richten Sie Ihre Augen direkt auf die Flamme in der Mitte. Machen Sie sich klar, dass Sie den Gegenstand, den Sie direkt anschauen, bewusster wahrnehmen als die übrigen Objekte, die ihn umgeben. Das von diesem zentralen Gegenstand reflektierte Licht trifft unmittelbar auf die Sehgruben Ihrer Augen, jene Netzhautbereiche, die das schärfste Bild liefern. Das von den übrigen Objekten reflektierte Licht erreicht

die Netzhaut und bewirkt Ihr weniger klares Peripheriesehen. Die mangelnde Schärfe bedeutet nicht, dass Sie den Außenbereich des Bildes schlechter sehen. Sie spüren und fühlen das, was sich im peripheren Bildbereich befindet, ebenso stark wie die Bildmitte, doch Ihre Augen zeigen Ihnen davon kein klar definiertes Bild.

- Atmen Sie. Lassen Sie zu, was ist. Integriertes Sehen geschieht mühelos. Hören Sie auf, sehen zu wollen. Mit ein wenig Übung werden Sie sowohl die Mitte als auch die Peripherie des Bildes wahrnehmen.
- Integriertes Sehen ist dem Eintritt in einen meditativen Zustand vergleichbar. Blicken Sie weiterhin die Flamme in der Mitte an, doch nehmen Sie auch die um die Mitte gruppierten Objekte in der Kollage wahr. Das ist der erste Schritt zum Tiefensehen.
- Haben Sie die beiden Augen bemerkt, die Sie aus dem Bild heraus anschauen? Wie fühlt es sich an, betrachtet zu werden? Es sind meine Augen, die Sie zu bewusstem Sehen einladen wollen.

> Würden die Tore der Wahrnehmung gesäubert,
> dann erschiene dem Menschen alles, wie es ist: grenzenlos.
> Denn der Mensch hat sich eingesperrt und sieht
> alle Dinge durch die schmalen Ritzen seiner Höhle.
> WILLIAM BLAKE, *The Marriage of Heaven and Hell*

Reintegration

Die vorangegangene Übung ist der erste Schritt zur Entwicklung bewussten Sehens. Nutzen Sie diese Erfahrung, um sich retinalem Sehen und fovealem Schauen bewusst zu nähern. Entspannung ist die Voraussetzung für integriertes Sehen. Mehr als die bereits beschriebene Fokussierübung müssen Sie nicht machen. Achten Sie darauf, ob Sie bei den unterschiedlichsten Gelegenheiten zu Hause, bei der Arbeit, beim Sport oder wenn Sie sich gerade entspannen mit Ihrer neuen Bewusstheit wahrnehmen. Die nachfolgende Geschichte ist ein gutes Beispiel für die Veränderungen, die viele Menschen an sich erfahren haben, nachdem sie sich mithilfe der Fokussierübung für diese neue Art des Sehens öffneten.

Nachdem Matthew sich wochenlang darin geübt hatte, auf der Fotokollage zugleich die Flamme in der Mitte zu *sehen* wie auch die Objekte im Bildumfeld *wahrzunehmen*, hielt er die folgenden Beobachtungen in seinem Tagebuch fest:

FALLGESCHICHTE: MATTHEW
- Mir kommt es so vor, als ob mein Sehvermögen von Wellen der Veränderung ergriffen wird. Ich habe inzwischen gar nicht mehr das Bedürfnis, alles, was aus meiner Umwelt auf mich eindringt, scharf zu sehen. Ich will lieber die Freude darüber spüren, dass ich mich in meinem Körper befinde. Meine Haltung ist aufrecht und gerade. Was ich sehe, verschwimmt vor meinen Augen, und ich höre die Stimme meiner Liebsten. Ich stelle mich darauf ein, sie zu hören, und fühle mich sogleich wirklich präsent. Sie kommt auf mich zu. Ich spüre, wie Jean, meine Freundin, in meine Haut kriecht. Dieses wunderbare Gefühl der Einheit, die wir erschaffen, würde mich normalerweise überwältigen. Doch jetzt, in diesem Augenblick des offenen Herzens, heiße ich sie mit ihrem ganzen Wesen vollständig in meinem Leben willkommen. Ich bringe lange Zeit damit zu, durch ihre glänzenden Augen in sie hineinzublicken. Ich spüre solche Offenheit! Ich sage Jean, wie sehr ich sie liebe und wie sehr ich mir wünsche, dass wir uns immer so nahe sein mögen. Jeans Augen bringen mich an einen Ort der Liebe, den ich in meinem ganzen bisherigen verschlafenen Leben noch nicht betreten habe. Ich habe das Gefühl, dass sich mein Brustraum über die Schultern hinaus vergrößert hat, und ich fühle mich in eine Art Adam-und-Eva-Zustand reiner Seeligkeit und Freude versetzt.
- Meine Freundin sieht sehr jung aus. Sie spricht, und ich höre ihr zu, ohne wie gewohnt meinen Geist zur sofortigen Bewertung hinzuzuziehen. Ich heiße ihre Bedürfnisse in meinem Leben willkommen,

denn auf diese Weise werde ich eins mit ihr. Ihre Bedürfnisse sind die meinen und meine Wünsche sind ihr Geschenk an mich. Unser Miteinander hat nichts von Getrenntheit. In diesem Augenblick können wir nichts anderes tun, als uns über unser Lächeln zu freuen. Ich merke, dass mir die Gesichtsmuskeln vom ununterbrochenen Lächeln wehtun. Die Sanftheit und das jugendliche Aussehen in ihrem Gesicht erinnern mich an die Zeit, als wir als Kinder miteinander spielten. Wir waren in unserer Freundschaft füreinander sehr glücklich und haben so viel voneinander gelernt. In diesem seligen Zustand gibt es keine Reaktion. Als ich für einen Augenblick hinausgehe, kommt es mir vor, als schwebte ich. Ich fühle mich leicht und frei. Die Last meines Karmas ist von meinem fleischlichen Leben genommen.

Ich kenne nichts als Liebe und ich sehe nichts als Licht. Meine Augen wissen nicht, wie sie in diesem Zustand vollkommener Losgelöstheit reagieren oder urteilen sollen. Ich wünschte, ich könnte mein Leben so frei und voller Liebe führen. Ich erinnere mich an dieses Gefühl. Es ist mir nicht immer zugänglich gewesen, doch stand es mir immer dann zur Verfügung, wenn ich loslassen konnte. Das ist der Trick. Auf das Bedürfnis verzichten, das, was meine klaren Augen sehen, zu kontrollieren und zu bearbeiten. Ich bin bereit, nichts als Liebe und Licht zu sehen.

Meine Augen strecken sich nach der brennenden Kerze aus. Sie wirkt verschwommen, und dann wird mir klar, dass ich die Aura der Flamme sehe. Das breite Band einer Regenbogenaura umgibt die orangegelbe Flamme. Ich richte meinen Blick auf andere Gegenstände im Raum und sie alle scheinen vor Licht zu glühen. Ich sehe Leben und Liebe in allem, was sich in diesem Raum befindet. So wie Jean teilen mir all diese Dinge ihre Liebe mit. Ich lehne mich zurück und bin entzückt von dieser scheinbaren Illusion. Ich rufe Jean zu, dass ich halluziniere und Auren sehe. Sie lacht und kommt zu mir. Ihre Augen strahlen reine Liebe aus. Ein durchsichtiges reines Licht wie von einem neugeborenen Kind strömt von ihr zu mir. Mir wird klar, dass mir diese Art des Sehens jederzeit offen steht. Ich erinnere mich an die Liebe. Ich spüre sie in meinen Muskeln und Sehnen. Ich fühle Licht in meinen Knochen, in jeder Zelle meines Seins und in jeder meiner Bewegungen. Die Schwere meiner Last ist verschwunden. Ich sehe nichts als Licht und Liebe. Ich höre Jeans Worte als Liebesgesang. Ich fühle mich wie ein Vogel, der Jean von seiner Liebe singt.

An diesem Tag verbringen wir viele Stunden damit, gar nichts zu sagen, einander nur in die Seelen zu blicken. Ich spüre keinen Widerstand dagegen, dass Jean mich in ihren Geistraum führt. Ihr offenes Herz saugt meine Essenz auf und wir lassen unsere Augen weiter über das Gesicht des jeweils anderen tanzen. Ich fühle mich vollständig geliebt. Wir lächeln und atmen zusammen und genießen diese selige Reise in eine andere Dimension. Warum nur habe ich mich vor dieser unendlich schönen Art des Sehens und Liebens gefürchtet? Ich erinnere mich daran, dass sie da war, als ich Jean kennen lernte, doch dann war mein Geist plötzlich sehr mit dem Leben und dem Überlebenszustand beschäftigt – ein Zustand, von dem aus so viele Menschen agieren. Nun bin ich in meinem Herzen angebunden und befinde mich außerhalb des Reiches, in dem das angstvolle Ich lebt. Ich sehe bewusst. Ich erfahre neuerlich Liebe. Diese Vision kann man nicht leicht vergessen. Sie ist zu gewaltig, um in Vergessenheit zu geraten. Ich liebe dich, Welt. Ich liebe das Leben und bin entzückt davon zu leben.

Reintegration setzt voraus, dass Sie sich an Ihren Wesenskern erinnern. Die Qualitäten Ihres Wesenskerns werden Ihnen durch bewusstes Sehen zugänglich. Ich meine, wir haben unsere Augen, um die Reinheit des Seins zu sehen.

Wenn Sie nun tiefer in die Welt bewussten Sehens eindringen, dann behalten Sie die folgenden Anregungen im Hinterkopf:

- Sprechen Sie aus Ihrer Kraft heraus statt mit Angst.
- Geben Sie Ihre Kraft nicht an andere Menschen ab.
- Drücken Sie in Ihren Worten die Liebe aus, die Sie sind.
- Sehen Sie in jeder Situation, WAS IST.
- Befreien Sie sich von dem, WAS NICHT IST.
- Konzentrieren Sie sich auf das, WAS IST.

- Teilen Sie das, WAS IST, mit anderen.
- Sich dem, WAS IST, zuzuwenden heißt, Selbstmitleid und die funktionsgestörte Sucht nach einem Leben in der Vergangenheit aufzugeben.
- Sich dem, WAS IST, zuzuwenden heißt, die Verurteilung und Bewertung anderer Menschen aufzugeben.
- Sich dem, WAS IST, zuzuwenden heißt zu erkennen, dass Sie bereits dazu in der Lage sind, Zugang zu einem vollkommenen Zustand im Hier und Jetzt zu finden.
- Kultivieren Sie das, WAS IST, in jedem Augenblick mit Ihrem ganzen Herzen und mit Ihrer ganzen Seele.
- Sich dem, WAS IST, zuzuwenden heißt, sich ununterbrochen geführt zu wissen und die eigene Wahrheit zu kennen.
- Sich dem, WAS IST, zuzuwenden heißt, klar zu sein.
- Sich dem, WAS IST, zuzuwenden heißt, dass Sie Ihre Rätsel selbst lösen und Antworten nicht bei anderen suchen.
- Sich dem, WAS IST, zuzuwenden heißt, dass Sie jeden Menschen, dem Sie begegnen, am Geist Ihres höchsten Bewusstseins teilhaben lassen.

3. KAPITEL

Genetische Veranlagung und Persönlichkeitsentwicklung

Der Ursprung der Persönlichkeit

Seit angenommen wird, dass wir durch unsere Persönlichkeit zum Ausdruck bringen, wer wir in der Welt sind, betrachten wir sie häufig als die Quelle unserer Individualität. Ziehen Sie jedoch einmal die Möglichkeit in Betracht, dass Ihre Persönlichkeit Ihnen als Maske dient, die Sie zu Ihrem Schutz vor der Welt aufsetzen. Wie ein Schauspieler präsentiert sich jeder Mensch mit bestimmten Eigenschaften. Der eine ist aggressiv und laut, der andere sanftmütig und still. Dann gibt es Dominierende, Liebevolle, Neugierige, Gutmütige und noch zahllose andere durch ihre typischen Eigenschaften charakterisierte Menschen. Die Persönlichkeit eines Menschen kommt in seinem Verhalten zum Ausdruck. Doch wie konnte diese Persönlichkeit entstehen, die einen Menschen als die Person kennzeichnet, die er ist?

Stellen Sie sich ein neugeborenes Kind vor. Schon bald nach der Geburt entwickelt es ein eigenes, einzigartiges Verhaltensmuster. Wie bei den meisten Säuglingen bedeutet sein Schreien eines von drei Dingen: Füttere mich! Wechsel meine Windel! Nimm mich in die Arme! Die Persönlichkeit des Kindes diktiert ihm, sich auf eine bestimmte Weise zu verhalten, um die Aufmerksamkeit der Eltern zu erregen. Manche Babys schreien viel, andere weniger. Einige zappeln häufig mit Armen und Beinen, während andere sich eher ruhig verhalten. Sie alle haben ähnliche Grundbedürfnisse – Essen, Trockenheit und Körperkontakt –, doch jedes drückt seine Bedürfnisse auf eine ganz spezifische Weise aus. Da beim Menschen eine unverwechselbare Persönlichkeit schon so früh im Leben feststellbar ist, kann man davon ausgehen, dass die Genetik hier eine Rolle spielt.

Bei der Empfängnis werden auf den Menschen Eigenschaften seiner Eltern und Vorfahren übertragen. Diese genetische Programmierung erfolgt, ob es uns passt oder nicht. Sie kann in Form einer körperlichen Ähnlichkeit in Statur, Größe oder Haarfarbe zum Ausdruck kommen. Oder vielleicht haben Sie die Stimme Ihrer Mutter. Im schlimmsten oder besten Fall stellen Sie möglicherweise fest, dass Sie sich genau wie Ihr Vater verhalten. Im Zusammenhang mit bewusstem Sehen werden wir uns auch mit der Frage beschäftigen, wie die physische Struktur der Augen, Ihr Verhältnis zu Schauen und Sehen und Ihre tiefsten Einsichten durch Ihre genetische Prägung beeinflusst sind.

Haben Sie sich je gefragt, warum Sie ausgerechnet diese Eltern abbekommen haben? Sind Ihnen hier und da, beim Blick in den Spiegel oder wenn Sie sich sprechen hören, Ähnlichkeiten aufgefallen? Vielleicht fühlen Sie sich frustriert, wenn Sie Fehler Ihrer Eltern an sich selbst entdecken. Wie Ihre Mutter werden Sie leicht zornig oder bringen Ihre Wünsche nicht deutlich genug zum Ausdruck. Oder Sie halten Ihre Gefühle zurück wie Ihr Vater. Sie erkennen, dass Sie mit Ihren Eltern gewisse Eigenschaften gemeinsam haben. Vielleicht haben Sie ja auch Ihr schlechtes Sehvermögen von ihnen geerbt.

In Ihrer Frustration haben Sie möglicherweise Dinge kritisiert oder herabgesetzt, die Ihre Eltern Ihnen beigebracht haben. Es kommt oft vor, dass wir unsere Eltern und ihren Standpunkt verurteilen und uns vornehmen, ihre negativen Muster bei unseren Kindern nicht zu wiederholen. Und doch passiert uns, trotz unserer guten Vorsätze, häufig gerade das.

Ich beobachte diese Muster seit vielen Jahren in meinem eigenen Leben und in dem meiner Patienten. Ich habe den Eindruck gewonnen, dass der Ursprung der Persönlichkeit im Zusammenhang mit bewusstem Sehen eine ganz besondere Rolle spielt. Daher erscheint es mir angebracht, die frühen Phasen der Persönlichkeitsentwicklung etwas genauer zu untersuchen.

Denken Sie einen Augenblick lang an Ihre Eltern. Sehen Sie ihre Gesichter vor sich. Hören Sie Ihre Stimmen. Spüren Sie ihre Umarmungen. Erinnern Sie sich an das Kuscheln morgens im Bett. Riechen Sie ihren Körpergeruch. Stellen Sie sich die folgenden Fragen: Könnte es vielleicht sein, dass diese beiden, die Sie als Ihren Vater und Ihre Mutter bezeichnen, nicht zufällig Ihre Eltern sind? Dass Sie in einem größeren Zusammenhang möglicherweise eine Art Mitspracherecht bei der Wahl Ihrer Eltern hatten? Können Sie sich vorstellen, dass Sie ihnen sogar beim Zeitpunkt Ihrer Empfängnis geholfen haben?

Angenommen also, Sie hatten wirklich ein Mitspracherecht bei der Wahl Ihrer Eltern und bei Ihrem Geburtstermin, dann ergeben sich daraus viele neue interessante Fragestellungen. Zum einen könnte es sein, dass Sie möglicherweise Persönlichkeitselemente Ihrer Eltern, die Sie an sich entdeckt haben, benötigen, um eine bestimmte Lebenserfahrung machen zu können. Dann wären sowohl ihre günstigen wie auch ihre ungünstigen Eigenschaften von integraler Bedeutung für die Entwicklung Ihrer Individualität.

Jahrelang habe ich mich darüber gewundert, wie viele herkömmliche Augenärzte davon überzeugt sind, dass man Sehvermögen, das an Qualität verloren hat, niemals wiederherstellen kann. Einige verweisen auf genetisch verformte Augäpfel als eine der Ursachen von Augenproblemen. Verhaltensoptometristen machen dagegen Umweltfaktoren für die Verschlechterung der Sehkraft verantwortlich. Beispielsweise behaupten sie, dass Lesen ein zu starkes Fokussieren der Augen erfordert oder zu schwache Beleuchtung die Augen anstrengt. Durch bewusstes Sehen entdecken wir, dass all diese Faktoren – geistige, genetische und umweltbedingte – zur Art, wie wir sehen, beitragen, wobei Umweltfaktoren häufig der Auslöser für genetische Prädispositionen sind.

Die flexible Persönlichkeit

Eine Persönlichkeit kann flexibel oder unflexibel sein. In der Familie, in der ich aufwuchs, offenbarten sich starke Persönlichkeiten häufig auch als unflexibel. Charakterstärke wurde mit Jähzorn, Angst und Kontrolle assoziiert. Erst viel später, als ich meine Eltern aus einer bewussteren Erwachsenenperspektive zu sehen lernte, erkannte ich, dass sie als Erwachsene genauso wie ich als Kind einem Entwicklungsprozess unterworfen waren.

Die Entwicklung hin zu größerer Bewusstheit findet in allen Generationen statt, wenn auch in unterschiedlichem Maße.

Die Feststellung, dass ich etwas gegen meine Neigung, meine Gefühle zu unterdrücken, unternehmen musste, war ein wichtiger Bestandteil meiner Persönlichkeitsentwicklung. Dies fiel mir anfangs sehr schwer. Auch als Erwachsener saß ich noch immer häufig auf meinen Gefühlen, verdrängte sie oder war mir ihrer einfach nicht bewusst. Wenn es mir dann schließlich doch gelang, sie auszudrücken, geschah dies oft in Verbindung mit verstecktem Zorn. Als ich schließlich begann, mich um die Wiederherstellung der Einheit von Intellekt und Intuition, Tun und Sein, Schauen und Sehen zu bemühen, fiel es mir leichter, wenigstens im Familienkreis Gefühle ohne den mit ihnen verbundenen Zorn zuzulassen.

In Übereinstimmung mit Frederic Schiffers Entdeckungen, über die ich im zweiten Kapitel gesprochen habe, sorgten meine unvollständigen Kenntnisse von mir selbst während meiner Kindheit für eine Verzerrung meiner Vorstellung von der Wirklichkeit. Genau wie Schiffer es schildert, zeichnete mein Gehirn die mir zugefügten Verletzungen in einer tieferen, mir zunächst unzugänglichen Schicht auf. Doch schließlich musste ich diese Erinnerungen hervorholen und sie zu einem Teil meines bewussten Lebens machen. Erst als mir dies gelang, konnte ich Frieden mit diesen Erinnerungen schließen. Ich stellte mich dem zum Schweigen gebrachten intuitiven und ausdrucksstarken, aber auch zutiefst verängstigten Teil meiner selbst und erlebte eine dramatische Veränderung in meiner Auffassung von der Welt.

Zur gleichen Zeit arbeitete auch meine Tochter daran, sich ihre tiefsten Gefühle bewusst zu machen. Als Kind hatte sie ihren Zorn direkt auf mich projiziert. Als sie älter wurde, lernte sie, mit der Unausgeglichenheit ihrer Persönlichkeit besser umzugehen und sich ihren Ängsten zu stellen. Seither kann sie von ihrem authentischen Wesen her mit mir kommunizieren. Sie hat diese Ebene in sehr viel jüngeren Jahren erreicht als mein Vater oder ich. Was ihr bereits mit 21 Jahren klar war, erkannte ich erst mit 52 und mein Vater sogar erst mit 82 Jahren.

Über weite Strecken meines Lebens habe ich widersprüchliche Mitteilungen über meine Persönlichkeit erhalten. Anfangs nahm ich an, meine

Persönlichkeit sei meine Identität. Ich glaubte, meine Identität komme darin zum Ausdruck, wie schlau ich erschien, wie meine physische Erscheinung wirkte, ob ich die Erwartungen der Gesellschaft an mein Verhalten erfüllte und wie wirkungsvoll ich meine beruflichen Ziele verfolgte.

Halten Sie einen Moment lang in der Lektüre inne und denken Sie darüber nach, wie Ihrer Meinung nach Persönlichkeit und Identität zusammenhängen. Die folgenden Fragen liefern Ihnen Anstöße:

- Messen Sie Ihre Großartigkeit an Ihren materiellen Erfolgen oder an Ihrer äußeren Erscheinung?
- Messen Sie sich selbst an der Elle der Gesellschaft?
- Ist es für Sie wichtiger, materielle Sicherheit zu erreichen, als Wege zu suchen, wie Sie sich selbst besser kennen lernen können?
- Wenn Sie mit offenen Augen auf Ihr bisheriges Leben zurückblicken, entdecken Sie dann Ereignisse, die Sie nicht zum Abschluss gebracht haben?
- Versuchen Sie, anderen zu beweisen, dass Sie erfolgreich sind?
- Üben Sie Kontrolle über andere aus und bringen damit zum Ausdruck, dass Sie sich mit bestimmten Anteilen Ihrer selbst unwohl fühlen?
- Haben Sie, wenn ein Tag zur Neige geht, das Gefühl, dass Ihnen irgendetwas fehlt, obwohl all Ihre physischen Bedürfnisse befriedigt sind?
- Empfinden Sie sich im Vergleich mit anderen, mit Familienmitgliedern oder Arbeitskollegen etwa, als unzulänglich?
- Sind Sie unzufrieden mit Ihrem Körper?
- Wenn Sie sich selbst im Spiegel begegnen, bleiben Sie dann bei Ihrer Selbstbeurteilung an den unvollkommenen Äußerlichkeiten hängen, statt den Augenblick zu genießen, in dem Ihnen aus den Augen die Essenz Ihres Seins entgegenstrahlt?

Wenn Sie die Mehrheit dieser Fragen mit Ja beantworten, dann denken Sie darüber nach, wie Sie Ihren Alltag so verändern können, dass Sie zu einer urteilsfreien Einstellung sich selbst gegenüber finden. Sie ist entscheidend für bewusstes Sehen. Lernen Sie, all die vielen Teile Ihrer selbst zu akzeptieren, und versuchen Sie, sich das bewusst zu machen, was Ihren Wesenskern nährt.

Der in unserer Kultur vorherrschende materialistisch-kapitalistische Lebensstil sorgt dafür, dass wir uns vor allem aus seiner Perspektive beurteilen, danach, wie gut wir uns in dieses Modell einfügen. Wir wollen gut aussehen. Das richtige Auto fahren. Im richtigen Viertel wohnen. Viel Geld verdienen. Ich vermute, dass diese Werte bei vielen Menschen die Grenzen ihrer Bewusstheit abstecken. Ich habe festgestellt, dass gerade diejenigen meiner Patienten, die diese materiellen Ziele erreicht haben, vermehrt unter Augenproblemen leiden. Diesen Umstand nehme ich als Hinweis auf ihre gestörte Selbstwahrnehmung. Ihre Persönlichkeit befindet sich im Wettstreit mit ihrem Wesenskern um die dominierende Rolle in ihrem Leben. In einer besseren Welt würde der Wesenskern eines Menschen versuchen, harmonischere Bedingungen zwischen den kulturellen Anforderungen und der Persönlichkeit zu schaffen. Wer sich die Harmonie zwischen diesen beiden zum Ziel setzt, der bewirkt einen tiefen Integrationsprozess und damit schließlich die Entwicklung einer flexiblen Persönlichkeit und bewussten Sehens.

FALLGESCHICHTE: SONIA

Sonias Geschichte macht diese Tatsache deutlich. Ihr Sehvermögen war von dem Gefühl blockiert, dass ihr Beruf ihr Leben dominierte und zum bestimmenden Faktor ihrer Persönlichkeit geworden war. Diese Erkenntnis half ihr, ihr gesundes Sehvermögen zurückzugewinnen.

Sonia arbeitete erfolgreich in einem großen Londoner Auktionshaus. Ihre Arbeit war aufregend und herausfordernd, bot ihr die Gelegenheit zu reisen und Menschen aus allen Bereichen des Lebens kennen zu lernen. Sonias Beziehung zu ihren Augen und zu ihrer Sehkraft bestand aus einem einfachen Ritual: Morgens setzte sie ihre Kontaktlinsen ein und abends nahm sie sie heraus. Sie betrachtete ihre Augen nie als Problem und hatte auch nicht das Gefühl, sich irgendwie mit ihrer Sehkraft auseinander setzen zu müssen.

Dann verliebte sie sich in Godfrey und schon bald heirateten sie im großen Stil. Sonia fühlte sich von Godfrey gut versorgt. Er bot ihr Sicherheit, ein wunderbares Zuhause und eine aufregende Zukunft voller Möglichkeiten. Sie ging auch weiterhin zur Arbeit, verringerte jedoch ihre Stundenzahl, weil sie es genoss, zu Hause zu sein. Sie glaubte, alles im Leben erreicht zu haben.

Godfrey musste häufiger ins Ausland reisen und Sonia blieb während seiner Abwesenheit allein zu Hause. Sie stellte fest, dass sie sich zu solchen Zeiten leer fühlte, und sie erkannte, dass sie ihre früheren Freunde und Hobbys vernachlässigt hatte. Sie war unzufrieden mit ihrem Alltag. Und dann bereiteten ihr mit einem Mal die Kontaktlinsen Schwierigkeiten. Sonia konnte sie nur noch gelegentlich tragen und musste die übrige Zeit auf ihre Brille zurückgreifen. Nun begann sie, sich mit bewusstem Sehen zu beschäftigen, verbrachte Zeiten ganz ohne Sehhilfe und deckte gelegentlich eines ihrer Augen ab, um das andere zu fördern.

Als Sonia ihr rechtes dominierendes und handlungsorientiertes »Vaterauge« abdeckte, kamen Verlassenheitsgefühle an die Oberfläche. Sonia erkannte, dass es zwischen den Bedürfnissen ihrer Persönlichkeit und ihren wahren Wünschen Unterschiede gab. Sie ließ sich tief auf ihre Gefühle und ihren emotionalen Wesenskern ein. Alleine in ihrem wunderschönen Haus zu sein, während ihr Mann auf Reisen war, weckte in ihr Einsamkeitsgefühle. Das Haus erschien ihr in Godfreys Abwesenheit wie ein Mausoleum. Doch Sonia ließ sich auf dieses Gefühl der Leere ein. Ihr Wesenskern bat sie, ihre emotionale Macht nicht länger an ihren Mann abzugeben. Sie hatte den Wunsch, zu reisen und ihr Interesse an der Spiritualität fremder Kulturen zu verfolgen.

Sonia gewöhnte sich nun an eine schwächere Brille, die sie häufig absetzte, und verzichtete fast vollständig auf ihre Kontaktlinsen. Das half ihr, wieder Zugang zu ihren verschütteten Gefühlen zu erlangen. Ausgehend von ihrem Wesenskern, konnte sie nun sich selbst und das Leben wahrnehmen.

Inzwischen begleitet Sonia ihren Mann zeitweise auf seinen Auslandsreisen und reist auch auf eigene Faust durch fremde Länder. Sie belebt außerdem die Beziehung zu ihren alten Freunden neu und spürt, wie ihr all dies ihr inneres Gleichgewicht und ihre Lebensfreude wiedergeben und die Flexibilität ihrer Persönlichkeit fördern.

Die Überlebenspersönlichkeit

In einem vollbewussten Zustand harmoniert die Persönlichkeit mit dem Wesenskern des Menschen. Man könnte diesen Zustand als »Seelenpräsenz« bezeichnen. In diesem Begriff kommt das eigentliche Wesen menschlichen Seins zum Ausdruck. Joseph, ein langjähriger Patient, beschreibt in seinem Tagebuch seinen Weg zur Seelenpräsenz.

FALLGESCHICHTE: JOSEPH

» Als ich noch sehr jung war, konnte ich das Wesen eines anderen Menschen in all seiner Reinheit geradezu sehen. Diese Art des Sehens ist ein Bestandteil meines eigenen Wesenskerns, den ich liebe. Sie vermittelt mir das Gefühl, dass ich zutiefst mit meinem innersten Selbst verbunden bin. Ich kann diesen Teil meiner selbst fördern, wenn ich Zeit in der Natur – am Meer, im Wald, auf den Bergen – verbringe.

Als Jugendlicher fand ich es verwirrend, dass Erwachsene sich oft ganz anders verhielten, als wie ich sie sah. Mein Sehvermögen offenbarte mir ihren Wesenskern, ihre Seele. Dieser Wesenskern unterschied sich jedoch von dem, was ich als ihre Persönlichkeit erlebte. Heute begreife ich, wie es dazu kommen kann, dass manche von uns gelegentlich Dinge tun, die nicht mit ihrem wahren Wesen übereinstimmen. Im Zuge meines Ringens um größere Bewusstheit habe ich gelernt, solche Verhaltensweisen auch bei mir selbst zu erkennen.

Wenn ich ganz und gar ich selbst bin, dann bin ich ein sehr liebevoller Mensch, der selbst sehr viel Nähe und Zuneigung braucht. Ich kann dieses Bedürfnis förmlich in meinen Muskeln und in meiner Haut spüren. Mein Herz fühlt sich schon offen an, nur einfach, weil ich diese Gedanken überhaupt mitteile. Man könnte sagen, dass ich die Persönlichkeit eines fürsorglichen Menschen habe, der Freundlichkeit und Zärtlichkeit zugleich gibt und empfängt. Irgendwo tief in mir gibt es einen Ort, für den diese Beschreibung exakt zutrifft. Nur habe ich mich früher überhaupt nicht so verhalten. Zärtlichkeit war für mich eine Einbahnstraße. Ich hatte mein Leben ausschließlich auf meine gebende Seite hin ausgerichtet. Meine empfangende Seite, die sich nach Zuwendung verzehrte, hatte ich einfach unter den Tisch fallen lassen. Nur in einem Bereich konnte ich meiner empfangenden Seite Raum geben: beim Sex. Ich entwickelte einen Teil meiner Persönlichkeit so, dass ich Frauen dazu bringen konnte, mir das zu geben, was ich ersehnte – jedoch nur in der Form von Sexualität. »

Joseph gestand sich ein, dass er eine Abhängigkeit entwickelt hatte. Jedoch war er nicht nach koffeinhaltigen Getränken oder Zigaretten, sondern nach Sex süchtig.

» Die Nähe zu einer Frau verschaffte mir die Berührungen und die Zuneigung, die ich zum Überleben benötigte. Doch immer häufiger kamen mir diese Begegnungen wie Junkfood vor, das mich nur für kurze Zeit befriedigte. Mein Leben geriet zunehmend unter den Einfluss dieser Sucht. Je mehr ich um der Intimität willen nach Frauen suchte, desto stärker identifizierte sich meine Persönlichkeit mit dieser Verhaltensweise. Schließlich glaubte ich tatsächlich, dass sich in diesem Verhalten mein wahrer Wesenskern ausdrückte, dass ich wirklich so war.

Während ich mich in den Fängen meiner Sucht befand, entsprach ich genau dem stereotypen Bild, das sich Frauen von Männern machen. Ich zog Frauen an, um im Rahmen meiner damaligen begrenzten Fähigkeiten Liebe zu finden. Ich entwickelte eine charmante und attraktive Persönlichkeit. Ich sorgte dafür, dass ich einladend auf Frauen wirkte, damit sie mir ihre Liebe schenkten. Eine Zeit lang klappte das ganz gut. Wie ein Drogenabhängiger bekam ich meinen Schuss und fühlte mich eine Weile besser. Doch wenn ich es mir gestattete, wirklich tief in meinem Inneren nachzusehen, was ich mir wünschte, dann wusste ich, dass ich eigentlich nach etwas Reicherem, Tieferem suchte und dass ich keine wirkliche Verbindung herstellte. Ich bemerkte die Leere in meinem Inneren, die ihren Ursprung in meiner Unfähigkeit hatte, meinen Wesenskern zu leben.

Ich war wie ein Alkoholiker, der sich dabei erwischt, dass er sich ein neues Glas eingießt, und es trotzdem nicht lassen kann. Die Droge selbst fühlte sich, solange sie anhielt, immer gut an. Doch wusste ich tief in meinem Herzen, dass mein Verhalten mir nicht das einbrachte, was ich mir wirklich wünschte. Warum wählte ich diesen Weg?

Um mich von meiner Sucht zu befreien, musste ich mich mit meinen frühen Jahren beschäftigen. War da irgendeine Kindheitserfahrung, die ich nachstellte und die die Anfälligkeit meiner Persönlichkeit widerspiegelte? Gab es da etwas in meiner Vergangenheit, was ich nicht sah? Wenn das zutraf, dann war es vielleicht an der Zeit, mich meinem Leben bewusster zu stellen. Welchen Teil meiner selbst hatte ich unterdrückt, um zu überleben? Warum fühlte ich mich wie ein Opfer, das um sein Überleben kämpft, wenn es sich seinen nächsten Schuss besorgt? Was war es in mir, dessen ich mir erst noch bewusst werden musste? «

Joseph machte sich daran, sorgfältig zu untersuchen, wie seine Eltern lebten, und welcher Zusammenhang zwischen seiner Überlebenspersönlichkeit und ihnen bestand.

» Ich überprüfte meine frühe Kindheit, suchte nach Hinweisen für mein beunruhigendes Problem. Obwohl meine Eltern schon seit 45 Jahren verheiratet waren, war es mit der Harmonie in der Familie zu Ende, sobald sich einer von ihnen Seitensprünge leistete. Als Kind spürte ich diese Missstimmung zwischen ihnen und auch, dass sie unglücklich waren. Mit dem tiefen emotionalen Schmerz, den diese Situation in mir auslöste, wurde ich nicht fertig. Um überleben zu können, hatte ich eine Mauer um diese intensiven Gefühle errichtet.

Als ich erwachsen war, übernahm ich viele Einzelheiten aus dem

Leben meiner Eltern für mich. Ich war untreu. Ich log. Ich hatte Zornanfälle. Für mich wurde bewusstes Sehen zu dem Prozess, der mir all diese Muster vor Augen führte. Zum Glück war ich unglücklich genug, um mich auf alles einzulassen, das mir mehr Glück versprach. Schließlich gelangte ich von dem verschwommenen und verwirrenden Schmerz meiner frühen Jahre zu einer fokussierteren und konzentrierteren Lebensauffassung.

Es wurde mir klar, dass die unvollständige und unbewusste Lebensauffassung meiner Eltern mir die Gelegenheit verschafft hatte, anders zu sein. Sie waren die idealen Eltern insofern, als sie den Anfangspunkt für meine Entwicklung setzten. Da ich miterlebte, was es bedeutete, eine so inflexible Persönlichkeit zu haben, erkannte ich, wie wichtig es war, Flexibilität zu entwickeln.

Als ich begann, diese Erkenntnis auf meine Sehgewohnheiten und mein übriges Leben anzuwenden, entdeckte ich, dass mein linkes Auge das dominante war. Vom linken Auge meint man allgemein, dass es den Einfluss der Mutter widerspiegelt. Für mich bedeutete dies, dass ich lernen musste, weniger Angst vor starken Frauen zu haben und meinen Zorn zu transformieren. Als es mir später gelang, diesen flexiblen Teil meiner Persönlichkeit mit meinem Wesenskern zu verschmelzen, konnte ich eine gesunde Partnerschaft mit einer selbstbewussten Frau auf einer Ebene der Gleichberechtigung führen.

Außerdem stellte ich fest, dass ich das Sehvermögen meines rechten Auges entweder unterdrückte oder doppelt sah. Dieser Umstand verdeutlichte mir, dass der männliche Anteil meiner Persönlichkeit noch reifen musste. Der Beweis hierfür war meine reaktive Persönlichkeit. Außerdem wurde ich leicht wütend, flüchtete mich gerne in die Defensive und widersetzte mich Autoritäten. Nur selten gelang es mir, die Liebe meines Vaters offen zu empfangen.

Anfangs fürchtete ich, mich mit all diesen Dingen abfinden zu müssen. Und doch wusste ich, dass dieses Verhalten seinen Ursprung in meinem kindlichen Bemühen hatte, beängstigende Gefühle zu vermeiden. Als ich mich meinem Widerstand stellte, gelangte ich auf tiefere Ebenen der Integration. Mir wurden die verschiedenen Arten von

Bewusstsein deutlich, zu denen ich Zugang bekam, weil ich das Sehvermögen meiner beiden Augen in Einklang brachte. Als ich erkannte, dass ein geliebter Mensch physische und emotionale Nähe gleichermaßen schenken kann, berücksichtigte ich dieses Wissen bei meinen Handlungen. Ich öffnete mich und akzeptierte Zärtlichkeit, die nichts mit Sexualität zu tun hatte. Folglich spiegelte meine Persönlichkeit meinen wahren Wesenskern besser wider.

Fasziniert stellte ich fest, dass meine Eltern, während ich mich von einigen meiner Unvollkommenheiten zu befreien suchte, ebenfalls ihr Leben änderten. Sie ließen sich scheiden und bauten sich jeder ein eigenes Leben auf. Sie konnten aufrichtiger über ihre Gefühle sprechen, und es gelang ihnen sogar, bewusster zu sehen. Als sie beide schließlich einen neuen inneren Frieden fanden, war ich ihnen zutiefst dankbar. «

Denkender, fühlender und emotionaler Persönlichkeitstyp

Die Entfaltung der Persönlichkeit hängt vom Gelingen einer Verschmelzung von intellektuellem Verstehen und intuitivem Wissen ab. Dabei geht größeres inneres Gleichgewicht oft mit gesteigerter Bewusstheit einher. Dieser Prozess zeichnet sich in der Regenbogenhaut oder Iris der Augen ab.

Vom Tag der Geburt an stellt die Iris eine Topografie der Persönlichkeit dar. Sie enthält eine ganze Reihe von Phänomenen, die dem, der sie zu deuten weiß, detailliert über eine Persönlichkeit Aufschluss geben, auch über potentielle Einschränkungen.

Bei der Geburt weist die Iris insbesondere zwei Strukturarten auf. Bei der einen handelt es sich um Bereiche, die glatt wirken wie die Wasseroberfläche eines Teiches oder ein Strand. Die andere weist Vertiefungen in der Oberfläche auf, die in ihrer Form einfachen Blütenblättern ähneln. Diese beiden Strukturarten erkennen Sie auf Farbtafel 5. Die blaue Iris rechts weist die beschriebene glatte Oberfläche auf, die braune oben bei zehn Uhr eine große blütenförmige Vertiefung und bei zwölf Uhr eine kleinere. Diese bei der Geburt vorhandenen Zeichnungen verändern sich im Laufe eines Lebens nur sehr wenig.

Es kommen jedoch neue hinzu. So etwa in den ersten sieben Lebensjahren kleine runde andersfarbige Flecken, die meist wie Erhebungen wirken. Die untere blaue Iris in Farbtafel 5 ist ein typisches Beispiel. Die Erhebungen haben eine sich aus dem Blau der Iris deutlich abhebende braune Farbe. In blauen Augen können sie jedoch auch eine weiße, wolkenartige Erscheinung annehmen, während sie in hell- oder dunkelbraunen Augen gleichfalls braun sind.

Jede einzelne Strukturart steht zu einem bestimmten Wesenszug in Beziehung. Um herauszufinden, in welcher Beziehung diese Wesenszüge zu bewusstem Sehen stehen, wollen wir uns mit den drei wesentlichen Qualitäten Gefühle, Emotionen und Gedanken befassen.

Damit Sie sich eine bessere Vorstellung von der Textur der Iris machen können, bitte ich Sie, für einen Augenblick Ihre Augen zu schließen und mich zu einem Spaziergang an einem weißen Sandstrand zu begleiten. Es ist später Nachmittag. Der Sand ist vollkommen glatt und unberührt. Die Sonne ist am Untergehen und Sie hören in einiger Entfernung die Brandung. An manchen Stellen wirkt der Sand wie von der Sonne fest verbacken. Sie können darauf gehen, ohne einzusinken. So in etwa muss man sich die Strukturart der Iris vorstellen, deren starke, glatte Oberfläche für klare, fest verankerte *Gefühle* steht, die man gut kennen, denen man vertrauen kann und von denen man sich unterstützt fühlt.

An anderen Stellen des Strandes ist der Sand weicher und die nackten Füße hinterlassen Abdrücke. Diese Fußabdrücke sind beckenartige Vertiefungen in der ansonsten glatten Oberfläche. In diesem weicheren Sand sinkt man sozusagen hinab auf eine Ebene tieferen Fühlens. Hier, wo die Unterstützung durch dem Denken verwandte Gefühle fehlt, ist die Empfindlichkeit so zart wie Blütenblätter und zugleich so wild wie ein wütendes Feuer. Diese Strukturart steht für *Emotionen*, jene, wie ich sie bezeichne, »aufgeladenen Gefühle«.

Fußabdrücke können sehr unterschiedlich sein. Manche sind groß, andere klein, wieder andere tief oder flach. Auch die Vertiefungen in der Iris nehmen mitunter sehr unterschiedliche Formen an. Einige sind so groß, dass sie bedeutende Teile der Iris einnehmen, andere erreichen kaum einen Durchmesser von einem Millimeter. Sie sind entweder nach allen Seiten von steilen Abhängen begrenzt oder aber nach einer oder mehreren Seiten hin offen. Diese Abdrücke geben den Blick frei auf die etwas tiefer gelegenen Schichten der Iris und ihre unterschiedlichen Formen und Größen lassen auf die Art der *Emotionen* schließen.

Wenn wir unseren Weg auf dem weißen Sandstrand fortsetzen, dann verstellt uns schließlich ein Fels den Weg, der wie ein Berg aus der glatten Oberfläche aufragt. Er wirkt hart und starr und hat scharfe Kanten, an denen sich die nackten Füße leicht verletzen können. Eine solche Struktur in der Iris trifft eine Aussage über die *Gedanken*, die einem Menschen eigen sind. Gedanken, vor allem wenn sie sich zu Mustern verfestigt haben, sind wie der Fels starr und rigide und verursachen Schmerzen.

Um bewusstes Sehen entwickeln zu können, müssen wir uns mit drei Persönlichkeitstypen befassen: dem fühlenden, dem emotionalen und dem denkenden Typ. Der *Denker* geht Probleme rein intellektuell, logisch und rational an. Der *Fühlende* ist teilnahmsvoll, kennt seine eigenen Gefühle gut und begreift auch die anderer. Der *Emotionale* ist der Schauspieler, der sich gerne im Mittelpunkt weiß oder sich so gibt. In einem dieser drei Typen finden die meisten Menschen ihre Basis, von der aus sie agieren. Natürlich handelt es sich in der Regel um Typkombinationen und -mischungen und nur selten um die ausschließliche Festlegung auf einen einzigen Typ. Wenn Sie sich ein wenig mit dem System auseinander setzen, dann fallen Ihnen bestimmt Personen aus Ihrem Freundes- und Bekanntenkreis ein, bei denen einer der drei Typen vorherrscht und deutlich sichtbar zum Ausdruck kommt. Denken Sie darüber nach, ob Sie selbst dem *denkenden*, dem *fühlenden* oder eher dem *emotionalen* Persönlichkeitstyp entsprechen. Handeln Sie vorrangig auf der Basis Ihrer *Gedanken*, folgen Sie Ihren *Gefühlen* oder dominieren Ihre *Emotionen*?

Eine Fehleinschätzung der eigenen Typzugehörigkeit ist weit verbreitet. Ich selbst hielt mich lange Zeit für einen gefühlsorientierten, emotionalen Typ, der sich zu sehr auf Gefühle und unkontrollierte Emotionen konzentrierte. Doch als ich mir meine Iris genauer ansah, fielen mir die zahlreichen felsartigen Erhebungen auf, die, wie ich wusste, für eine eher logische Herangehensweise standen. Sie gruppierten sich insbesondere im Randbereich zur Pupille. Ein Hinweis, dass ich Dinge zuerst mit dem Verstand begreifen muss, bevor ich auch die dazugehörigen Gefühle und Emotionen zulassen kann. Ich war sehr überrascht, dass meine Iris mich auf eine genetisch verankerte Neigung zu intellektueller Verarbeitung hinwies. Als es mir später gelang, meinen Wesenskern stärker in meine Persönlichkeit einzubringen, traten die in der Iris verzeichneten Wesenszüge deutlicher in den Vordergrund.

Der erste Schritt auf dem Weg zu Ihrem Wesenskern besteht darin, Ihre angeborene Persönlichkeit zu ergründen. Indem Sie die Iris Ihrer Augen untersuchen, können Sie die Wesenszüge feststellen, die Ihre Eltern an Sie vererbt haben. Dabei erleben Sie vielleicht die eine oder andere Überraschung. Das auf diesem Weg erlangte Wissen unterstützt Sie darin, sich verborgene Aspekte Ihrer Persönlichkeit vor Augen zu führen und sich Ihrem Wesenskern anzunähern.

ÜBUNG: WESENSZÜGE ERMITTELN

Da ich Ihnen nicht mit einer Irisanalyse dienen kann, und das Verfahren zu komplex ist, um hier umfassend abgehandelt zu werden, habe ich eine Tabelle zusammengestellt, mit deren Hilfe Sie einigen Aufschluss über Ihre Wesenszüge erhalten können. Auf der linken Seite der zweispaltigen Tabelle finden Sie Persönlichkeitsmerkmale, die sich anhand einer Irisanalyse feststellen lassen. Die rechte Seite enthält dazugehörige Aussagen, die Rückschlüsse auf die entsprechenden Persönlichkeitsmerkmale zulassen. Wenn ich einem Patienten einen Begriff aus der linken Spalte nenne, dann löst dieser bei ihm oft eine Reaktion oder Erinnerung aus, die in etwa der dazugehörigen Aussage in der rechten Spalte entspricht. Anderseits geben mir Patientenberichte, die Elemente aus der rechten Spalte enthalten, die Möglichkeit, auf ihre Wesenszüge zu schließen.

- Sie haben nun die Gelegenheit, mit dieser Tabelle zu experimentieren. Decken Sie zum Beispiel die rechte Seite ab, und überlegen Sie spontan, was Ihnen zu einem beliebigen Begriff auf der linken Seite einfällt. Manchmal erhält man mit solchen Methoden Zugang zu ins Unbewusste verdrängtem Material und damit wichtige Aufschlüsse über sich selbst.

Wesenszug	Patientenaussage
Ungewisse Fürsorge	»Ich bin mir nicht sicher, ob mein Vater mich überhaupt lieb hat. Meinen Bruder liebt er jedenfalls mehr.«
(Emotionale) Unterdrückung	»Bei meiner Mutter läuft alles über die Vernunft.«
Tiefe emotionale Unterdrückung	»Meine Mutter hat ständig etwas an mir auszusetzen.«
Angst vor Angriffen	»Ich mag es nicht, wie mein Vater mich anschreit.«
Angst vor körperlichen Übergriffen	»Mein Vater schlägt mich.«
Blockiertes Zuhören	»Ich höre nicht hin, wenn meine Eltern etwas sagen.«
Blockierte Kommunikation	»Ich kann nicht wirklich über meine Gefühle sprechen.«
Übertriebener, falscher Selbstausdruck	»Ich lüge, um genügend Aufmerksamkeit zu bekommen.«
Niedriges Selbstwertgefühl	»Mein Bruder ist gescheiter als ich.«
Mangelndes Selbstvertrauen	»Meine Eltern halten mich nicht für besonders gescheit.«

Wie Eltern sich zu ihren Kindern in Beziehung setzen, hängt von der Flexibilität ihrer Persönlichkeit ab und davon, inwieweit ihre Persönlichkeit auf ihrem Wesenskern fußt. Muss ein Kind sich vor den Projektionen der Eltern schützen, dann entwickelt es eine Überlebensstrategie und damit eine Überlebenspersönlichkeit, die auch im Sehvermögen Niederschlag finden kann. Ob das Kind sein Sehvermögen als gehirndominante Überlebensfunktion anlegt oder in tieferen Integrationsebenen des Geistes, wird also zum einen durch die entwickelte Überlebensstrategie beeinflusst und zum anderen dadurch, wie flexibel die Persönlichkeiten der beiden Elternteile sind. Steht die Überlebensfrage im Vordergrund, dann erfolgt das Sehen des Kindes auf dem vom Gehirn festgelegten Weg, der ihm hilft, mit der Situation fertig zu werden. Zum Beispiel weiß man, dass dem autonomen Nervensystem im Fall von Verzweiflung spezielle Bewältigungsmechanismen zur Verfügung stehen. Anhaltende Verzweiflung wirkt sich auf die Augen aus. Verfügen die Eltern jedoch über flexible Persönlichkeiten, dann erhält das Kind Zugang zu seiner tieferen integrativen Geistesebene des Sehens. Seine Gedanken und Gefühle verschmelzen. In diesem Fall empfängt das Kind reine und mit dem Sein in Beziehung stehende Wahrnehmungen durch seine Augen. Die Augen des Kindes werden zu Fenstern, aus denen sein Bewusstsein in die Welt hinausblickt.

FALLGESCHICHTE: JUNE, ERSTER TEIL

Um diese Zusammenhänge zu verdeutlichen, möchte ich von einer Patientin berichten, die ich June nennen will. Ich forderte June auf, über ihre Kindheit nachzudenken, dann einen dazu passenden Satz aus der Tabelle auf Seite 86 auszuwählen und seiner Wirkung nachzuspüren. Sie entschied sich für: »Mein Bruder ist gescheiter als ich.« Sie erinnerte sich an eine Situation, in der ihre Eltern ihren Bruder begeistert wegen seiner guten Noten lobten. Bei der gleichen Gelegenheit sagten Junes Eltern jedoch nichts zu ihren Noten; ja, sie schenkten ihr generell nur wenig Aufmerksamkeit. Doch wurde June ständig wegen ihrer angeblichen Faulheit und Dummheit gescholten. Man kann leicht nachvollziehen, dass diese Erinnerungen bei June Unzulänglichkeitsgefühle auslösten.

June gewann den Eindruck, dass ihre Eltern ihr gegenüber übermäßig kritisch waren und ihren Bruder bevorzugten. Durch die Bevorzugung des Bruders agierten die Eltern unbewusst einen unvollständigen Persönlichkeitsaspekt aus. Ihre Tochter aktivierte in ihnen sozusagen eine frühe, vielleicht kindliche Erfahrung, die sie nicht zum Abschluss hatten bringen können und die sie in der Folge auf June projizierten. Die Projektion unvollständiger Persönlichkeitsanteile ist immer ein Hinweis auf mangelnde Integration und fehlende Bewusstheit.

Das Kind June kam zu der Auffassung, dass es sich von seinem Bruder und von Gleichaltrigen unterschied. Die Art, wie ihre Eltern June behandelten, veranlasste June, an ihren Fähigkeiten zu zweifeln. »Was kann ich denn schon?«, fragte sie sich vielleicht. Indem June die Bewältigung dieser speziellen Situation als Überlebensstrategie abspeichert, sichert sie damit zwar in ähnlichen zukünftigen Situationen ihr Überleben, doch wird sie nie in tiefere Gedanken- und Gefühlsebenen vorstoßen. Erst wenn sie ihre Bewusstheit und ihren Geist entwickelt, kann sie erkennen, dass ihr auch ganz andere Reaktionsmuster offen stehen.

Gemeinsam arbeiteten June und ich daran, ihre tatsächlichen Fähigkeiten zu ermitteln. Als sie tief in ihrem Inneren nach ihnen suchte, breitete sich schließlich ein Lächeln auf ihrem Gesicht aus und sie sagte: »Ich bin auf meine eigene einzigartige Weise begabt!« June war durchdrungen von dieser Erkenntnis und fand deshalb auf einer neuen, tieferen und bewussteren Ebene Zugang zu ihren Gefühlen. Je tiefer sie in der Folge vordrang, umso besser wurde ihre Selbstwahrnehmung.

> **ÜBUNG: DEN URSPRUNG VON PERSÖNLICHKEITSMERKMALEN ERMITTELN**
>
> - Denken Sie nun auf der Basis dessen, was Sie bisher gelesen haben, über Ihre eigene Kindheit nach. Beschäftigen Sie sich insbesondere mit den Eigenschaften Ihrer Eltern, die Sie nicht mochten, die Ihnen unangenehm waren oder von denen Sie sich abgestoßen fühlten. Ich zum Beispiel hatte eine Phase, in der ich den Alkoholgeruch meines Vater ekelhaft und meine Mutter zu dick fand.
> - Schreiben Sie das auf, woran Sie sich erinnern. Nehmen Sie sich Zeit, um eine Weile über die Bedeutung dieser Eigenschaften und der mit ihnen vielleicht verbundenen Vorfälle nachzudenken.

- Bilden Sie auf der Basis dieser Erinnerungen ähnliche Sätze, wie sie die rechte Spalte der Tabelle auf Seite 86 enthält, also zum Beispiel: »Ich mag es nicht, wenn du trinkst« und »Ich verachte dicke Frauen.« Überlegen Sie, zu welchen Ihrer Persönlichkeitsmerkmale diese Sätze in Beziehung stehen (linke Spalte der Tabelle), aber auch, wie Ihnen solche Reaktionen damals bei der Bewältigung der Situation halfen. Ich zum Beispiel assoziierte meinen mich anschreienden Vater mit Alkohol und konnte mich durch meine Ablehnung von dicken Frauen vor meiner mich erstickenden Mutter schützen. Als Erwachsener war es mir durch einen Bewusstwerdungsprozess möglich, mich von diesen Verurteilungen zu befreien.
Ich vertrete die Auffassung, dass sich diese inneren Neuinterpretationen der kindlichen Wahrnehmungen letztlich in einer flexiblen Persönlichkeit und in bewusstem Sehen niederschlagen. Stimulieren Sie also Ihr Gedächtnis, denn dieser Prozess führt zu größerer Bewusstheit.

Irisphänomene und Persönlichkeitsmerkmale

Die Selbstachtung, mit der June vor allem zu kämpfen hatte, lässt sich in der Iris genau lokalisieren. Von vorn betrachtet drückt sie sich im rechten Auge in der 6.30-Uhr-Position und im linken in der 5.30-Uhr-Position aus.

Denny Ray Johnson, der Autor von *What Your Eye Reveals* und ein äußerst intuitiver und inspirierender spiritueller Lehrer, hat bereits die Formen, Farben und Irisphänomene vieler Augen beurteilt. Mit den Menschen, die zu ihm kommen, spricht er über ihr Leben und bringt die erhaltenen Informationen mit der Iris ihrer Augen in Verbindung. In jahrelanger Forschung kam er zu dem Schluss, dass die Iris Aussagen über die Beschaffenheit einer Persönlichkeit trifft. Johnson stellte fest, dass sich Gedanken in der Iris als »Juwel«, Gefühle als »Strom« und Emotionen als »Blume« zeigen. Er spricht sich dafür aus, dass die Iris die bei der Empfängnis entstandene Erbsubstanz darstellt und dass sich die Beziehung des Kindes zu seinen Eltern oder Erziehern während der ersten sieben Lebensjahre in der Iris niederschlägt.

Johnson, der selbst kein Augenarzt ist und von einer bereits existierenden Augendiagnostik nichts wusste, betrachtete die Iris als Topograf und ordnete den einzelnen Irisphänomenen bestimmte Persönlichkeitsmerkmale zu. Hierüber hielt er Rücksprache mit Praktikern unterschiedlicher Fachrichtungen. Ich hatte das Glück, Anfang der Neunzigerjahre einer dieser Praktiker zu sein, mit denen Johnson sich beriet, und auch in späteren Jahren trafen wir uns weiterhin in regelmäßigen Abständen. All die Mediziner, die zu Johnsons Beraterteam gehörten, hatten sich damit einverstanden erklärt, die Augen ihrer Patienten zu fotografieren, um die Gültigkeit von Johnsons Iristopografie in der Praxis zu überprüfen.

Als ausgebildeter Kliniker und Wissenschaftler erfüllte mich die Beurteilung der Augen meiner Patienten anhand der von Johnson entwickelten Iristopografie anfangs natürlich mit Skepsis. Überrascht musste ich jedoch feststellen, dass seine Schlussfolgerungen in 80 Prozent der Fälle zutrafen. Mit Johnsons Iristopografie hatte ich auf einmal ein Hilfsmittel zur Verfügung, mit dem ich meinen Patienten auf viel tief greifendere Weise helfen konnte. Ich stellte fest, dass es einen Zusammenhang gab zwischen ihrer Selbstwahrnehmung, der Einschätzung, die sie mir von anderen Menschen vermittelten, und ihrer Lebensgeschichte und den Irisphänomenen, die ich in ihren Augen sah. Ich berücksichtigte meine neuen Erkenntnisse bei der Brillenverschreibung, und die Brillengläser brachten nun die Einschätzung, die mir die Patienten von ihrem Geist vermittelten, zum Ausdruck. Wenn ich ihre Augen untersuchte und ihr Sehvermögen maß, dann trug ich praktisch die Wahrnehmungen ihres individuellen Geistes in meine Karteikarte ein. Kamen neue Erkenntnisse von Zusammenhängen zwischen Irisphänomenen und Persönlichkeitsmerkmalen hinzu, dann ergänzte ich Johnsons Iristopografie.

Heute geht man davon aus, dass bei der Empfängnis der genetische Kode der Eltern als Blaupause für die persönliche Entwicklung an das Kind weitergegeben wird. Ihre Flexibilität und/oder ihre Überlebenspersönlichkeit wird dem Kind als Grundstock für die Gehirnentwicklung mitgegeben. Die Interaktion mit den Eltern ist der Prüfstand der erhaltenen Blaupause. Hat ein Elternteil sein Überlebensverhalten nicht überwunden und es folglich an sein Kind weitergegeben, dann hat dieses »Kind« nun die Gelegenheit, die mit dem Überlebensverhalten verbundene Wahrnehmung in Bezug auf sich selbst und vielleicht auch auf den betroffenen Elternteil zu transformieren. Da, wo bereits Flexibilität der Persönlichkeit vorhanden ist, kann diese noch weiterentwickelt werden.

Die Iristopografie nun macht die potentiellen Treibsandgebiete derer sichtbar, die sich dem Diktat von Überlebensstrategien beugen. Anders als die flexible Persönlichkeit verfügt die Überlebenspersönlichkeit in der Regel nicht über Ausweichmöglichkeiten. Die Iris trifft Aussagen darüber, wie man sein Leben über schlichtes Überleben hinausgehend vertiefen und erweitern kann.

FALLGESCHICHTE: JUNE, ZWEITER TEIL

Als June, die bereits erwähnte Patientin, zu mir in die Praxis kam, konnte ich, ohne sie jemals zuvor gesehen zu haben und nur auf der Basis ihrer Iris, die folgende Diagnose stellen: »Sie haben offenbar große Angst davor, verletzt, ja sogar körperlich misshandelt zu werden, und versuchen, diese Ängste in sich zu verschließen. Möglicherweise haben Sie von Ihren Eltern nicht genug Zuwendung erhalten. Das könnte Ihr bereits geringes Selbstwertgefühl noch gesteigert haben. In der Folge haben Sie Misstrauen entwickelt. Außerdem geben Sie sich rebellisch oder spielen sich übertrieben auf, um Aufmerksamkeit zu erlangen.«

Als ich sie fragte, ob diese Beschreibung in etwa zuträfe, stimmte sie zu. June kam es so vor, als hätte ich durch ihre Augen einen Blick direkt in ihr Innerstes geworfen. Was ich ihr über sie sagte, ohne etwas über ihre persönliche Geschichte zu wissen, aktivierte das Gedächtnis ihres Geistes. Die Informationen, die ich ihrer Iris entnahm, führten June auf eine tiefere Ebene der Selbstwahrnehmung.

Ich sprach mit June über ihr geringes Selbstwertgefühl. Ihr Geist reagierte mit Gedanken, Gefühlen und Emotionen. June nahm das auf, was ich ihr sagte, und ordnete ihre Einschätzungen nun im Zusammenhang mit ihren früheren Wahrnehmungen. Während in June Gedanken, Gefühle und Emotionen entstanden, verglich ihr Geist die hinzugewonnenen Informationen außerdem mit dem von ihren Eltern ererbten genetischen Grundstock. In diesem Zusammenhang ist von Interesse, dass ihre Mutter gleichfalls unter einem gering ausgeprägten Selbstwertgefühl litt. Sobald es June gelang, die Wahrnehmung ihrer gegenwärtigen Gefühle und Emotionen zu verändern, war sie dazu in der Lage, diesen Überlebensaspekt der Persönlichkeit ihrer Mutter zu akzeptieren. Schließlich fand June in sich einen Ort, an dem sie wirklich »bei sich« sein konnte und der ihr half, ihren Wert als Mensch realistischer einzuschätzen. Ihr geringes Selbstwertgefühl war zwar bisher Bestandteil ihrer Lebenserfahrung gewesen, nicht aber ihres Wesenskerns.

Für June war es entscheidend, den Zugang zu tieferen Ebenen ihres Geistes zu finden, damit sie erkennen konnte, wie der unterdrückte Teil ihres Wesens sie daran hinderte, sie selbst zu sein. Nachdem ihr dies gelungen war, empfand sie sich nicht mehr länger als das Abbild der Persönlichkeit ihrer Mutter, sondern gewann über ihre zunehmende Flexibilität einen tieferen Zugang zu sich selbst. Sie brauchte ihre Überlebensgedanken nicht mehr, um negative Auffassungen, die der Verdrängung dieser Erinnerung dienten, zu beurteilen und zu konstruieren. Ihre etwa zur gleichen Zeit klarer werdende Sehkraft war ein deutlicher Hinweis auf ihre veränderte Selbstwahrnehmung. June erlebte, dass sich ihr Sehvermögen verbesserte, obwohl ihre Kurzsichtigkeit im damaligen Grad zunächst erhalten blieb. Das geistige Auge vermag seine Wahrnehmung rascher umzustellen als das Kameraauge.

Eine Veränderung des Sehens kommt einer Veränderung des Bewusstseins gleich. Bewusstes Sehen offenbart die Persönlichkeitsanteile, die sich in der Entwicklung befinden oder noch auf Integration warten.

Raumwahrnehmung und Bewusstsein

Bruce Lipton, promovierter Biologe und früher Forscher an der Universität von Stanford, hat interessante Ideen zum Erbgut entwickelt. Auf der Basis der Grundlagenforschung seines eigenen Labors und anderer Wissenschaftler kam Lipton zu dem Schluss, dass man offenbar nicht nur auf die eigene Persönlichkeit, sondern auch auf sein Erbgut Einfluss nehmen kann.

Das sind revolutionäre Vorstellungen. Indem wir unsere Sehweisen ändern, nehmen wir Einfluss auf die genetische Programmierung, die wir durch unsere Familie erhalten haben! Der Gedanke scheint eine Zumutung und zukünftige Forscher werden diese Theorie erst noch bestätigen müssen. Als eines der Mittel für diese Beweisführung bieten sich die in der Iris zu beobachtenden Veränderungen an. Inzwischen kann man bereits bestimmte Strukturen ermitteln, die in der Iris von Kindern weniger ausgeprägt sind als in denen ihrer Eltern. Dies könnte man als Ausdruck einer Überlebenspersönlichkeit vermuten, die im Kind bereits weniger dominiert als noch in seinen Eltern. Die Frage, ob Veränderungen innerhalb der Iris tatsächlich Veränderungen im Erbgut widerspiegeln, wird erst noch zu beantworten sein.

Wenn wir uns also bei der jetzigen Generation besonders darum bemühen, bewusstes Sehen zu entwickeln, werden dann genetisch verankerte Sehschwächen wie Kurzsichtigkeit mit geringerer Wahrscheinlichkeit weitervererbt? Eine interessante Frage. Sie zu bejahen würde bedeuten, dass Eltern, die sich mit den ihren Augenproblemen zugrunde liegenden Überlebensstrategien auseinander setzen, ihren Kindern die Wiederholung solcher Konstellationen ersparen.

In der Ophthalmologie hat sich in den vergangenen 30 Jahren ein Zweig herausgebildet, der sich auf der Basis des Verhaltens mit Sehvermögen befasst und sich »Verhaltensoptometrie« nennt. Die Anhänger dieser Schule kamen 1994 einen gewaltigen Schritt voran, als in ihrer Fachzeitschrift *Journal of Behavioral Optometry* ein Beitrag mit dem Titel »Raum sehen – die Umprogrammierung des Gehirns zur Verringerung von Kurzsichtigkeit« erschien. Mit dem Begriff »Umprogrammierung«

deutet Antonia Orfield, die Autorin dieses Artikels, bereits in der Überschrift die Möglichkeit an, dass sich die Verarbeitung einzelner visueller Vorgänge im Geist verändern kann und Einfluss auf den Gesamtprozess im Gehirn nimmt. In der Folge erbringen auch die Refraktionsmessungen der Augen neue Ergebnisse.

Bei Orfields Thesenpapier handelt es sich nicht um eine wissenschaftliche Studie an Versuchspersonen, sondern um eine eingehende Darstellung der Auswirkungen, die eine Veränderung des Lebensstils und eine Sehtherapie auf das Sehvermögen der Autorin hatten. Tatsächlich konnte Orfield mit ihrer Selbsttherapie eine Verbesserung des Sehvermögens um vier Dioptrien erreichen. Sie war von den Ergebnissen ihres Selbstversuchs so fasziniert, dass sie sich in ihrer weiteren Ausbildung auf die Augenheilkunde spezialisierte.

Dr. Orfield beginnt ihren Beitrag mit der Aussage: »Funktionale Myopie ist nicht nur auf einen akkommodativen Fokussierungsspasmus oder auf eine Augapfelvergrößerung zurückzuführen. In ihr spiegelt sich vielmehr die Verkleinerung der Welt im Gehirn durch die Einengung des Peripheriesehens wider, die zunächst durch Stress und dann durch eine durch Minusgläser verursachte räumliche Fehleinschätzung bewirkt wird.«

Zum einen stellt Orfield mit dem Wort »Stress« die Verbindung zwischen Überlebenspersönlichkeit und Kurzsichtigkeit her. Zum anderen zieht die Autorin mit dem Abschnitt »Verkleinerung der Welt im Gehirn durch die Einengung des Peripheriesehens« den Schluss, dass die falsche Handhabung von Stress bestimmte Formen von Kurzsichtigkeit hervorrufen kann.

Erinnern Sie sich: Wir sind bereits in den vorangegangenen Kapiteln auf dieses Phänomen zu sprechen gekommen. Ich habe die Netzhaut und retinales Sehen, ein Phänomen, das Orfield verkürzt als »Peripheriesehen« bezeichnet, mit der Gefühlswelt in Verbindung gebracht und darauf hingewiesen, dass die gescheiterte Interaktion mit der Gefühlswelt am leichtesten durch eine Einengung des Sehfelds »bewältigt« werden kann. Retinales Sehen wird unterdrückt, um die Konfrontation mit schmerzhaften Gefühlen zu vermeiden. Die Folge ist eine Verkleinerung der räumlichen Welt.

Die Tatsache, dass der Geist die Unterdrückung peripheren Sehens bewirken kann, ohne dass sich dies in den Messergebnissen der Augen niederschlägt, ist eine wichtige Information. Sie stimmt mit den Ergebnissen einer Untersuchung überein, die ich 1983 im Auftrag des College of Syntonic Optometry an 22 Kindern durchführte. Ziel der Untersuchung war es gewesen, den Zusammenhang zwischen der Gesichtsfeldgröße der Kinder und ihrer Leseschwäche zu ermitteln. Das Ergebnis zeigte, dass die Sorgen, die diesen Kindern ihr Versagen vor allem in Bezug auf das Lesen bereitete, zu einer Gesichtsfeldverengung führten.

Aus meiner Studie für das College of Syntonic Optometry geht außerdem hervor, dass Strukturmessungsergebnisse, die Sehstörungen wie Kurzsichtigkeit erfassen, als Hinweis auf den genetischen Einfluss durch die Überlebenspersönlichkeit eines oder beider Elternteile gedeutet werden können. Sie sind der entscheidende Faktor. Stressauslöser folgen erst an zweiter Stelle. Fallen genetische Faktoren und Stressauslöser zusammen, dann ist die messbare Sehschwäche meist gravierender.

Orfield weist ausdrücklich auf die räumlichen Wahrnehmungsverzerrungen hin, die durch gegen Kurzsichtigkeit verschriebene Minusgläser bewirkt werden. Nach meinem Verständnis ist Kurzsichtigkeit nichts anderes als die unbewusste Einschränkung peripheren Sehens. Das Tragen von Minusgläsern reduziert die natürliche Raumwahrnehmung noch zusätzlich und engt folglich auch den Handlungsspielraum der betroffenen Person weiter ein. Retinales Sehen und die allgemeine Gefühlsfähigkeit nimmt zugunsten fovealen Schauens ab. Der Zugang zum eigenen Bewusstsein verkleinert sich.

Orfield schreibt weiter: »Tatsächlich bewirken Minusgläser eine Neuprogrammierung des Gehirns. Jedes Minusglas verfügt über eine eigene virtuelle Welt, die durch die Interaktion zwischen der betreffenden Person und der Optik ihrer Gläser erschaffen wird. Und sobald sich der Brillenträger an seine Sehhilfe gewöhnt hat, blickt er in die von der Brille geschaffene künstliche Welt. Sein Gehirn hat sich eine neue Raumwahrnehmung zu Eigen gemacht. In seinem verringerten Sehvermögen ist er hinfort von der Bille abhängig.«

Reduziert man die Dioptrienzahl der Minusgläser wieder, dann zwingt man das Gehirn im Rahmen einer Neuprogrammierung, seine Reaktion auf das eindringende Licht zu verändern. Schwächere Brillengläser erhöhen das Sehen. Doch muss sich nun noch der Geist umstellen und Wahrnehmungen anders integrieren. Alte Auffassungen verlangen eine neue Deutung und frühere Überzeugungen eine gründliche Überprüfung. In diesem Prozess des Loslassens und Öffnens wird der Geist befreit, während Sie mühelos zu bewusstem Sehen wechseln.

Im Feld der Sehkraftbestimmung und Augenheilkunde werden Sehhilfen ebenso verschrieben wie Medikamente in der allopathischen Medizin. Ein Patient sucht seinen Augenarzt wegen einer Sehschwäche auf und verlässt dessen Praxis mit einem Rezept für eine Brille, das sich im Grunde nicht von dem für ein Medikament unterscheidet. Doch unglücklicherweise besteht in beiden Fällen die Gefahr, dass versucht wird, eine Schussverletzung mit einem Pflaster zu kurieren. Warum? Weil in beiden Fällen das Symptom behandelt und das zugrunde liegende Problem ignoriert wird. Verschwommenes Sehen ist wie Kopfschmerzen. Beides sind Symptome für tiefer liegende Ursachen. Die Schulmedizin im Allgemeinen und die Augenheilkunde im Besonderen beschäftigen sich vor allem mit der Symptombekämpfung. Man gebe dem Patienten eine Aspirin und die Kopfschmerzen verschwinden. Die Brillengläser stellen scharfe Sehkraft wieder her und der Patient ist zufrieden. Die meisten Patienten tragen zufrieden die ihnen verschriebene Brille und glauben dem Arzt seine Versicherung, dass damit alle Probleme aus der Welt geschafft sind.

Meine eigenen Erfahrungen und die Tausender anderer Anhänger der Verhaltensoptometrie legen nahe, dass das Gegenteil zutrifft. Das Tragen der meisten verschreibungspflichtigen Brillen unterdrückt die tiefen inneren Ursachen der Sehschwäche und verschlimmert dadurch die Symptome. Das ist der Grund, warum die meisten Brillenträger nach ein oder zwei Jahren wiederkommen, um sich eine stärkere Brille zu besorgen. Das Symptom »unscharfes Sehen« ist eine Zeit lang aus der Welt geschafft, da jedoch die Ursachen nicht bekämpft wurden, kehrt es wieder und wieder zurück.

Übung: Flexibilität wiederherstellen

Zugegeben, auch wenn all dies stimmt, fragen Sie sich vielleicht noch immer: »Wie soll ich diese Erkenntnisse auf mein eigenes Leben übertragen?«

- Wenn Sie eine Brille tragen, dann setzen Sie sie während des Tages öfter einmal ab.
- Fangen Sie an zu sehen. Beschäftigen Sie sich mit der Verschwommenheit. Akzeptieren Sie die Verschwommenheit für sich. Betrachten Sie sie im Sinne eines angebotenen Bewusstwerdungsprozesses als Geschenk Ihrer Eltern.
- Wiederholen Sie die Übung auf Seite 88 f., in der Sie gelernt haben, sich mit den Bestandteilen Ihrer Eltern, die Sie nicht mögen, auseinander zu setzen. In dieser Übung sind jetzt die Eigenschaften Ihrer Eltern an der Reihe, die Sie mögen.

Zum Beispiel mochte ich schon immer den Pfeifengeruch, den mein Vater an sich hatte. Wenn mein Vater Pfeife rauchte, dann war er in der Regel in einer entspannten und zugewandten Stimmung. Oder meine Mutter, die sich still anhörte, was ich über meine Gefühle zu sagen hatte. Ich liebte es, wenn sie mir auf diese Weise zuhörte. Das sind die positiven Erinnerungen an meine Eltern, die ich hochhalte. Ich fühle mich durch diese Erinnerungen gestärkt. Wenn sie mich erfüllen, dann habe ich nicht das Gefühl, zu wenig Liebe erhalten zu haben. Vielmehr kann ich mich dann daran freuen, dass ich Eltern hatte, die trotz all ihrer Unzulänglichkeiten für mich da waren. Jetzt erst kann ich erkennen, dass sie wie ich in einem Wachstumsprozess begriffen waren.

Im Rahmen dieser Übung lade ich Sie nun dazu ein, sich mit Farbtafel 6 zu beschäftigen. Diese Übung ist eine Art visuelle Kontemplation. Zunächst konzentrieren Sie sich auf die Flamme in der Mitte, wie Sie es bereits im Zusammenhang mit der Übung in Kapitel 2 getan haben.

- Dann lassen Sie Ihre Augen umherwandern, damit die weniger deutlich sichtbaren Elemente der Abbildung Ihnen ins Bewusstsein dringen können. Möglicherweise lösen sie Erinnerungen an Erfahrungen aus, die Sie mit Menschen aus Ihrem Familien- oder Freundeskreis gemacht haben.
- Die in der Kollage enthaltenen Iris helfen Ihnen, die Flexibilität Ihrer Persönlichkeit zu steigern. Indem Sie sich auf die Kollage einlassen, beginnen Sie, Ihr physisches Selbst reflektiert durch Ihre Augen als Bestandteil Ihres Gesamtselbst zu empfinden. Mit Ihrer neu hinzugewonnenen Flexibilität wird Ihnen nun Ihr Wesenskern zugänglich.
- Die materielle Welt tatsächlich wahrzunehmen heißt, die ihr zugrunde liegenden Lichtmuster aus geometrischen Formen und Gestalten zu erkennen. Sie sind wie Wellen, Musik für die Augen. Bewusstes Sehen bedeutet, lange genug innezuhalten, um diese Muster, um dieses Unsichtbare wahrzunehmen.
- Wenn Sie sich regelmäßig in 10- bis 15-minütigen Übungssitzungen mit Farbtafel 6 beschäftigen, werden Sie sich schon bald von Ihrer Vergangenheit befreien. Anfangs mag dies aufwühlend sein, doch haben Sie Geduld.
- Schreiben Sie die Assoziationen, die der Weg zu bewusstem Sehen in Ihnen freisetzt, in einem Tagebuch auf.

4. KAPITEL

Julianas Weg zu bewusstem Sehen

Wer bin ich wirklich?

Den bedeutsamsten äußeren Einfluss auf unser Leben haben für gewöhnlich die Eltern. Ihre Persönlichkeiten, die Art, wie sie miteinander und mit uns in Beziehung treten, wirkt sich bis in die Erwachsenenzeit auf unsere persönliche Entwicklung aus. In diesem Kapitel wollen wir untersuchen, welche Wirkung in guter wie in schlechter Hinsicht unsere Eltern auf uns haben. Wir wollen nach Wegen suchen, um mithilfe dieser Informationen zu vollständigen, integrierten Menschen zu werden.

Erst vor ein paar Tagen rief eines meiner Kinder in einem Augenblick der Verzweiflung: »Ich wünschte, ich hätte andere Eltern!« Vielleicht erinnern Sie sich, dass Sie Ähnliches auch zu Ihrer Mutter und zu Ihrem Vater gesagt haben. Ich jedenfalls habe so etwas in meiner Zeit des Erwachsenwerdens immer wieder dann gesagt, wenn ich in Bezug auf meine eigene Identität verwirrt war und nicht so recht wusste, wie ich mich in die Gemeinschaft einfügen sollte.

Auch die liebevollsten, wohlmeinendsten Eltern können bei uns manchmal schmerzhafte Kindheitserinnerungen entstehen lassen. Unser Geist versucht, uns vor ihnen zu schützen, indem er die dazugehörigen Gefühle verschleiert. Doch wenn wir uns diesen, unsere frühen Jahre prägenden Erfahrungen und vor allem den mit ihnen verbundenen Gefühlen öffnen, erhalten wir auch die Entscheidungsgewalt darüber, ob unser Leben immer weiter unter ihrem Einfluss stehen soll.

Es gibt zahllose verschiedene Techniken, mit denen man sich Zugang zu verblassten Erinnerungen verschaffen kann, und jeder Persönlichkeitstyp hat eine eigene bevorzugte Methode. Ich zum Beispiel als eher denkender Persönlichkeitstyp neige zu Visuellem. Was sich im Juli 1979 ereignete, kann ich wie einen Film vor meinen Augen ablaufen sehen.

Emotionale Persönlichkeitstypen sind eher akustisch orientiert. Klänge und Geräusche eignen sich daher am besten, um bei ihnen Erinnerungen zu mobilisieren. Der fühlende Persönlichkeitstyp ist hingegen eher kinästhetisch veranlagt. Er verarbeitet und erinnert Erfahrungen am besten durch Berührung und Bewegung, manchmal auf einer sehr tiefen inneren Ebene als so genanntes »Gefühl im Bauch«.

Welcher Persönlichkeitstyp sind Sie? Nehmen Sie sich einen Moment lang Zeit, um herauszufinden, welches das Medium ist, das Ihnen am leichtesten Zugang zu Ihren Erinnerungen verschafft. Woran erinnern Sie sich am lebhaftesten: an Geräusche, Bilder oder Berührungen? Denken Sie ein wenig darüber nach, welche Formen Ihre lebhaftesten Erinnerungen annehmen. Wenn Ihnen bewusst ist, wie Sie Zugang zu früheren Erfahrungen erlangen können, wird Ihnen das auch helfen zu klären, was Ihre Erinnerungen Ihnen zu sagen haben.

Die einzigen Erinnerungen an Ereignisse aus meiner Kindheit vor meinem achten Lebensjahr hängen entweder mit mir vertrauten Fotos zusammen oder mit Geschichten, die in meiner Familie erzählt werden. Als ich für meine eigene Lebensbeschreibung Material sammelte, stieß ich auf eine Übung, die mir half, die Wurzeln meiner Persönlichkeit freizulegen und den Teil meiner Vergangenheit zu akzeptieren, der genetisch festgeschrieben ist.

> **ÜBUNG: DIE ERINNERUNG AN PRÄGENDE KINDHEITS- UND JUGENDERLEBNISSE MOBILISIEREN**
>
> - Nehmen Sie ein leeres Blatt Papier zur Hand, und schreiben Sie auf die linke Seite das Alter, das Sie mit Ihrer frühesten Erinnerung verbinden. Versuchen Sie sich an ein mit diesem Ereignis in Zusammenhang stehendes Gefühl, ein Bild oder Geräusch zu erinnern, und halten Sie das Ereignis und die Gefühle, die es in Ihnen auslöst, auf der rechten Seite des Blattes fest.
> - Schreiben Sie für jedes Jahr ein Ereignis auf, an das Sie sich erinnern und mit ihm die Gefühle, die dabei an die Oberfläche gespült werden.

- Untersuchen Sie Ihre gegenwärtigen Gefühle in Bezug auf die Ereignisse, die damals in Ihrer Familie abliefen. Gehen Sie Jahr um Jahr durch bis zu dem Zeitpunkt, an dem Sie bei Ihren Eltern auszogen.

Die prägenden Ereignisse meiner Kindheit und Jugend, an die ich mich mithilfe dieser Methode zu erinnern vermochte, mögen Ihnen als Beispiel dienen.

ALTER	EREIGNIS UND DAZUGEHÖRIGE GEFÜHLE
4	Verlassenheitsgefühle stellen sich ein, als meine Mutter ihre Liebe nun verstärkt auf meinen jüngeren Bruder richtet.
7	Eine äußerst traumatische Zeit beginnt mit meiner Einschulung. Ich finde keine Freunde und fühle mich aufgefordert, mich hervorzutun.
8	Mein Vater trägt mich über einen heißen Sandstrand. Unser Hund ist bei uns. Ich fühle mich unendlich geliebt.
9	Ich werde gemaßregelt, weil ich mich weigere, meine Bahnen zu schwimmen. Ich verachte meinen Vater und weise seine Nähe zurück.
12	Ich erinnere mich an das Gefühl, von meinen Eltern nicht verstanden zu werden. Ich fühle mich anders und verloren.
13	Die Schule bereitet mir Mühe. Ich halte mich für dumm, ungeliebt und fühle mich ständig unter Kontrolle.
14	Ich erinnere mich, dass ich körperlich gezüchtigt wurde, weil ich meine Neugier im Hinblick auf Sexualität nicht bezähmen konnte. Daraufhin verschloss ich mein Herz.
16	Ich spüre, dass meine Eltern unglücklich miteinander sind. Warum unternehmen sie nichts? Ich will helfen. Ich bin zugleich frustriert und entschlossen.
17	Meine Eltern drängen mich, mich für eine berufliche Laufbahn zu entscheiden. Ich nehme mir vor, sie zufrieden zu stellen.

Ihre Eltern und die Ereignisse, die Sie mit ihnen gemeinsam erlebt haben, sind nicht ohne Grund ein wichtiger Bestandteil Ihrer persönlichen Geschichte. Sie alle zusammengenommen haben Sie zu dem Menschen gemacht, der Sie heute sind. Selbst Ihre schwierigsten Erfahrungen helfen Ihnen schließlich, Ihre Stärken zu entwickeln, und liefern Ihnen wichtige Informationen über sich selbst. Manchmal kann man sich von der Vorstellung getröstet fühlen, dass die Kindheit mit diesen Eltern und mit diesen konkreten Ereignissen erforderlich war, um die vielen Facetten der Persönlichkeit zu entwickeln und zu integrieren. Nutzen Sie diese Übung, um sich Klarheit über die emotional aufgeladenen Zeiten Ihres Lebens und über die Gefühle zu verschaffen, die sie heute in Ihnen auslösen. Versuchen Sie dabei die Bereiche zu ermitteln, in denen Sie sich noch im Überlebensmodus befinden und in denen Sie schwierigen oder beängstigenden Emotionen ausweichen.

FALLGESCHICHTE: JULIANA, ERSTER TEIL

Julianas Lebensgeschichte macht deutlich, welche entscheidende Rolle Kindheitserlebnisse bei der Entwicklung unserer Gesamtpersönlichkeit spielen. Ihr Bericht wird Ihnen helfen zu erkennen, wie sehr das Verhältnis von Schauen zu Sehen durch unsere frühen Jahre beeinflusst wird.

》 Meine Familie stammt aus Italien. Die Familie meines Vaters ist aus Sizilien eingewandert. Wir lebten ein sehr einfaches Leben und ich spürte, wie unglücklich meine Mutter war. Sich um fünf Kinder kümmern zu müssen, war für sie eine traumatische Erfahrung. Mein Vater war Fischer, bis er nach einem Unfall berufsunfähig wurde. Er war unbefristet krankgeschrieben. Er fühlte sich zu Hause verloren und ich konnte seine Unzufriedenheit spüren.

Meine Mutter trug eine Brille. Ich bekam meine mit acht Jahren, als bei mir Kurzsichtigkeit und Astigmatismus festgestellt wurde. Es war nie genug zu essen für uns sieben da. Als Älteste war ich die Letzte, die Geschenke und Liebe erhielt. Ich wurde schon früh rebellisch. Meine Mutter unterhielt bei uns zu Hause einen kleinen Kiosk. Ich stahl bei ihr Süßigkeiten und Getränke. In der Familie sprachen wir italienisch. Ich ging jedoch in eine katholische englischsprachige Schule. Ich lernte Englisch so gut, dass ich im Gegensatz zu den übrigen Mitgliedern meiner Familie sogar akzentfrei Englisch spreche.

Mein Vater hatte Probleme mit Nähe. Ich wusste, dass er mit anderen Frauen anbändelte. Auch meine Geschwister und meine Mutter wussten davon. Meine Mutter beklagte sich nie. Das machte mich wütend. Warum lässt sie ihn einfach tun, was er will? Sie fürchtete sich vor einer Konfrontation mit ihm. Ich war zornig. Ich wollte kämpfen. Später fand ich heraus, dass er sich an meine jüngere Schwester heranmachte. Einmal versuchte er auch, mich zu berühren. Ich dachte, wenn ein Mann mich berührt, dann heißt das, dass ich geliebt werde.

Julianas bisherige Geschichte vermittelt den Eindruck, dass selbst ihr Leben als Kind – genauso wie Ihres und meines – in seiner Beschaffenheit gewollt war. Das Ausspielen der funktionsgestörten Persönlichkeitsanteile unserer Eltern wird zum Antrieb für unsere Entwicklung. Anfangs wählt man reaktive Bewältigungsstrategien und entscheidet sich für rebellische Verhaltensmuster. Sie sind Bestandteil des Reifungsprozesses. Im Zuge der Bewusstwerdung wird Reagieren mehr und mehr durch Eingehen auf die Situation ersetzt. Das »reaktive« Erleben eines Ereignisses erfolgt allein unter Voraussetzungen, die den Wesenskern einengen, und unter dem Einfluss der jeweils im Zusammenhang mit der Situation erlebten Gefühle. Eingehen/Beantworten hingegen ist offener und nicht defensiv.

Der Wechsel von Reagieren zu Agieren setzt als Bestandteil des Heilungsprozesses eine veränderte Wahrnehmung voraus. Wenn Ihre Eltern wie die Julianas in ihrem Verhalten eher unbewusst waren oder sind, dann können Sie diese Erkenntnis einsetzen, um jetzt selbst zu einem bewussteren Menschen zu werden. Hierzu müssen Sie lernen, Ihr genetisches Selbst und Ihre persönliche Geschichte neu zu sehen. Diese neue Sicht Ihrer selbst wird Ihnen Ihre Gedanken, Gefühle und Emotionen und die Art, wie Sie diese zum Ausdruck bringen, bewusster machen.

Beginnen Sie, indem Sie sich zunächst Ihren tiefen Wunsch ins Bewusstsein rufen, endlich der Mensch sein zu dürfen, der Sie eigentlich sind. Führen Sie sich hierzu Ihre Träume und Ziele vor Augen. Reißen Sie die Schranken ein, die Ihnen die Vergangenheit aufzuerlegen scheint. Suchen Sie nach den Facetten Ihrer selbst, die nur auf eine Gelegenheit warten, in den Vordergrund treten zu dürfen, um sich in Ihren Beziehungen, in einem kreativen Unternehmen oder in irgendeinem anderen Bereich Ihres Lebens, der Ihnen größere Erfüllung verspricht, zu manifestieren. Nur so können Sie die restriktiven Muster Ihrer genetischen Veranlagung aufbrechen.

Meine eigene Erfahrung hat mich schließlich gelehrt, nichts anderes mehr zu akzeptieren als das visionäre Bild, das ich mir von mir selbst mache. Wenn ich mich gegen meinen eigenen Ganzwerdungsprozess sträube, dann schickt mir das Universum nur neue Versionen bereits gemachter Erfahrungen. Das Erleben dessen, was mein Leben sein könnte, rüttelt mich aus dem genetischen Schlummer. Machen Sie sich bewusst, welche Verhaltensweisen und Muster Ihr Leben und das Ihrer Eltern bestimmen, und Sie werden von einer neuen Lebendigkeit ergriffen.

Das denkende Selbst

Was dies im Hinblick auf Ihr denkendes Selbst bedeuten kann, zeigt die Fortsetzung von Julianas Geschichte. Erfolgreich hatte sie den denkenden Teil ihrer Persönlichkeit vor ihren Wagen gespannt, um sich vor ihrer emotionalen und vor ihrer fühlenden Seite zu schützen. Hier zeigt sich neuerlich die Überlebenspersönlichkeit, mit der wir uns bereits im dritten Kapitel beschäftigt haben. Bis sich Juliana die Desintegration ihrer Persönlichkeit in ihre denkenden, fühlenden und emotionalen Anteile bewusst machen konnte, inszenierte sie auch weiterhin Wiederholungen der Ereignisse aus ihrer unglücklichen Vergangenheit und war unzufrieden. Die Fortsetzung ihrer Geschichte wird zeigen, welches Ereignis sie schließlich aus ihrem betäubten Zustand erwachen ließ. Es ist faszinierend, welche entscheidende Rolle ihr Sehvermögen in diesem Prozess spielte.

Fallgeschichte: Juliana, zweiter Teil

>> Als junges Mädchen fand ich bald heraus, dass es sicherer ist, wenn ich meine Gefühle verberge. Als ich alt genug war, aß ich erst Süßigkeiten und fing dann an zu rauchen. Ich war so sehr von Zorn auf meine Familie erfüllt, dass ich mit 14 Jahren von zu Hause fortlief. Rückblickend ist mir klar, dass ich die Wirklichkeit nicht sah. Ich entwickelte den denkenden Teil meiner selbst, um mich vor den Verletzungen und Schmerzen zu schützen, die der Tiefschlafzustand meiner Familie mir bereitete. Ich las Bücher und wollte reisen. Dann fand ich einen Mann, der mich mit 14 Jahren von zu Hause befreite. Sexualität lernte ich sehr früh kennen. Dieser Mann nutzte mich aus, ein Thema, das mein Leben bis in die Erwachsenenzeit hinein bestimmte. Ich gab meinen Körper hin, um geliebt zu werden.

Ich war gut in allem, was Denken verlangte. Ich kannte mich mit Computern aus, sobald die ersten auf den Markt kamen. Jahrelang reiste ich um die Welt, nur um meiner Familie zu entgehen. Inzwischen erkenne ich, dass ich auf der Flucht vor diesem Teil meiner selbst war. Ich lief vor der Möglichkeit davon, mich vielleicht irgendwann mit meinen Verletzungen und Schmerzen auseinander setzen zu müssen. Mein Lebensgefährte und ich waren ständig auf Reisen. Ich fand einen Job in der Textverarbeitung. Alle Denkprozesse gingen mir leicht und schnell von der Hand.

Noch bevor ich 20 Jahre alt war, brauchte ich Drogen, um meine Gefühle besser unterdrücken zu können. Sie boten mir eine gute Möglichkeit, mich von dem emotionalen Schmerz im Hinblick auf meine Familie zu lösen. Zu meinen tieferen Gefühlen hatte ich keinerlei Zugang. Ich war schockiert, als mir eine Freundin erzählte, dass sie zu vaginalen Orgasmen fähig war. Mir war das noch nie gelungen. Dieser Teil von mir war wie abgestorben. Es gab andere Aspekte, die mich mit meinem früheren Leben verbanden, denen ich mich aber noch nicht stellen konnte. Meine Kontaktlinsen gehörten zu meinem Schutzpanzer, hinter dem ich versteckte, was zu sehen ich noch nicht bereit war.

Ich zog immer wieder Männer an, die mich später verließen. Meist brannten sie gerade dann mit einer anderen Frau durch, wenn ich bereit war, mich tiefer auf sie einzulassen. Ich glaube, ich habe mein Herz nie wirklich für einen Mann geöffnet, bis ich heiratete. Schon vor meiner Ehe fing ich an, mich mit bewusstem Sehen zu beschäftigen. Ich hatte das Buch *Die integrative Sehtherapie* gelesen und hinfort auf das Tragen meiner Kontaktlinsen verzichtet. Ich erinnere mich an den Tag, als ich mit meiner alten Brille auf der Nase in Padua spazieren ging. Die Augen fingen mir an wehzutun. Mein Freund musste mich stützen, so unerträglich waren die Schmerzen. Ich hatte all diese Jahre Anspannung und Zorn in meinen Augenmuskeln eingelagert.

Ich liebte meinen zukünftigen Mann aufrichtig. Ich spürte, wie sehr er sich zu mir hingezogen fühlte, und hatte keine Angst, dass er mich verlassen könnte. Ich sah immer deutlicher. Mein zunehmender Leibesumfang brachte meine tiefen Gefühle zutage. Ich gebar einen Sohn und liebte dieses Kind mit ganzer Kraft. Aber auf das, was aus meiner Vergangenheit zu mir zurückkommen sollte, war ich nicht vorbereitet.

Georgio war ein wunderschönes Baby. Seine lockigen Haare und seine glänzenden Augen machten es mir möglich, mich tiefer auf das Leben einzulassen. Das erste Ereignis, das meine Wahrnehmung veränderte, ereignete sich eines Morgens in der Küche. Georgio war ungefähr 15 Monate alt. Der Küchenfußboden war gefliest. Aus der Speisekammer holte ich eine Saftflasche, doch bevor ich sie noch auf die Theke stellen konnte, entglitt sie meinen Händen und zersprang auf dem Fußboden in tausend Scherben. Obwohl Georgio zu weit entfernt war, um irgendwelche Verletzungen davonzutragen, geriet ich augenblicklich in Panik. Die Explosion, die ich folgen ließ, war lauter als der Knall des platzenden Glases. Ich schrie auf in dem verzweifelten Wunsch, meinen Sohn zu schützen. Ich zitterte am ganzen Leib. Mein Körper und mein Geist reagierten, obwohl das Glas Georgio gar nicht berührt hatte. Frederico, mein Mann, hob Georgio auf und brachte ihn fort. Ich gebärdete mich die ein oder zwei folgenden Minuten auch weiter wie eine Verrückte.

Diese Erfahrung machte mir klar, dass ich Emotionen und Gefühle offenbar tief in meinem Inneren vergraben hatte. Meine Reaktivität

> bestimmte mein Handeln. Ich blicke mit der gleichen Emotion durch meine Augen. Ich musste mehr über mein fokussiertes Hinschauen herausfinden. Mein Sehvermögen war unvollständig. Hinderte mich meine Überbewertung des Denkens daran zu fühlen? Blockierte mein Denken mein Sehen? Verstellte mir dieser Überlebensmechanismus den Weg zu Fröhlichkeit und kreativem Ausdruck? Konnte ich in meinem Körper denn überhaupt eine erfüllendere Sexualität erleben? Wirkte sich meine frühere Drogensucht auf meine Fähigkeit aus, Zugang zu meinen Gefühlen zu finden?
> Ich wusste, dass auf diesem Weg mein mitfühlender Ehemann mein Katalysator sein würde. Mit seiner Hilfe sollte ich ungeahnte Kräfte in mir mobilisieren. Was könnte ich wohl erreichen, wenn es mir gelang, die Energie des Ausbruchs für meine Bewusstwerdung einzusetzen? Ich fragte mich, welche Leidenschaften wohl noch in mir schlummerten.«

Da Juliana die Dioptrienzahl ihrer Brille immer weiter reduzieren konnte, erhielt sie Zugang zu einem immer schärferen Sehvermögen. In einem allmählichen Prozess und mit der Unterstützung ihres Ehemanns und Sohns wurde ihr in zunehmendem Maß der Schritt von Reagieren zu Agieren möglich.

Als Georgio drei Jahre alt war, erhielt Juliana ihre erste Spezialbrille, die ihr helfen sollte, ihren Astigmatismus zu überwinden. Die Spezialanfertigung sorgte dafür, dass Licht auf die Bereiche ihrer selbst fielen, die sie bisher nur astigmatisch verzerrt wahrgenommen hatte: auf die geleugneten tiefen sexuellen Gefühle, auf den rasenden Zorn in ihrem Inneren, der auf seine Freisetzung wartete, und auf ihren leidenschaftlichen, tänzerischen Körper, der sich nach einer Ausdrucksmöglichkeit sehnte. Wenn Juliana ihre Spezialbrille aufsetzte, dann nahm sie ihre Umwelt nur unscharf wahr und war gezwungen, sich des retinalen Sehens zu bedienen. Damit brachte sie schließlich ihre unterdrückten Gefühle und Emotionen an die Oberfläche. Die Brillengläser führten das einfallende Licht zu den Randbereichen ihrer Netzhaut, und von dort wurde die Botschaft zu jenen verschwommenen, vergrabenen Gefühlen und Erinnerungen transportiert, die noch eine ganze Ladung Angst, Zorn und Verwirrung für sie bereithielten.

Das in ihre Augen einfallende modifizierte Licht half Juliana, sich ihrer schmerzhaften Vergangenheit bewusst zu werden und umfassend verdrängte Gefühle freizusetzen und abzuarbeiten. Ihr wachsendes Sehvermögen gestattete es Juliana, über die Grenzen ihrer Gene und ihrer Vergangenheit, die ihrem Geist Fesseln auferlegt hatten, hinauszugehen. Die neue Art des Sehens machte ihr Aspekte ihrer selbst bewusst, von deren Existenz sie vorher nichts geahnt hatte.

Frederick Schiffer ist der Erfinder der so genannten »2-Hemisphären-Therapie«. Statt wie ich Spezialbrillen zu verwenden, klebt er gewöhnliche Brillengläser ab, um so bestimmte Bereiche der Netzhaut eines oder beider Augen durch Lichteinfall zu reizen. Der Lichteinfall stimuliert diejenige der beiden Gehirnhemisphären, die durch einen früheren Verdrängungsprozess stärker in Mitleidenschaft gezogen wurde. Schiffer schreibt: »Ziel der 2-Hemisphären-Therapie ist es, den Geist derjenigen der beiden Hemisphären zu fördern und zu erziehen, die bisher vernachlässigt wurde. Die gestörte Gehirnhälfte hat nicht selten Ähnlichkeit mit einem traumatisierten Menschen. Das Trauma kann versteckt erhalten bleiben, weil sich der Geist auf der gestörten Seite weigert, der Verbesserung zu trauen oder sie auch nur wahrzunehmen.«

Das emotionale Selbst

Die Fortsetzung von Julianas Geschichte zeigt, welche dramatischen Veränderungen eine Spezialbrille bewirken kann.

FALLGESCHICHTE: JULIANA, DRITTER TEIL

>> Meine Spezialbrille war wirklich etwas anderes. In der Vergangenheit hatte ich nie bemerkt, durch welches Auge ich gerade in meine Umwelt blickte. Die neue Brille gab mir das Gefühl, dass sich alle Energie auf mein rechtes Auge richtete. In Anbetracht der Tatsache, dass mein linkes sonst das dominierende Auge war, empfand ich das

> als äußerst merkwürdig. Jeden Tag trug ich die Spezialbrille ein paar Minuten länger. Zuerst hatte ich sie nur 20 Minuten auf, später dann sogar zwei Stunden. Als eine dritte Stunde hinzukam, fühlte ich mich von einer unglaublichen Energie durchströmt. Etwas Ähnliches hatte ich niemals zuvor in meinem Leben empfunden. Die Energie hatte ihren Ursprung in mir selbst. Sie fühlte sich weich, aber zugleich auch stärker an als alles, was ich bisher kannte. Das war die Kraft, die ich besaß, wenn ich, statt zu reagieren, aktiv auf das Leben zuging. Ich fühlte mich äußerst bewusst und präsent. Ich sah mehr und besser als jemals zuvor in meinem Leben.
>
> Kurz darauf erhielt ich zwei weitere »Weckrufe«. Ich erlangte eine tiefe Bewusstheit meines innersten Selbst. Eines Tages brüllte ich meinen geliebten Mann Frederico an. Normalerweise bin ich eher passiv. Doch dieser erstaunliche Zorn brach aus mir hervor wie aus einem Vulkan. Ich verhielt mich vollkommen unvernünftig, wie ein kleines Mädchen, das sein Unglücklichsein herausschreit. Inmitten meines theatralischen Ausbruchs wechselte ich auf einmal zu meinem Vater über. Ich projizierte den Zorn, den ich auf meinen Vater hatte, auf Frederico. Die Spezialbrille aktivierte diesen lange Zeit unzugänglichen Teil meiner selbst.
>
> Mitten im Zornanfall hielt ich inne und ließ die Erkenntnis auf mich wirken. Ich starrte aus dem Fenster und wurde mir plötzlich dessen bewusst, dass ich, was mit dieser Brille ja eigentlich gar nicht möglich ist, vollkommen klar sah. Ich kann mich gut an das Gefühl erinnern. Mein Körper vibrierte förmlich vor freudiger Lebendigkeit.

Emotionen können wie ein stürmischer Ozean sein. Wenn man sich in einem kleinen Boot auf diesem stürmischen Ozean befindet, dann ist es am besten, mit den Wellen mitzugehen, bis der Sturm vorüber ist. Dieser Art waren auch Julianas überwältigende Gefühle, die sie entdeckte, als sie ihre Beziehung zu ihrem Elternhaus näher untersuchte. Das war der kritische Schritt ihres emotionalen Erwachsenwerdens.

Julianas Geschichte macht darüber hinaus ein weiteres interessantes Phänomen deutlich. Im Zusammenhang mit der Entwicklung bewussten

Sehens habe ich festgestellt, dass das Leben jedes Menschen in 20-Jahres-Zyklen abläuft. Sobald wir 20 Jahre alt sind, erleben wir einen ständig wiederkehrenden Bewusstseinszyklus, immer nach dem Muster der ersten 20 Lebensjahre. Im Alter von 25 Jahren entspricht unser Bewusstseinsstand also dem eines fünfjährigen Kindes. Das verschafft uns einen besonders guten Zugang zu den wichtigen emotionalen Ereignissen dieses Alters. Juliana zum Beispiel hatte genau den richtigen Moment ihres Bewusstseinszyklus erreicht, als sie sich erneut mit ihrer Kindheit auseinander setzte und all das nacherlebte, was diese so schwierig gemacht hatte.

Welche Bedeutung haben diese Bewusstseinszyklen? Jedes Mal wenn Sie sich intensiv mit einer bestimmten Zeit in Ihrer Vergangenheit beschäftigen, werden Sie sich zunehmend des Einflusses bewusst, den diese Zeit auf Ihr gegenwärtiges Sehen nimmt. Ich habe dies bei zahlreichen Patienten und bei mir selbst beobachtet und die Korrelation ist bemerkenswert genau. Bei Juliana kehrten der Zorn und ihre Rebellion, die sie zum ersten Mal im Alter von 14 bis 17 Jahren erlebt hatte, zurück, als sie etwa 35 Jahre alt war. Zum Glück hatte sie sich dafür entschieden, größere Bewusstheit zu erlangen und den Mustern der Reaktivität und der Schuldzuweisungen an andere Einhalt zu gebieten. Juliana war entschlossen, sich von ihrer selbstzerstörerischen Überlebenspersönlichkeit zu befreien. Und zugleich befreite sie, ohne sich dessen bewusst zu sein, auch ihre Familie. Unsere eigene Entwicklung überträgt sich energetisch auf die für sie offenen Familienmitglieder. Julianas Bericht macht das deutlich.

Fallgeschichte: Juliana, vierter Teil

» Fredericos Geschäfte brachten viel Verwaltungsarbeit mit sich und ich half ihm. Ich wollte etwas zu tun haben. Ich spürte so viel Liebe in mir für diesen Mann, dass ich ihn unterstützen wollte, wo ich nur konnte. Außerdem konnten wir Geld sparen, wenn wir darauf verzichteten, jemanden für diese Tätigkeit anzustellen. Eigentlich saß ich nicht gerne am Computer, um Abrechnungen zu machen. Meine Leidenschaft war es, mich zu bewegen, Bauchtanzen zu gehen und zu trommeln.

Eines Tages, als ich gerade die Spezialbrille trug, hatte ich eine Vision. Ich hörte auch Musik. Wie in einem Film sah ich mich, wie ich mitten unter afrikanischen Musikern mit den Händen auf eine Trommel schlug. Dann tanzte ich, bewegte die Hüften. Die Vision zog einen Schleier vor meinen Augen fort und ich sah, was ich bisher nicht gesehen hatte. Dass ich für meinen Mann arbeitete, half natürlich der Familie, doch tatsächlich gab ich dabei einen Teil von mir auf. Ich tat dies im Namen der Liebe und Ehe. Doch was war mit mir? Georgio war alt genug für den Kindergarten und ich hätte Zeit für mich gehabt. Ich musste Zugang zu der tieferen Kreativität in mir finden, die ich in einem selbst gebauten Gefängnis eingesperrt hielt.

Das Leben hat manchmal so seine Überraschungen parat. Frederico reagierte auf meinen Ausstieg aus dem Geschäft, indem er sich zurückzog. Er fühlte sich verlassen und war deprimiert, weil ich ihm nicht mehr half.

Ich lernte eine Frau kennen, die später eine sehr enge Freundin wurde. Dies geschah etwa zu der Zeit, als ich mich mit meiner Weiblichkeit und meinen blockierten sexuellen Gefühlen beschäftigte. Frederico war ein wunderbarer, geduldiger Liebhaber. Doch ich musste nun einen tieferen Bereich meiner selbst untersuchen. Ich wusste, dass meine neue Freundin lesbisch war. Das machte mir nichts aus. Eines Tages, als wir zusammen in der Sauna waren, fingen wir an, einander zu berühren. Ich wusste, dass ich ein Risiko einging. Doch ich hatte das Gefühl, es sei in Ordnung. Da Frederico und ich ein offenes Verhältnis zueinander hatten, sprach ich mit ihm darüber. Wie ich erwartet hatte, wollte er nur das Beste für mich. Mein Mann liebte die Sexualität, die wir vor dieser Zeit miteinander hatten. Wenn die Erfahrung mir dabei half, mich zu öffnen und mich selbst mehr einzubringen, dann war das sehr in seinem Interesse.

Während dieses »Seitensprungs« spürte ich meinen Beckenbereich auf vollkommen neue, tiefe Art. Die vaginalen Gefühle, die ich hatte, waren wie emotionale Explosionen. Erinnerungen an die Kindheit durchströmten mich. Mein Sehvermögen schwankte. Ich hatte das Gefühl, gerade erst geboren zu werden. Ich konnte tagelang die Stra-

> ße ohne Brille entlanggehen und vollkommen klar sehen. Dann wieder trug ich eine Brille, die drei oder vier Dioptrien schwächer war, als es laut Rezept eigentlich erforderlich war, und sah trotzdem großartig. **«**

Das fühlende Selbst

Zu diesem Zeitpunkt während Julianas Reise zu bewusstem Sehen hatten sie und Frederico erfolglos versucht, ein zweites Kind zu empfangen. Ich vermutete ein Hindernis in ihrer gemeinsamen Entwicklung, das das zweite Kind und seinen Geist fern hielt. Sie werden sich sicherlich an meine an früherer Stelle zum Ausdruck gebrachte Auffassung erinnern, dass wir ein Mitspracherecht bei dem Zeitpunkt haben, zu dem unsere Eltern uns empfangen. In Julianas und Fredericos Fall gab es vielleicht noch irgendetwas, was sie vorher abarbeiten mussten. Das Nichtzustandekommen der Schwangerschaft sollte sie vielleicht sanft dazu veranlassen, noch ein wenig tiefer zu suchen. Juliana berichtet folgendermaßen von den Ereignissen.

FALLGESCHICHTE: JULIANA, FÜNFTER TEIL

> **»** Es war unter anderem typisch für mich, nie genau das zum Ausdruck zu bringen, was ich wollte. Mir fiel es schwer, ruhig Entscheidungen zu treffen. Wenn ich einen kleinen Anstoß erhielt, dann konnte ich sehr schnell sein. Aus meiner Überlebenspersönlichkeit heraus war ich dazu in der Lage, innerhalb weniger Tage ein Bankett in der Toskana zu organisieren. In einem Augenblick der Einsicht wurde mir klar, dass ich die Entscheidungen Frederico überlassen hatte, genauso wie auch mein Vater für uns entschieden hatte. Ich glaubte fälschlicherweise, dass er die Macht besaß und ich folgen musste. Erst hinterher, wenn Frustration und Groll sich in mir ausbreiteten, verbalisierte ich meine Bedürfnisse. Hier verbarg sich ein für Frederico und mich äußerst wichtiger Entwicklungsschritt. Wir mussten von Herz zu Herz Zugang zueinander finden, ein jeder von seiner eigenen Macht-

ebene ausgehen. Das war es, worum wir uns in der Folgezeit bemühten.

Eines Abends hatten wir die Zeit füreinander, um all diese Erkenntnisse in die Tat umzusetzen. Georgio übernachtete bei einem Freund. Frederico war sanft. Ich war stark und leidenschaftlich. Ich empfand uns als ebenbürtige Partner. Ich hatte keinen Grund, diesen Mann, den ich liebte, zu bekämpfen. Wir spielten leise Musik, gingen zusammen in die Sauna, aßen herrliche Pasta, zündeten eine Kerze an und sahen einander lange schweigend in die Augen. Das war Sein. Ich sah Frederico mit neuen Augen. Es kam mir so vor, als gelänge es mir zum ersten Mal, seine Schönheit zu sehen, ohne sie durch meine Vergangenheit zu filtern. Viele Erinnerungen kehrten zu mir zurück. Mein Wille war mit dem meiner Eltern zusammengestoßen. Ich übertrug dieses Muster auf all meine Beziehungen zu Männern. Nun lebte ich mit meinem Mann und meinem Sohn zusammen. Mir wurde klar, dass ich mich meinem wirklichen Potential nicht würde öffnen können, bevor ich mich nicht mit diesem Gefühl der Unterwürfigkeit gegenüber Männern auseinander setzte. Als ich darüber nachdachte, bemerkte ich, wie sich Fredericos Augen plötzlich scharf vor mir abzeichneten. Ich hatte keine Brille auf. In diesem Augenblick fühlte ich so viel Liebe in mir. Ich streckte die Arme nach ihm aus und wir nahmen die Liebe zwischen uns an. Ich ließ diese Liebe zu. Ich öffnete mein Herz und meine Augen, um zu spüren und zu fühlen. Je länger ich bei diesem Gefühl blieb, desto deutlicher empfand ich, wie gut es meiner Seele tat. Etwas in meinem Inneren erwachte plötzlich zum Leben. Ich wurde mir meiner selbst bewusst. »

In Julianas Kurzsichtigkeit und Astigmatismus kam zum Ausdruck, dass sie Teile ihrer Persönlichkeit vor sich verschloss. Ihr durch die Kurzsichtigkeit eingeengtes Gesichtsfeld brachte ihre unterdrückten Gefühle zum Ausdruck und sollte sie vor ihren Emotionen schützen. Es war für sie mit erheblichen Schwierigkeiten verbunden, ihre eigene Wahrheit zu leben, mit Leidenschaft ihre Wünsche kundzutun und ihre eigene Kraft für sich zu beanspruchen. Als ihr dies schließlich gelang, erbrachte sie hohe Leistungen in einem Beruf, der ihr voll und ganz entsprach.

Julianas unterdrückte Kreativität war ein weiteres Beispiel dafür, wie ihre blockierten Emotionen und ihre eingeschränkte Sexualität ihren Selbstausdruck behinderten. Sie übte sich darin, sich während des sexuellen Beisammenseins mit Frederico mehr ihren Gefühlen zu öffnen. Mit der Zeit entdeckte sie dabei neue und aufregende Ebenen. Sie stellte sich der Wirklichkeit ihrer Kindheit und besprach sie mit ihrem Vater. Mit ihren Schwestern tauschte sie sich über sexuellen Missbrauch aus und machte sich die mit diesem Thema verbundenen frühen Gefühle bewusst.

All dies brachte einen beeindruckenden Heilungsprozess in Gang, der Juliana schließlich die Gewalt über ihr Leben zurückgab. Sie führte hinfort ihr Leben mit größerer Bewusstheit und konnte sich selbst immer besser und immer weniger zornig zum Ausdruck bringen. Ihre Persönlichkeit wurde zu einem integralen Bestandteil ihrer Selbst. Diese wichtigen Schritte ließen ihre Emotionen fließen und förderten ihre Kreativität. Sie ging nun ihrem Interesse für afrikanisches Trommeln, Singen, Nähen und Bauchtanz nach.

Mit der Zeit fand Juliana heraus, dass ihre Liebe zu sich selbst die Basis für all ihre Liebe darstellt und deshalb besonders gepflegt werden muss. Ihr langer Weg zu bewusstem Sehen hat Juliana dazu befähigt, anderen Menschen mehr geben zu können.

ÜBUNG: ZUGANG ZU GEDANKEN, GEFÜHLEN UND EMOTIONEN

Das fühlende Selbst verdient Anerkennung. Gefühle geben dem Selbst die Fürsorge, die es braucht. Gefühle zulassen heißt, innehalten, sich öffnen und aus unschuldigen Augen sehen. Wie Juliana müssen wir alle aus dem Herzen unseres Bewusstseins sehen. Die nachfolgende Übung soll Ihnen helfen, auf eine Weise zu Ihrer persönlichen Lebensgeschichte zurückzufinden, die all die verschiedenen Teile Ihrer Persönlichkeit einbezieht und bewusstes Sehen vertieft.

- Beschaffen Sie sich Fotos von Ihren Großeltern, und hängen Sie sie dort auf, wo sie Ihnen häufig ins Auge fallen, etwa am Badezimmerspiegel. Sehen Sie sich diese Bilder wenigstens drei Wochen lang täglich drei bis fünf Minuten genauestens an.
- Tun Sie Gleiches mit Fotos von Ihren Eltern und sich selbst. Falls Sie sich in einer Beziehung befinden, dann lassen Sie die gleiche Prozedur auch einem Foto Ihres Partners angedeihen.
- Schreiben Sie Gedanken, Gefühle und Emotionen auf, die in Ihnen aufsteigen, während Sie die Bilder betrachten.

Ich habe mich dieser Übung vor kurzem mit einem Foto meines Großvaters mütterlicherseits unterzogen. Das war eine belebende und emotionale Erfahrung. Mein Großvater war ein sehr mächtiger Mann, mit einer ausgeprägten spirituellen Neigung. Er wusste genau, was er wollte, und erreichte seine Ziele in der Regel. Obgleich er schon vor vielen Jahren verstorben ist, hatte ich bei der Betrachtung seines Fotos doch das Gefühl, deutlich seine Gegenwart zu spüren. Bei einer Gelegenheit ergriff mich beim Anblick des Fotos plötzlich ein Schaudern und ich sah das Gesicht meines jüngsten Sohnes vor mir. Ich spürte eine innige Verbindung zwischen meinem Sohn, meinem Großvater und mir. Diese starke Beziehung weckte in mir ein neues Bewusstsein für meine beruflichen Ziele und für meine Rolle als Vater. Ich wurde bewusster. Ich erreichte eine tiefere Ebene meines Geistes, auf der ich deutlich erkannte, dass ich meinen Sohn mit der Hilfe meines Großvaters erzog. Mir erschloss sich in meinem Inneren eine neue Quelle der Kraft, die mich inspirierte.

Übung: Die genetische Persönlichkeit

- Betrachten Sie nun Farbtafel 7. Sie wird Ihnen helfen, die einzelnen Bereiche Ihrer eigenen Irisstruktur zu integrieren. Beschäftigen Sie sich täglich drei bis fünf Minuten mit diesem Bild.
- Machen Sie sich, während Sie diese drei Iris betrachten, klar, dass Sie in sich das gesamte Universum Ihres Stammbaums gespeichert haben; er ist Bestandteil Ihrer genetischen Persönlichkeit. Stellen Sie sich vor, dass Ihnen jetzt, da Sie Ihre flexible Persönlichkeit in das Gesamtbild Ihrer Seele integrieren, bewusstes Sehen offen steht.
- Machen Sie sich mit den verschiedenen Irisstrukturen vertraut, die da sind Gedanken, Gefühle und Emotionen. Gestatten Sie es diesen Bestandteilen Ihrer selbst zu erwachen. Erlauben Sie ihnen, sich zu integrieren.
- Lassen Sie es zu, dass die Lichtstrahlen, die in der Abbildung die drei Iris miteinander verbinden, auch in Ihnen all Ihre Persönlichkeitsaspekte vereinen.
- Schreiben Sie Ihre Beobachtungen bei der Arbeit mit dieser Abbildung nieder.

5. KAPITEL

Die vierte Dimension des Sehens

Der Inhalt spielt keine Rolle. Du spielst eine Rolle.
RICARDO ROJAS

Im ersten Kapitel stellte ich einen Vergleich zwischen dem menschlichen Auge und einer Kamera an. Der funktionale Sehapparat ist dem einer Kamera ähnlich und ich bezeichne ihn daher als »Kameraauge«. Hinter der Netzhaut aber befindet sich der Mensch, der von seinem Geist und Gehirn aus sieht. Mit diesem Bereich des Auges wollen wir uns nun befassen.

Es ist die Aufgabe des Geistes, foveal gesteuerte Gedanken mit den retinalen Elementen peripheren Sehens zu verbinden. Dieser Prozess sorgt dafür, die einerseits auf Sein und andererseits auf Tun bezogenen Teile unseres Bewusstseins miteinander zu verbinden und ihnen derart vereint eine tiefere Wahrnehmung unseres Lebens zu ermöglichen. Die Augen des Menschen sind so angelegt, dass sie das auf der Netzhaut des linken Auges erzeugte Bild mit dem auf der Netzhaut des rechten zu einem dreidimensionalen Bild verschmelzen. Bewusstes Sehen führt diesen Integrationsprozess jedoch noch weiter. Unter maßgeblicher Einbeziehung des Geistes wird Sehen um eine vierte Dimension vervollständigt. In der schamanischen Ausbildung nach der alten tibetischen Dür-Bön-Tradition wurde diese vierdimensionale Art des Sehens als »günstiges Sehen« bezeichnet, die dem Berufenen die unsichtbare Tiefe physischer Materie in Form von Lichtwellen oder Lichtfärbungen erschließt. Wer »günstiges Sehen« erreicht, der sieht, so wie Sara im ersten Kapitel, mehr als das Offensichtliche.

Das geistige Auge

Um die Tiefe zu erreichen, die bewusstes Sehen ermöglicht, ist es sinnvoll, das Sehen in zwei Bereiche zu zergliedern. Im ersten Bereich wird der einfallende Lichtstrahl vom Kameraauge und vom Gehirn verarbeitet. Danach ist der Geist, der zweite Bereich, an der Reihe, dem wahrgenommenen Lichtphänomen einen Sinn zu verleihen. Diesen zweiten, organisch kaum fassbaren Bereich des Sehapparats bezeichne ich als »geistiges Auge«. Hier werden Gedanken, Gefühle und Emotionen miteinander zu dem Sinn verwoben, den der Mensch dem Gesehenen verleiht.

Mit dem geistigen Auge werden Eindrücke gebildet und wird die Wirklichkeit des Sehens erschaffen. Die meisten Menschen glauben, dass die Wirklichkeit, die sie mit ihrem geistigen Auge sehen, die einzige Wahrheit ist. Tatsächlich aber bestimmen die Überlebenspersönlichkeit und das Maß ihrer Dominanz die Wahrnehmung des geistigen Auges teilweise oder vollständig. Was wir mit dem geistigen Auge erkennen, passiert Filter aus Angst, Zorn und anderen Emotionen, die wir als Folge von Kränkungen entwickelt haben. Sobald diese gefilterten Erkenntnisse in der Matrix des geistigen Auges verankert sind, programmieren sie das Kameraauge auf den neuen Status quo um. Der Zustand des geistigen Auges manifestiert sich mithin im Kameraauge.

Mit der Vorstellung, die wir uns von Raum und Zeit machen, nehmen wir Einfluss auf das geistige Auge. Wenn unsere Ansichten und unsere Auffassung von Raum im Inneren und im Äußeren verzerrt sind, dann kann dies Brechungsfehler verursachen, die sich als Astigmatismus äußern. Das Kameraauge spiegelt das geistige Auge. Was also auf der Ebene von Gedanken, Gefühlen und Emotionen beginnt, kann sich auf die physische Ebene übertragen und dort in der Struktur des Kameraauges manifestieren.

Wir sind an einen Zeitrahmen gewöhnt, in dem wir das Leben unter den Rubriken gestern, heute und morgen betrachten. Bewusstes Sehen ermöglicht Ihnen die Verwendung der mit dem Kameraauge erlangten Informationen, um sich der Programmierung durch das geistige Auge bewusst zu werden.

Das Auge der Vivencia

Der Mensch hat die Möglichkeit, auf eine Ebene seines Geistes zu gelangen, die ihm Sein vor Tun zugänglich macht. Die geistige Ebene, die diese Seinsempfindung ermöglicht, könnte man als »Grund des Seins« bezeichnen, als unermesslichen Quantenraum, der keinen Bezugspunkt für die Zeitmessung enthält. Noch unter dem Grund des Seins befindet sich der »Urgrund« – der Ort absoluten Bewusstseins.

Der Geist oberhalb des Seinsgrundes setzt sich aus verschiedenen Ebenen zusammen, auf denen Gedanken, Gefühle und Emotionen, die den fovealen und retinalen Mitteilungen des Kameraauges entstammen, verarbeitet werden. Um Gedanken und Gefühle vollständig integrieren zu können, müssen Sie sich Ihres eigenen Bewusstseins bewusst sein. Das eigene Bewusstsein in seiner ganzen Tiefe zu erkennen heißt, die eigene Auffassung zu transzendieren und Vivencia zu erreichen. Vivencia nenne ich die Ebene, auf der Sie nicht Ihre Persönlichkeit, Ihre Gedanken, Ihre Gefühle oder Ihre Emotionen sind, sondern ausschließlich Ihr Wesenskern. Vivencia ist der Ort, an dem Sie keine Maske tragen, wo Sie Ihr authentisches Selbst sind. Vom Auge der Vivencia her zu sehen heißt, auf der Basis reinen Bewusstseins wahrzunehmen. An diesem Aussichtspunkt sind Sie im Einklang mit dem, was ist. Sie bleiben unberührt von den wie Wolken vorbeihuschenden Wahrnehmungen und Ihr Sehvermögen ist nicht von Ihrer Überlebenspersönlichkeit beeinträchtigt. Was Ihre Überlebenspersönlichkeit Ihnen mitzuteilen hat, lassen Sie an sich vorüberziehen. Sie richten Ihr Wahrnehmungsvermögen weiter auf das, was ist. Weil Ihnen die Einflüsse des geistigen Auges bestens vertraut sind, gelangen Sie in das Auge der Vivencia.

Jeder Mensch kennt solche außergewöhnlichen Augenblicke, in denen er sich vollkommen vergisst. Die Zeit fliegt und der Raum scheint sich zu verlieren. So manifestiert sich bewusstes Sehen. Auf dieser Ebene können Sie ohne weiteres zwischen reinem Bewusstsein und den Wahrnehmungen unterscheiden, die ihren Ursprung in Ihrer Überlebenspersönlichkeit haben. Die Wirklichkeit ist Ihnen visuell bewusst und Sie lassen sich nicht mehr von Zuständen der Illusion täuschen.

Wenn Ihr Sehen ausgehend von einem Illusionszustand erfolgt, dann projizieren Sie Bedürfnisse wie einen dünnen Vorhang auf alles, was Sie sehen. Es ist gut möglich, dass Sie in einem solchen Zustand nur das sehen, was Sie sehen wollen, nicht aber das, was wirklich ist! In Beziehungen, in denen ein Partner seine Wünsche auf den anderen überträgt, geschieht dies besonders häufig.

Den Raum des geistigen Auges erforschen

Auf der Ebene des geistigen Auges beruht Ihr Sehvermögen auf dem normalen Verständnis des Raum-Zeit-Paradigmas. Sie nehmen Schwankungen in der Qualität Ihres Sehvermögens wahr und können erkennen, ob Ihnen Objekte kleiner, größer, näher oder weiter weg erscheinen. Es ist wichtig, die Wahrnehmungen, die Sie durch Ihr Kameraauge machen, einzusetzen, um Ihr geistiges Auge neu zu programmieren. Bewusstes Sehen verlangt die Mithilfe Ihres Kameraauges, um zu unterscheiden, ob Ihre Wahrnehmungen auf Wirklichkeit oder Illusion beruhen.

Seh- und bestimmte Atemtechniken verhelfen Ihnen zu tieferem Bewusstsein und damit wiederum zur Verfeinerung des Unterscheidungsvermögens Ihrer Wahrnehmung. Zu den erforderlichen Sehtechniken gehören

- das Empfangen und Programmieren des auf die Augen treffenden Lichts,
- das Wissen um die genetischen Informationen, die in der Iris gespeichert sind,
- die Feststellung der verschiedenen Sehweisen des linken und des rechten Auges,
- das Wissen um die Wirkung, die verschiedene Linsen vor den Augen auf die Wahrnehmung haben,
- die freiwillige Beschränkung auf »nacktes« Sehen,
- das Festhalten der in diesem Rahmen gemachten Erfahrungen in einem Tagebuch.

Je genauer Sie durch die Augen, jedes für sich genommen, wahrnehmen, und je schneller Sie die hereinkommenden Informationen integrieren, desto tiefer stoßen Sie in den Bereich dreidimensionalen Sehens vor. Die nachfolgenden Übungen sind eine Vorbereitung auf vierdimensionales Sehen.

In diesem Kapitel werden Sie erfahren, was die verschiedenen Brechungsanomalien wie Kurzsichtigkeit, Weitsichtigkeit und Astigmatismus und die unterschiedlichen Augenkrankheiten über Ihre Überlebenswahrnehmungen offenbaren. Die Beschreibungen dieser Zustände werden Ihnen Fragen an die Hand geben, die Sie sich stellen können, um Ihre Art zu sehen besser verstehen zu können. Das wiederum gibt Ihnen die Erfahrungen und das Wissen, die Ihnen helfen werden, zum Auge der Vivencia zu gelangen.

> **ÜBUNG: SICH SELBST GENAUER ANSEHEN**
> - Halten Sie einen Moment lang mit dem Lesen inne und sehen Sie sich Ihre Augen in einem Vergrößerungsspiegel an.
> - Rufen Sie sich die Farbtafeln 1 bis 7 noch einmal ins Gedächtnis. Die dargestellten Iris ermöglichen Ihnen den Vergleich mit Ihren eigenen Augen. Ihre Augen sind tatsächlich besonders schön. Die Farben und Irisphänomene sind eine visuelle Freude dynamisch pulsierender Energie. Das von der Hornhaut, der äußersten Schicht der Augen, reflektierte Licht ähnelt dem von der Erdatmosphäre widergespiegelten Sonnenlicht.
> - Während Sie Ihre Augen betrachten, stellen Sie sich vor, durch den Weltraum zu schweben. Sie sehen die Planeten des Sonnensystems. Diese Vorstellungsübung hilft Ihnen, Ihr Raumgefühl über Ihre gewohnte physische Umgebung hinaus auszudehnen. Was Sie im Außen beobachten, repräsentiert Ihre eigene Natur, die aufgezeichnete Geschichte der Zeit – mit anderen Worten: Ihre Wahrnehmungen beinhalten eine historische Botschaft, die beeinflussen kann, wie Sie derzeit sehen. Ihre vergangenen Wahrnehmungen können Ihr gegenwärtiges Sehen überdecken. Was

sich außerhalb Ihrer selbst befindet, beeinflusst Ihr Leben auf der Erde, so wie die Sonne Einfluss auf jegliche Materie nimmt.
- Sehen Sie sich Ihre Augen an, und machen Sie sich bewusst, dass sie in sich das genetische Mysterium Ihres Familienstammbaums tragen. Befassen Sie sich mit dem Gedanken, dass die äußere Welt beschaffen ist wie der Innenraum Ihrer Augen. Blicken Sie weiterhin in Ihre Augen, während Sie diese Gedanken im Kopf behalten.
- Jedes Irisphänomen, jede Vertiefung, jede Erhebung fordert Sie auf, sich in einem neuen Licht zu betrachten. Das Öffnen Ihres Geistes für die Möglichkeit, sich selbst anders als bisher wahrzunehmen, ist bereits der erste Schritt, um Ihrem Kameraauge neue ungewohnte Sichtweisen nahe zu bringen.
- Lassen Sie die Muster Ihrer Iris von den Einflüssen der Vergangenheit erzählen, die Sie daran hindern, sich Ihr Potential zu bewusstem Sehen zu erschließen. Denken Sie darüber nach, wie sich die Strukturen Ihrer Iris im Vergleich zu denen Ihrer Eltern unterscheiden. Welche Unvollkommenheiten in der Generation Ihrer Eltern haben bei Ihnen und Ihren Geschwistern zugenommen, welche abgenommen?
- Nachdem Sie sich nun ein paar Minuten lang auf diese Weise mit Ihren Augen beschäftigt haben, versuchen Sie, die folgenden Fragen zu beantworten:
  - Welche Gefühle steigen in Ihnen auf, wenn Sie sich selbst tief in die Augen blicken?
  - Zögern Sie, bestimmte Bereiche Ihrer Augen näher zu betrachten? An welches Erlebnis aus der Vergangenheit erinnert Sie dieses Zögern?
  - Fühlen Sie sich mehr an den einen als an den anderen Ihrer beiden Elternteile erinnert? Wie fühlt sich das an?
  - Gelangen Sie, indem Sie sich auf diese Weise selbst betrachten, an einen Punkt, an dem Sie die Schönheit dessen, was Sie sehen, anerkennen und Liebe für sich selbst empfinden können? Sind Sie dazu in der Lage, diese Liebe auch anderen Menschen ent-

gegenzubringen? Was offenbart Ihnen diese Erfahrung über sich selbst?
- Nachdem Sie sich mit diesen Fragen beschäftigt haben, erinnern Sie sich noch einmal an den im vorangegangenen Kapitel erwähnten 20-Jahre-Bewusstseinszyklus, und überlegen Sie sich, wo Sie mit Ihrem gegenwärtigen Alter stehen. Stellen Sie fest, was damals in Ihrem ersten 20-Jahres-Zyklus in Ihrem Leben eine Rolle gespielt hat, und versuchen Sie sich an spezifische Ereignisse zu erinnern, die in Beziehung zum gegenwärtigen Zustand Ihrer Augen stehen könnten. Wählen Sie vielleicht eine der Übungen aus den ersten vier Kapiteln aus. Entscheiden Sie sich beispielsweise, Ihre Brille weniger zu tragen, verbessern Sie Ihr »nacktes« Sehen, erforschen Sie Ihre Überlebenspersönlichkeit, vergeben Sie einem oder beiden Elternteilen, einem Geschwister oder Lehrer oder reintegrieren Sie die männliche oder die weibliche Seite Ihrer selbst in Ihre Gesamtpersönlichkeit.
- Jedes Mal wenn Sie sich mit der Vergangenheit beschäftigen, versuchen Sie über die Überlebensmechanismen hinauszugehen, die damals Ihr Leben und Sehen bestimmten. Denken Sie daran, aus Ihrer heutigen Perspektive zu sehen. Nutzen Sie die Gelegenheit, sich größere Bewusstheit zu erarbeiten.

Universeller Raum

Um sich die vierte Dimension des Sehens zu erschließen oder durch das Auge der Vivencia sehen zu können, muss man sich beobachten, bewusst sein oder, anders ausgedrückt, durch die Augen die eigene Gegenwärtigkeit leben. Ein Zustand der Gegenwärtigkeit ist erreichbar, wenn man dreidimensionales Sehen so lange praktiziert, bis man plötzlich spürt, wie sich die Wahrnehmung über die normale Sehweise hinaus ausdehnt. Mit einem Mal dringt etwas in das Bewusstsein ein, das man zuvor nicht sehen konnte.

Sie haben bereits einige Sehtechniken und -übungen kennen gelernt, die Ihre Bewusstseinsvertiefung fördern. Nun kommen noch zwei weitere wichtige Übungen hinzu, die Ihren Atem schulen und Ihr Sehen der Kontrolle des Gehirns entreißen sollen.

ÜBUNG: ATMEN

- Beginnen Sie mit dem Atmen. Sie setzen den Atem mit dem Ziel ein, das Denken zu verringern. Atmen aktiviert den Energiefluss. Sie werden von innen heraus zur Inspirationsquelle Ihres Sehens.
- Indem Sie sich darauf konzentrieren, auf Ihren Atem zu lauschen und ihn zu spüren, lenken Sie die Aufmerksamkeit auf Ihren Körper, der Ihnen den tiefsten Zugang zu Ihren Gefühlen verschaffen kann. Bewusstes Atmen verlangsamt die Körperfunktionen; die daraus entstehende Tiefenentspannung gestattet Ihnen ein tiefes Eindringen in Ihren Geist.
- Bewusstes Atmen wird möglich, indem man bei jedem Atemzyklus das Ausatmen ein wenig länger werden lässt als das Einatmen. Auch die Pausen zwischen dem Ein- und Ausatmen können jedes Mal ein wenig länger werden.

ÜBUNG: ÄUSSERER UND INNERER RAUM

Sobald es Ihnen gelungen ist, Ihren denkenden Geist mit entspannendem Atmen und geschlossenen Augen herunterzubremsen, können Sie die nächste Übung unmittelbar anschließen lassen. Sie benötigen hierzu eine brennende Kerze.

- Atmen Sie entspannt weiter und richten Sie Ihre Aufmerksamkeit nun auf die Flamme. Verlassen Sie sich auf Ihre »nackten« Augen – keine Brille oder Kontaktlinsen. Sie müssen die Flamme nicht vollkommen scharf sehen. Achten Sie auf alles, was die Flamme umgibt. Wo im Raum befindet sich die Kerze? Was ist neben, hinter und vor ihr? Denken Sie nicht nach über das, was Sie sehen; konzentrieren Sie sich auf das, was Sie durch Ihre Augen zu der Kerze bringen.

- Dieses Blicken auf die Kerzenflamme hat die Aufgabe, die Kontrolle, die Ihr Gehirn über Ihr Sehen ausübt, zu transzendieren. Indem Sie die Kerzenflamme auf diese Weise anschauen, erinnern Sie sich daran, dass Sie durch Ihre Augen hindurchsehen. Sie transzendieren die Beschränkungen, die Ihnen Ihr geistiges Auge auferlegt. Bewusstes Sehen entwickelt sich, wenn Sie, durch sich selbst inspiriert, durch das Auge der Vivencia sehen. Sie werden inspiriert durch die Sinneseindrücke, die Ihre Augen empfangen. Wenn Ihnen diese Art des Sehens gelingt, dann fühlt es sich so an, als ob Sie in Ihren Kopf oder in Ihr Selbst zurückkehren, ähnlich wie Sara dies im ersten Kapitel erlebt hat.

- Sie können die Übung verstärken, indem Sie sich der Farbtafel 7 bedienen. Die Fotomontage stellt eine Zusammenstellung der zahlreichen Aspekte äußeren und inneren Raums dar. Die Iris sollen Sie an Ihr genetisches Selbst erinnern. Betrachten Sie die drei Iris auf der Vivencia-Ebene. Lassen Sie Ihr Fühlen zu. Versuchen Sie, Ihre Überlebenspersönlichkeit so weit als möglich loszulassen. Stehen Sie über und hinter Ihrer Lebensgeschichte. Stellen Sie sich vor, dass Ihre Vergangenheit in die Dunkelheit des Weltraums gleitet, und dass Sie von der Sonne Lichtstrahlen empfangen, die das universelle Bewusstsein mit Ihrem persönlichen Bewusstsein vereinen. Sehen Sie im Hintergrund der Abbildung den Planeten Jupiter, der Sie daran erinnert, dass bewusstes Sehen unendlich ist.

- Bleiben Sie noch ein wenig bei der Abbildung. Vertiefen Sie sich noch etwas mehr. Stellen Sie sich vor, dass Jupiter wie Ihre Netzhaut aussieht. Machen Sie sich bewusst, dass Sie zugleich äußeren und inneren Raum erfahren. Sie sind mit allem verbunden. Die Übung verstärkt dieses Gefühl von Einheit. Sie meistern die Kunst des Seins im Quantenraum von Vivencia.

> • Üben Sie sich für eine Weile täglich ein paar Minuten darin, mit der Hilfe dieser Abbildung zwischen den verschiedenen Aspekten des Raums vor und zurück zu wechseln. Mit der Zeit werden Ihr innerer und Ihr äußerer Raum miteinander verschmelzen und es werden sich Ihnen neue Dimensionen der Wahrnehmung eröffnen.

Überlebenswahrnehmungen des geistigen Auges

Ich habe festgestellt, dass die Verfassung der Augen meiner Patienten in Beziehung zu ihren Lebensgeschichten steht. Meine Fallgeschichten zeigen, dass jede Augenerkrankung oder Sehstörungen mit einem Überlebensthema, einer Darstellung des geistigen Auges verbunden ist.

Wir sind auf diesem Planeten, um Bewusstheit zu entwickeln. Der Gesundheitszustand der Augen teilt den Weg mit, der zu bewusstem Sehen führt. Als Erstes geht es darum, die Überlebensmechanismen zu erkennen und ihre Kontrolle über die eigene Weltsicht zu reduzieren, denn das geistige Auge versucht den Betrachter zu verführen, alles Gesehene als Wirklichkeit zu interpretieren. Wenn Sehen auf der Vivencia-Ebene erfolgt, dann kann unterschieden werden zwischen den Wahrnehmungen, die auf einem Überlebensmechanismus beruhen, und jenen, die ihren Ursprung in reinem Bewusstsein haben. Bewusstes Sehen heißt deshalb auch, sich aus einer vermeintlichen Opferrolle zu befreien.

Fallgeschichte: Mario, erster Teil

Mario musste sich in seinem Leben mit zahlreichen Überlebenswahrnehmungen seines geistigen Auges herumschlagen. Selbst als er bereits erwachsen war, spulte sein geistiges Auge quälende Bilder aus der Vergangenheit ab, die Mario vorkamen wie ein sich ständig wiederholendes Video. Eine dieser Überlebenswahrnehmungen bezog sich auf ein Erlebnis, das er als achtjähriges Kind gehabt hatte.

Mario war zu Besuch bei seiner fünf Jahre älteren Kusine Gina, die er sehr mochte. Während seines Aufenthalts bewog sie ihn, bei kindlichen Sexspielen mitzutun. Für Mario war dies eine angenehme Erfahrung und er war nun restlos in seine Kusine vernarrt. Mario, der weitsichtig war, bewahrte sich viele Jahre lang seine Liebe zu Gina. Seine Liebe zerbrach jedoch, als Gina später dieses gemeinsame frühe sexuelle Erlebnis leugnete. Als Mario seine Gefühle für Gina ansprach, musste er erkennen, dass Gina weder von ihm noch von der gemeinsamen Erfahrung etwas wissen wollte.

Marios geistiges Auge versuchte dieses frühe sexuelle Erlebnis nachzustellen, wenn er Trost bei anderen Frauen suchte. Er verliebte sich vor allem in Frauen, deren äußere Erscheinung ihn an Gina erinnerte. In seiner Sexualität bemühte er sich fortwährend, jene früheste sexuelle Begegnung zu wiederholen. Mit anderen Worten: Seine Überlebenswahrnehmung von der Begegnung mit Gina hatte die Kontrolle über seine Gegenwart und Zukunft erlangt.

Als er sich psychologische Unterstützung suchte, führte der Therapeut ihn zurück in diese Erfahrung mit Gina. Ihm wurde erklärt, dass es sich bei seiner Erfahrung um sexuellen Missbrauch gehandelt habe. Die sich anschließende Psychotherapie hatte eine verheerende Wirkung auf Mario. Während er sich in Therapie befand, fiel ihm auf, dass seine beiden Augen offenbar immer weniger zu dem gewünschten Zusammenspiel fähig waren. Er sah Doppelbilder und fühlte sich in seiner Konzentrationsfähigkeit eingeschränkt. Eine tiefe Kluft tat sich zwischen seinen männlichen und seinen weiblichen Persönlichkeitsanteilen auf. Seinem geistigen Auge war auf ungeschickte Weise eine neue Überlebenswahrnehmung, die des sexuellen Missbrauchs, übergestülpt worden. Es fiel ihm schwer, seine persönlichen Bedürfnisse wahrzunehmen. Mario fühlte sich zerrissen, bekam seine Angelegenheiten nicht gut in den Griff, brachte Projekte nicht zum Abschluss und konnte keine Langzeitbeziehungen aufrechterhalten.

Mario zog weiterhin Frauen an, mit denen er seine Auffassung von der Vergangenheit ausspielen konnte. Dies geschah auf unschuldige Weise, denn Mario war sich zunächst seiner verdrängten Gefühle nicht bewusst. Nachdem er jedoch die ihm durch den Therapeuten

- suggerierte Vorstellung eines sexuellen Missbrauchs in sich aufgenommen hatte, erhielt er Zugang zu tiefen Gefühlen, die allerdings als Zorn auf Frauen an die Oberfläche kamen. Er wählte emotional gehemmte Frauen aus, die seine sexuellen Aufmerksamkeiten genießen konnten. Während des sexuellen Beisammenseins hatte Mario außerdem die Gelegenheit, seinen Zorn gegenüber Frauen auszuleben.
- Marios Fall ist ein ausgezeichnetes Beispiel dafür, wie verborgene genetische Muster und Lebenserfahrungen die projizierte Sicht des geistigen Auges beeinflussen. Jegliche Liebe, die Mario für eine Frau empfinden konnte, war gegründet auf einer sexuellen Verbindung, die durch den ungeschickten Umgang mit seinen Zorngefühlen und mit seinem fortgesetzten Bedürfnis, die Vergangenheit wiederherzustellen, gefiltert wurde. Mario nahm seine jeweilige Geliebte gar nicht im Jetzt wahr; er versuchte weiterhin, nur Gina zu sehen.

In einem späteren Abschnitt diese Kapitels werden wir Mario nach Peru begleiten. Dort lernte er eine Art des Sehens kennen, die zwischen der Sichtweise des geistigen Auges und der Vivencia-Ebene unterscheidet.

Wie wir bereits festgestellt haben, sieht das geistige Auge die Welt durch das Kameraauge. Der Zustand des Kameraauges, der sich etwa in Kurzsichtigkeit, Weitsichtigkeit, Astigmatismus oder in anderen Sehstörungen äußern kann, lässt Rückschlüsse auf die Wahrnehmungen der Überlebenspersönlichkeit zu. Eine genaue Beschreibung solcher Krankheitsbilder wirft Fragen auf, die Ihnen Ihr eigenes individuelles Sehen verständlicher macht.

Die mit dem Kameraauge aufgezeichneten Wahrnehmungen des geistigen Auges

Nachfolgend will ich Ihnen verschiedene Augenleiden vorstellen und erklären, wie sie mit den Überlebenswahrnehmungen des geistigen Auges in Zusammenhang stehen. Mit den Fragen am Ende der jeweiligen Abschnitte gebe ich Ihnen die Möglichkeit, Ihr Augenleiden unmittelbar für die tiefere Erforschung Ihrer Überlebenswahrnehmungen einzusetzen. Finden Sie heraus, ob Sie die für gewöhnlich starre Überlebenswahrnehmung in eine flexiblere Auffassung verwandeln können, um so Ihren Horizont in Bezug auf Ihr Sehen und auf Ihr Leben im Allgemeinen zu erweitern.

Kurzsichtigkeit

Kurzsichtige Menschen haben Schwierigkeiten mit dem Erkennen von Kleingedrucktem und Objekten in der Ferne. Ihre visuelle Welt ist nach innen projiziert. Ihr Gefühl für sich selbst ist ihnen näher als die Wahrnehmung der Außenwelt. Der visuelle Stil von Kurzsichtigen ist eine logische Herangehensweise. Sie sind in der Regel gute Denker und lesen viel. Es macht ihnen Spaß, über intellektuelle Themen zu reden, und sie vermitteln manchmal den Eindruck, als wüssten sie nicht, was außerhalb ihrer Einflusssphäre vor sich geht. Kurzsichtige überbetonen das Schauen. Sie wollen alles verstehen, suchen nach Erklärungen und möchten über das reden, was sie sehen. Das zeigt sich in der Sehkraft als reduzierte Fähigkeit zu schauen. Ihre Identität ist bestimmt von dem Bedürfnis, die Welt im Kopf zu begreifen.

Wenn Sie selbst kurzsichtig sind, dann bringt Sie die Frage weiter, welche Ängste Sie allgemein haben und welche sich insbesondere auf das Sehen beziehen. Kurzsichtigkeit wird detailliert im siebten Kapitel behandelt.

- In welchen Bereichen meines Lebens leide ich noch unter bisher uneingestandenen Ängsten?

Astigmatismus

Astigmatismus ist der Fachausdruck für eine Zerr- oder Stabsichtigkeit, das heißt für eine nichtpunktuelle Abbildung durch das abbildende System des Auges infolge einer Hornhautverkrümmung. Wer unter dieser Sehschwäche leidet, dem erscheinen gesehene Gegenstände verzerrt, unscharf, oder sie können mit einem Auge sogar doppelt gesehen werden. Astigmatismus ist ein Mechanismus des geistigen Auges, um die Konfrontation mit bestimmtem eingelagerten unbewussten Material zu vermeiden. Die Sehkraft wird verzerrt und verdreht, um sich der Wirklichkeit des Gesehenen nicht stellen zu müssen. Das Leiden kann in Begleitung von ungewöhnlichen Kopf- und Halshaltungen auftreten. Extreme Kurz- oder Weitsichtigkeit tritt manchmal gleichzeitig mit Astigmatismus auf.

Der Zeitpunkt des Auftretens des Astigmatismus kann bei der Feststellung helfen, welche unangenehmen Situationen mit den dazugehörigen Gefühlen und Emotionen möglicherweise unterdrückt wurden. Beispielsweise kann Astigmatismus ein Hinweis auf unbearbeitete sexuelle Themen sein, insbesondere wenn sie, wie in Marios Fall, sehr früh zum Tragen kamen. Astigmatismus wird im neunten Kapitel eingehend behandelt.

- Welche Bereiche meines Lebens habe ich verzerrt?
- Ist irgendein Teil meines Körpers verdreht oder halte ich mich irgendwie verkrampft?

Weitsichtigkeit

Dieser Zustand macht uns vor allem dann zu schaffen, wenn es darum geht, Dinge in unmittelbarer Nähe genau zu sehen. Auch das Sehen von Gegenständen, die sich in großer Entfernung befinden, kann in Mitleidenschaft gezogen sein. Der Weitsichtige projiziert die Welt nach außen. Es fällt ihm schwer, in der unmittelbaren visuellen Umgebung der Ereignisse zu bleiben, und er träumt sich oft aus dem gegenwärtigen Augenblick hinaus. Es bereitet ihm erhebliche Mühe, lange genug im Hier und Jetzt zu bleiben, um zukünftige Auswirkungen absehen zu können. Weitsichtigkeit wird außerdem mit einer genialen Voraussagefähigkeit in Verbindung gebracht; Weitsichtige wissen manchmal intuitiv, was die Zukunft bringt. Das Entwicklungsziel des Weitsichtigen ist die Erdung im Hier und Jetzt, was vor allem Geduld voraussetzt. Weitsichtigkeit wird ausführlich im achten Kapitel besprochen.

- Wo verberge ich Groll und unaufgelösten Zorn?

Alterssichtigkeit

Ab einem Alter von 40 Jahren erleben manche Menschen einen Verlust an Linsen- und Augenmuskelelastizität. In der Folge erscheinen ihnen kleine Details unscharf. In der Fachsprache wird das Leiden als Presbyopie bezeichnet. Besonders häufig tritt es bei Menschen auf, die nach Unabhängigkeit streben. Gerade in diesem Alter findet eine verstärkte Befreiung von den Werten der Eltern statt verbunden mit dem Wunsch, die zweite Lebenshälfte nach den eigenen Vorstellungen zu absolvieren. Frühere übernommene Vorstellungen und Meinungen wie etwa im Hinblick auf Religion und Karriere treten nun hinter das Bedürfnis zurück, die eigene Wahrheit und Vivencia zu leben. Im achten Kapitel gehe ich im Detail auf Alterssichtigkeit ein.

- Auf welchen Bereich meines Lebens kann ich mich mit größerer Genauigkeit und Klarheit konzentrieren?
- Wie kann ich mehr Nähe zulassen?
- Wie geht es mir mit dem Gedanken, jeden Tag etwas weniger zu lesen, und wie kann ich diese Zeit nützen?

Nach außen schielen

Menschen, die schielen oder, wie man auch sagt, Strabismus haben, sind unfähig, die Blicklinien beider Augen auf den gleichen Punkt zu richten. Allgemein wird zwischen Schielen nach innen und Schielen nach außen unterschieden.

Beim Schielen nach außen weicht ein Auge im Vergleich zum anderen nach außen ab. Dieses Augenbild kann deshalb mit dem Wunsch in Verbindung gebracht werden, die eigene Existenz vor einer überwältigenden Wahrnehmung schützen zu wollen. Haltungsstörungen wie etwa eine verformte Wirbelsäule können zu den Begleiterscheinungen zählen. Erinnern Sie sich daran, dass ich im dritten Kapitel auf das rechte Auge als Vaterseite und das linke als Mutterseite hinwies.

- Gibt es eine Verbindung zwischen meinem nach außen weichenden Auge und dem mit dieser Seite assoziierten Elternteil?
- Oder besteht eine Beziehung zwischen meinem Schielen und meinen Fähigkeiten als Mutter beziehungsweise Vater?

Nach innen schielen

Beim Schielen nach innen weicht ein Auge im Vergleich zum anderen nach innen ab. Dies kann fortwährend oder nur zeitweilig zutreffen. Bei zeitweiligem Auftreten ist diese vom Geist verursachte Überlebensstrategie möglicherweise auf einen nur kleinen Wahrnehmungskonflikt zurückzuführen. Bei permanentem Auftreten muss darauf geschlossen werden, dass die mit der Störung zusammenhängende Überlebensstrategie des Geistes komplizierterer Art ist. Mir ist aufgefallen, dass bei vielen meiner ständig nach innen schielenden Patienten ein Elternteil entweder physisch oder emotional abwesend war.

- Gibt es eine Verbindung zwischen dem abweichenden Auge und dem mit dieser Seite assoziierten Elternteil?
- Trifft etwa das betroffene rechte Auge mit einer Abwesenheit des Vaters oder das betroffene linke Auge mit einer Abwesenheit der Mutter zusammen?
- Oder geht es um eine Elternqualität in mir selbst?
- Welche könnte die zugrunde liegende Überlebenswahrnehmung sein?

Schwachsichtigkeit

Diese Sehbeeinträchtigung mit dem wissenschaftlichen Namen Amblyopie ist durch eine Brillenverschreibung welcher Art auch immer nicht zu korrigieren. Die hundertprozentige Sehfähigkeit ist auch mit einer Brille nicht herzustellen. Beispielsweise kann eines der beiden Augen mangels Gebrauch zu wandern beginnen, wobei jedoch das Sehvermögen dieses Auges noch erhalten ist. Innere Konflikte mit dem korrespondierenden Elternteil sind ein guter Ausgangspunkt für die nähere Beschäftigung mit dieser Sehstörung.

Der Begriff »schwachsichtiges Auge« ist ungünstig: Es sollte eher als besonderes Auge gesehen werden, da es sehr viel Aufmerksamkeit bekommt.

- Ist es für mich zu schmerzhaft, bestimmte Aspekte meines Lebens genauer anzusehen?
- Ist eine Seite meiner Persönlichkeit unterentwickelt?

Mückensehen

Wer sich von dieser Sehstörung gequält fühlt, beklagt sich, dass er »Mücken« im Inneren seines Auges sieht und dass diese »Mücken« sein Gesichtsfeld einschränken. Mückensehen kann in einem oder in beiden Augen auftreten. Die das Gesichtsfeld störenden Erscheinungen können in der Form kleinerer bis größerer Punkte auftreten. Augenärzte betrachten diesen Augenzustand in der Regel als unbedeutend, es sei denn, die Dauer und Häufigkeit des Mückensehens nimmt erheblich zu.

- Welches unvollständig verarbeitete Ereignis fliegt in meinem Leben wie ein Mückenschwarm umher?
- Gibt es einen Aspekt meines Lebens, der zu mir zurückkehrt, damit ich ihn neu bewerte?

Grauer Star

Grauer Star beziehungsweise Katarakt ist ein Durchsichtigkeitsverlust der Linse. Mit diesem Krankheitsbild geht in der Regel eine zunehmende Unschärfe des Sehens einher. Ich habe festgestellt, dass grauer Star sich insbesondere bei Menschen entwickelt, die bestimmte Aspekte ihres Lebens im Zuge einer Überlebensstrategie vermeiden. Ihr Auge der Vivencia kann nicht genau wahrnehmen. Die Wirklichkeit ist eingetrübt. So werden Illusionen aufrechterhalten.

- Was verstellt mir den Blick auf meinen Wesenskern, mein wahres Selbst und vielleicht sogar auf meine Seele?

- Gibt es einen Bereich in meinem Leben, der einmal ordentlich ausgeputzt werden muss, einen familiären Konflikt oder sogar ein vernachlässigtes Haus?

Grüner Star

Grüner Star oder Glaukom bedeutet einen zeitweise oder dauernd erhöhten Augeninnendruck. Mit dieser Erkrankung geht häufig eine Abflussbehinderung der wasserähnlichen Flüssigkeit aus dem vorderen Augenbereich einher.

- Auf welche Weise setze ich mich unter übertriebenen Druck?
- In welchen Bereichen fühle ich mich unter Druck gesetzt?
- Sabotiere ich mich selbst, indem ich zu hart arbeite?
- Esse ich Nahrungsmittel, die meiner Gesundheit schaden?
- Bewege ich mich zu wenig?
- Befinde ich mich in einer Beziehung, in der das Feuer erloschen ist und in der ich festsitze?
- Welche Bereiche in meinem Leben leugne ich?

Makuladegeneration

Wie der Name es bereits andeutet, beinhaltet dieses Leiden den Verlust von Sehschärfe im Bereich des so genannten gelben Flecks (Makula) auf der Netzhaut. Der gelbe Fleck ist eine talähnliche Struktur im Auge unmittelbar auf der Sehachse. In der Mitte des gelben Flecks befindet sich die Sehgrube oder Fovea centralis, die Stelle des schärfsten Sehens. Viele meiner Patienten, die unter Makuladegeneration leiden, stehen kurz vor ihrer Pensionierung und fürchten sich vor möglicher Einsamkeit. Ein zentraler Abschnitt Ihres Lebens, Ihr Berufsleben, neigt sich dem Ende entgegen – ein Umstand, der bei vielen Menschen große Ängste auslöst.

- Kann ich mich mit der Tatsache abfinden, dass ich älter werde?
- Verbringe ich zu viel Zeit damit, mein Leben begreifen zu wollen?

- Bin ich zu sehr mit mir beschäftigt?
- Sehnt sich meine Seele nach weiterer Entwicklung?
- Beschäftige ich mich ausreichend mit meinen Gefühlen und damit, wie ich »sehe«?

Iriserkrankungen

Solche Sehstörungen werden durch eine Irritation der Irisstruktur hervorgerufen. Schmerzen, Rötungen sowie ein unangenehmes Gefühl im Auge gehören zu den Begleiterscheinungen. Aus der Perspektive der chinesischen Medizin kann die Ursache mit zu großer Hitze im Metabolismus des Betroffenen zusammenhängen. Dieses Ungleichgewicht ist durch eine »kühle« Ernährung mit frischem Gemüse und jahreszeitlich typischen Früchten zu beheben.

- Trage ich noch nicht zum Ausdruck gebrachten, angestauten Zorn in mir?
- Trage ich jemandem etwas nach?
- Ist da ein Aspekt meines Familienlebens, der mich irritiert?

Hornhauterkrankungen

Die Hornhaut hat neben Linse und Glaskörper die stärkste lichtbrechende Eigenschaft des Auges und entscheidet somit darüber, wie die gesehenen Gegenstände auf der Netzhaut abgebildet werden. Hornhauterkrankungen weisen häufig auf einen inneren Kampf hin, den die betreffende Person zwischen ihrem Denken und Fühlen ausficht.

- Habe ich mich in emotionalen Überlebensstrategien verloren?
- Dränge ich mich der Welt zu sehr auf?
- Gibt es etwas Besonderes, das ich gerade zu erschaffen versuche?

Netzhautablösungen

Hierbei löst sich die Netzhaut von den unter ihr liegenden Gewebeschichten des Auges ab. Das Wort »Ablösung« ist in diesem Zusammenhang metaphorisch wichtig, denn es nimmt Bezug auf Gefühle und Wahrnehmung. Von Bedeutung ist auch, in welchem Auge es zur Netzhautablösung kommt.

- Löse ich mich von einem bestimmten Teil meines Lebens ab?
- Habe ich mich von den Gefühlen im Zusammenhang mit einer bestimmten Situation abgeschnitten?
- Muss ich mich von einem bestimmten Aspekt meines Lebens lösen?

Sehnerverkrankungen

Der Sehnerv stellt die Verbindung zwischen Auge und Gehirn beziehungsweise zum Geist her.
- Blockiere ich den natürlichen Fluss der Dinge?
- Versuche ich mein Leben durch Nachdenken in den Griff zu bekommen?

Wirklichkeit oder Illusion?

Nun, da Sie eine kurze Einführung in den Zusammenhang von Augenerkrankungen und Überlebensmechanismen erhalten haben, wollen wir zu Mario und seiner Reise nach Peru zurückkehren.

FALLGESCHICHTE: MARIO, ZWEITER TEIL
Eine Freundin namens Rosa, die selbst angehende Schamanin war, hatte ihn eingeladen, mit ihr eine Reise nach Peru zu einer Schamanenzusammenkunft zu unternehmen. Als Mario gefragt wurde, was er zu lernen wünsche, nannte er die Unterscheidung zwischen Wirklichkeit und Illusion. Eingedenk dieses Wunsches verlangte der die Zu-

sammenkunft leitende Schamane von Mario eine einwöchige Vorbereitungszeit. Sieben Tage lang nahm Mario nur Wasser und Saft, gedünstetes Gemüse und Früchte zu sich.

»Lass in dieser Woche außerdem die Finger von Sex und Drogen«, forderte ihn Rosa auf. Mario sollte erfahren, wie Verlangen und Bedürftigkeit sich auf die Wahrnehmung seines geistigen Auges auswirken.

Nach Ablauf der Woche fand die Zusammenkunft in einer warmen Nacht in einem üppigen Garten in Lima statt. Der Schamane traf um acht Uhr abends aus dem Dschungel ein. Er trug ein Handy am Gürtel und wies die acht Gruppenteilnehmer an, sich im Gras auf Matten auszustrecken.

Der Schamane hatte einen Trank dabei, den er aus einem Rebengewächs hergestellt hatte. Rosa flüsterte Mario ins Ohr, dass das grüne Getränk »Ayahuasca« heiße. Der Schamane wies sie an, sich nicht in ihren Gedanken zu verstricken und die aufsteigenden Gefühle und Gedanken »wie Wolken am Himmel vorüberziehen zu lassen«.

»Bleibt präsent mit dem Menschen, der ihr hinter all euren Gedanken und hinter dem Inhalt eures Geistes tatsächlich seid«, schloss er seine Ansprache. Dann breitete er für sich selbst eine Decke aus. Schweigen kehrte ein. Die Geräusche der Nacht erfüllten die Stille. Aus einer Coca-Cola-Flasche goss der Schamane ein Glas mit dem grünen Trank halb voll. Er forderte den ersten Teilnehmer auf, zu ihm zu kommen und zu trinken.

Rosa flüsterte Mario zu, dass der Schamane genau wisse, wie viel von dem Trank er jedem Teilnehmer geben müsse. Er überprüfe jeden Teilnehmer kritischen Auges. Nun kam Mario an die Reihe und erhielt etwas weniger als ein halbes Glas Ayahuasca. Er trank den Saft vorsichtig und kehrte dann zu seiner Matte im Gras zurück. Die Nächste war Rosa. An diesem Tag nahm sie Ayahuasca während ihrer spirituellen Lehrzeit zum hundertsten Mal. Sie erklärte Mario leise, wie sich der Trank auf Körper und Gehirn auswirkt.

Ayahuasca verfügt über die natürliche Fähigkeit, die physiologischen Mechanismen des limbischen Systems, das die Tätigkeit der

Neokortex steuert und über kognitive Prozesse bestimmt, auszuschalten. Ayahuasca neutralisiert also die Selbstschutz- und Überlebensmechanismen des Trinkers, der sich des Inhalts seines Geistes bewusst wird. Der Trank gestattet die Unterscheidung zwischen den tatsächlichen, mit den Sinnen wahrgenommenen Ereignissen und dem, was der Geist ihnen im Kopf hinzufügt.

Mario war nun gespannt darauf, seinen bisherigen Lebensweg aus dieser Perspektive zu sehen. Insbesondere interessierten ihn die Ereignisse, die, wie jenes mit Gina, nicht zum Abschluss gekommen waren. Nun verstand Mario die Aufforderung des Schamanen, sich nicht auf den Inhalt des Geistes einzulassen, sondern über ihn hinauszugehen. Er wies Mario an, zu dem Vivenciabereich seines voll realisierten Potentials zu gehen, dem Bereich, in dem Erleuchtung möglich ist, voller Licht zu sein. Mario wusste, dass diese Erfahrung sein Schritt zu bewusstem Sehen und bewusstem Sein war. »Sei darauf vorbereitet«, flüsterte Rosa ihm zu, »nun vom Auge der Vivencia her zu sehen, dem Ort, an dem du nackt und ohne Maske dastehst.«

Mario legte sich hin und schloss die Augen. Entspannung breitete sich in ihm aus. Die äußeren Ereignisse rückten von ihm fort. Er rollte sich in der Fötushaltung zusammen. Bilder tauchten auf. Mitreißend bunte Kaleidoskopbilder durchströmten sein Bewusstsein. Mario fühlte sich von ihrer Intensität ergriffen. Dann fiel ihm die Anweisung ein, dass er alles, was kam, loslassen und sich nicht an Inhalten festhalten sollte. Im gleichen Augenblick verschwanden die farbigen Lichtmuster. Mario hatte das Gefühl, in einen Garten zu treten. Die Pflanzen dort nahmen die Gestalt von Tieren an, die er aus der Natur kannte. Mario wurde dort wie ein alter Freund begrüßt.

Dann hörte er eine Stimme sagen: »Das ist nicht möglich.« Im gleichen Augenblick kehrten die leuchtenden, fließenden Bilder, die ihn an ein Feuerwerk erinnerten, noch intensiver als zuvor zu ihm zurück. Mario fühlte, dass ihm die Kontrolle entglitt. Dann roch er etwas, was ihm wie Zigarettenrauch vorkam. Weit entfernt hörte er Glöckchen klingeln und Gesang. War das der Schamane? Er fühlte die Anwesenheit eines Geistwesens. Er öffnete die Augen, um seine Wahrnehmung auf ihren

Wahrheitsgehalt zu überprüfen. Doch er sah, dass der Schamane nach wie vor an seinem Platz lag. Mario erinnerte sich, dass der Geist, wie Rosa erklärt hatte, während eines Ayahuascarausches ohne den Körper reisen könne. Das war es, was er jetzt miterlebte. Er meinte, den Schamanen an seiner Seite zu spüren, doch war es lediglich sein Geist, denn der Schamane selbst lag ein paar Meter entfernt auf seiner Decke.

Weitere Wellen von Bildern und Körperempfindungen strömten auf Mario ein. Er fühlte in sich den Drang, seine Blase und seinen Darm zu leeren. Mit dem Verstand sagte sich Mario, dass er in den vergangenen Tagen viel zu wenig gegessen und getrunken hatte, um solche Bedürfnisse wirklich zu verspüren.

Doch Marios Körper signalisierte ihm etwas anderes. Diese Diskrepanz veranlasste Mario, noch etwas tiefer zu gehen. Er stellte sich Fragen: Wann glauben wir, was uns unser geistiges Auge diktiert? Wann hören wir wirklich auf das, was uns unser Körper sagt? Wo beginnt das Auge der Vivencia? Welche dieser Mechanismen sind real? Wo beginnt die Illusion?

Unter dem Einfluss von Ayahuasca lernte Mario, zwischen seine wahren Vivencia-Erfahrungen, die von seinem Wesenskern her kamen, und den Überlebenswahrnehmungen seines geistigen Auges zu unterscheiden. Sein Bewusstsein diktierte seinen Augen die Qualität ihrer Wahrnehmung. Die Suche nach bewusstem Sehen wurde für Mario zur Erforschung und Reintegration seines Geistes. Es gelang ihm weit besser, die Wirklichkeit zu erkennen, wenn er sein wahres lebendiges Selbst war, als wenn er aus der Warte von Angst und Erwartung wahrnahm. Ihm war nun bewusst, dass Angst bisher die Basis vieler seiner Wahrnehmungen gewesen war. Die Erkenntnisse des geistigen Auges stiegen aus seinem Gedächtnis auf und jede hinzugewonnene Erinnerung brachte ihn der Freundlichkeit und Überlegenheit seiner flexiblen Persönlichkeit näher.

Mario lag ausgestreckt auf dem Rücken. Er war nun mehr im Reinen mit sich und entspannter. Wieder öffnete er seine Augen. Achtsames Sehen wurde für ihn zur Metapher für Bewusstsein. Er erkannte, dass ein hundertprozentiges Sehvermögen und scharfes Sehen mit dem Zugang zu seinem Bewusstsein gleichzusetzen waren. Er hatte die Brücke zwischen Sehen und Bewusstsein gefunden. Diese Art des Sehens, so begriff er nun, bedeutete den Zugang zu einem beseelten Leben.

Durch das, was Mario in Peru erlebte, erkannte er, dass sich bewusstes Sehen mit den Variablen des genetischen, persönlichen und auf Erfahrungen beruhenden Lebens beschäftigte. Ihm wurde bewusst, wie das Gehirn das Überleben des Menschen ermöglichte. Angenommen etwa, jemand geht durch den Wald und sieht einen Bären. Sich in einem solchen Augenblick an dem hübschen Pelz des Bären zu erfreuen, wie es auf der Vivencia-Ebene wohl geschehen würde, wäre keine angemessene Reaktion. Erforderlich ist vielmehr die Mobilisierung der Fluchtreflexe, um sich so rasch wie möglich aus der Gefahr zu begeben. Dies geschieht natürlich mit dem Reflexapparat des Körpers und nicht mit dem geistigen Auge. Die vollständige Umstellung des Lebens auf solche Überlebensmechanismen bedeutet jedoch die Desintegration des geistigen Auges und das Ende der Ganzheitlichkeit.

Mario wurde deutlich, dass er in solchen Augenblicken mehr war als seine Gedanken und Vorstellungen. Hinter dem Schleier aus Angst und Täuschung verbarg sich ein ganz anderer Mensch. Er hatte in seinem Inneren etwas wie eine zweite, authentischere Persönlichkeit. Um ihretwillen kam er zu dem Schluss, dass er hinfort bewusster leben musste. Er wollte sich mehr mit dem wirklichen Sein beschäftigen statt mit den Illusionen, die ihren Ursprung in seinen Überlebensmechanismen und Ängsten hatten.

In den frühen Morgenstunden spürte Mario, dass die Wirkung des grünen Tranks langsam nachließ. Er hatte das Gefühl, sehr stark in der Gegenwart zu sein und sein Herz weit geöffnet zu haben. War es die Wirklichkeit, oder waren es seine Überlebensmechanismen, die ihm den Gang zur Toilette diktierten? Er wusste, dass er kaum etwas gegessen hatte. War es also Angst, die ihn trieb? Der Drang war stark. Er wickelte sich aus seiner warmen Decke und machte sich auf den Weg zum Abort. Er war froh, sich dort hinsetzen zu können. Als er sich erleichtert hatte, überwältigte ihn das Gefühl, einen großen Teil seiner selbst an die Kanalisation von Lima losgeworden zu sein.

Farbtafel 1 (Vorwort): Sehen Sie Ihr Auge

Farbtafeln

Die nachfolgenden Abbildungen dienen der Entwicklung Ihres bewussten Sehens. Die Abbildungen sind den einzelnen Kapiteln des Buches zugeordnet. Es ist sinnvoll, sich an die vorgegebene Abfolge der Phasen Schauen, Sehen und Fusion zu halten, um auf jeder dieser Ebenen die Meisterschaft zu erreichen. Lesen Sie eventuell ein Kapitel zum zweiten Mal, bevor Sie Ihr Üben mit der nächsten Fotokollage fortsetzen.

Achten Sie, während Sie auf die Farbtafeln blicken, darauf zu atmen. Sollten Ihre Augen ermüden, dann schließen Sie sie und decken sie eine Zeit lang mit den Handflächen ab, damit sie sich entspannen können.

Viel Freude dabei!

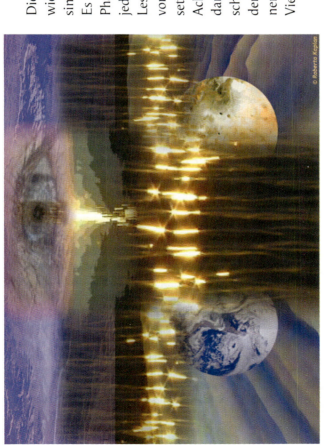

Lassen Sie das Licht punktuell auf der Fovea auffallen. Sie selbst und die Art Ihres Sehens sind mit dem Universum verbunden. Schauen Sie und sehen Sie.

Farbtafel 2 (1. Kapitel): Die Anatomie des Auges und das Licht

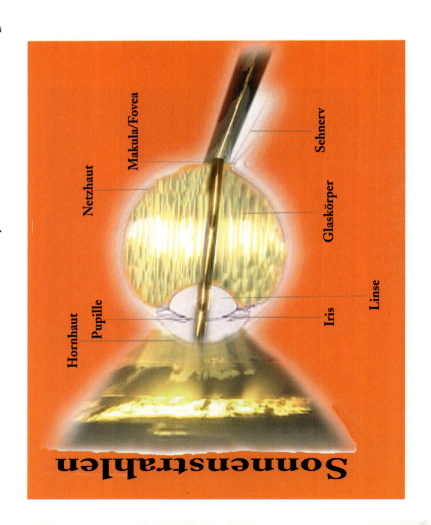

Farbtafel 3 (1. Kapitel): Erleben Sie das Licht in Ihrem Auge und um Sie herum

Stellen Sie sich vor, dass Sie sich in Ihrem Auge befinden und dass es dort ist wie in einer dunklen Höhle. Im vorderen Teil ist eine kleine Öffnung, durch die Sie das Licht eintreten sehen können. Die Wände der »Höhle« bewahren die ewige Geschichte der Zeit. Sie werden zum Licht. Sie werden erfüllt von universellem Bewusstsein.

Farbtafel 4 (2. Kapitel): Schauen Sie auf die Flamme in der Mitte der Abbildung.

Fixieren Sie die Flamme in der Mitte. Nehmen Sie die Bilder wahr, die um die Bildmitte gruppiert sind. Was sich in Ihrem peripheren Sehbereich befindet, ist unscharf. Sie können spüren und fühlen, was präsent ist. Atmen Sie. Stellen Sie fest, was sich im Umfeld der Flamme befindet. Sind Ihnen die beiden Augen aufgefallen, die Sie anschauen? Wie fühlt es sich an, betrachtet zu werden?

Farbtafel 5 (3. Kapitel): Die Irisstruktur

Sehen Sie die glatte Oberfläche eines Teiches oder eines Sandstrands. Achten Sie auf blütenblattähnliche Formen. Bemerken Sie die schwebenden Wolken. Halten Sie Ausschau nach den bergähnlichen Strukturen.

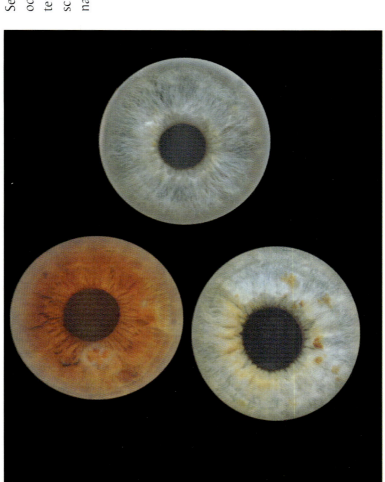

Farbtafel 6 (3. Kapitel): Visuelle Kontemplation

Blicken Sie auf die Flamme zwischen den beiden oberen Iris. Lassen Sie Ihre Augen zu den weniger deutlich wahrnehmbaren Einzelheiten wandern. Sehen Sie die zugrunde liegenden Lichtmuster. Licht besteht aus geometrischen Formen. Sehen Sie Gesichter? Wie fühlen Sie sich?

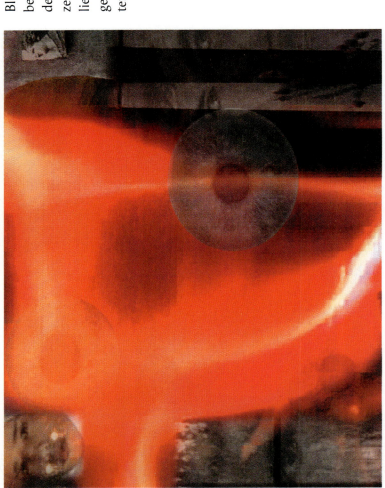

Farbtafel 7 (4. und 5. Kapitel): Visuelle Verbindung zum Bewusstsein

In Ihrem Sein ist das gesamte Universum enthalten. Lassen Sie zu, dass die Lichtstrahlen die verschiedenen Teile Ihrer Persönlichkeit und Ihren Familienstammbaum metaphorisch miteinander verbinden. Spüren Sie, wie sich Ihre flexible Persönlichkeit in Ihr einzigartiges Bewusstsein integriert.

Farbtafel 8 (6. Kapitel): Die Tiefe des Sehens

Schauen Sie auf die einzelnen Elemente des Bildes. Nehmen Sie zur Kenntnis, dass Sie auf eine bestimmte Stelle blicken und trotzdem zugleich viele weitere Elemente wahrnehmen können. Erhalten Sie sich Ihre innere Stille. Bewahren Sie sich Ihr Raumgefühl.

Farbtafel 9 (6. Kapitel): Auswärtsschielen

Sehen Sie auf die vertikale Linie zwischen den beiden Fotos. Richten Sie beide Augen auswärts. Blicken Sie zwischen den Bildern hindurch, so als würden Sie durch die Buchseite hindurchschauen. Sehen Sie zwei Linien. Richten Sie beide Augen noch weiter auswärts bis Sie drei Bilder sehen. Atmen Sie, entspannen Sie sich und betrachten Sie das mittlere Bild.

Farbtafel 10 (6. Kapitel): Einwärtsschielen

Richten Sie beide Augen einwärts. Blicken Sie auf die vertikale farbige Linie, die sich in zwei zerteilt, und beobachten Sie sie. Richten Sie beide Augen noch weiter einwärts, bis zwischen den beiden Linien ein drittes Bild erscheint. Atmen Sie, entspannen Sie sich und betrachten Sie das mittlere Bild. Beachten Sie, wie die Augentafeln wie aus dem Bild heraus und auf Sie zuzuspringen scheinen.

Farbtafel 11 (7. Kapitel): Natalies Iris

Betrachten Sie die Irismuster von Gedanken, Gefühlen und Emotionen.

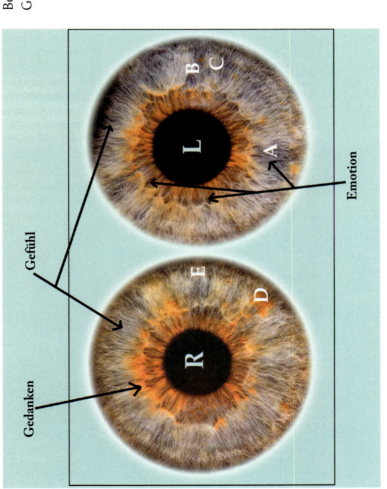

Farbtafel 12 (7. Kapitel): Kurzsichtigkeit – Auswärtsschielen und Erweitern

Richten Sie beide Augen auswärts. Blicken Sie durch die Bilder hindurch, als würden Sie hinter die Buchseite auf einen Punkt jenseits von ihr blicken wollen. Sehen Sie vier oder drei Augentafeln. Richten Sie beide Augen noch weiter auswärts, bis Sie deutlich drei Augentafeln sehen. Welche Buchstaben enthalten die Augentafeln? Atmen Sie, entspannen Sie sich und erforschen Sie die Tiefe des mittleren Bildes. Achten Sie darauf, was Sie in der Peripherie sehen.

Farbtafel 13 (8. Kapitel): Weitsichtigkeit – Einwärtsschielen und Fokussieren

Richten Sie beide Augen einwärts. Richten Sie Ihren Blick auf einen Punkt zwischen Ihren Augen und der Abbildung. Sehen Sie vier oder drei Augentafeln. Richten Sie beide Augen noch weiter einwärts, bis Sie deutlich drei Augentafeln sehen. Welche Buchstaben enthalten die Augentafeln? Atmen Sie, entspannen Sie sich und erforschen Sie die Tiefe des mittleren Bildes. Achten Sie darauf, was Sie in der Peripherie sehen.

Farbtafel 14 (8. Kapitel): Alterssichtigkeit

Richten Sie beide Augen leicht einwärts, bis Sie vier schwarze Punkte sehen. Halten Sie Ihre Augen in dieser Position. Beachten Sie, dass die mittlere Textspalte keinen schwarzen Punkt aufweist. Finden Sie heraus, ob Sie die zweite und die vierte Textspalte lesen und durch den schwarzen Punkt hindurchsehen können. Richten Sie beide Augen noch weiter einwärts, bis Sie drei schwarze Punkte und sieben Textspalten sehen. Stellen Sie fest, wie weit der mittlere schwarze Punkt hervorsteht. Zoomen Sie Ihre Augen zwischen den Buchstaben an der Wand und der Punkt- und Textspaltenebene hin und her.

Farbtafel 15 (9. Kapitel): Astigmatismus – Integration von Vertikale und Horizontale

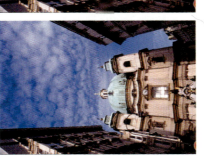

Richten Sie beide Augen leicht einwärts, bis Sie fünf Bilder sehen. Behalten Sie diesen leicht einwärts gekehrten Blick bei. Blicken Sie auf das zweite Bild, und versuchen Sie, all seine Teile scharf zu sehen. Stellen Sie fest, ob es Ihnen schwerer fällt, den vertikalen Bereich scharf zu sehen. Behalten Sie den leicht einwärts gekehrten Blick bei und betrachten Sie nun das vierte Bild. Versuchen Sie wieder, all seine Teile scharf zu sehen. Stellen Sie fest, ob es Ihnen schwerer fällt, den horizontalen Bereich scharf zu sehen.

Farbtafeln 16 und 17 (9. Kapitel): Astigmatismus – Diagonale Verzerrung

Richten Sie beide Augen leicht einwärts, bis Sie drei Bilder sehen. Behalten Sie diesen leicht einwärts gekehrten Blick bei und versuchen Sie, alle Teile des mittleren Bildes scharf zu sehen – zunächst in der oberen und dann in der unteren Bildreihe. Was sonst noch sehen Sie in den mittleren Bildern?

Farbtafeln 18 (10. Kapitel): Augenkrankheiten – Erwache und siehe!

Blicken Sie tief in das Innere dieses Bildes. Gestatten Sie es Ihren Gefühlen und Emotionen, an die Oberfläche zu kommen. Lassen Sie jetzt den Schmerz der Vergangenheit davonziehen. Was sonst noch empfinden Sie beim Anblick dieser Fotokollage?

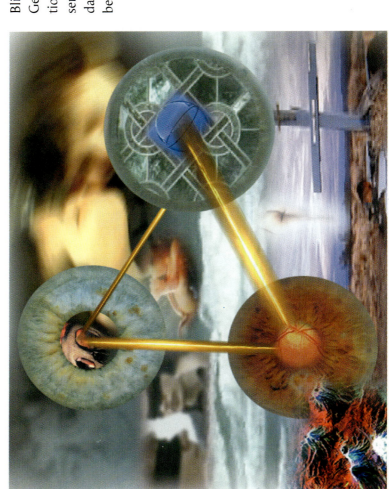

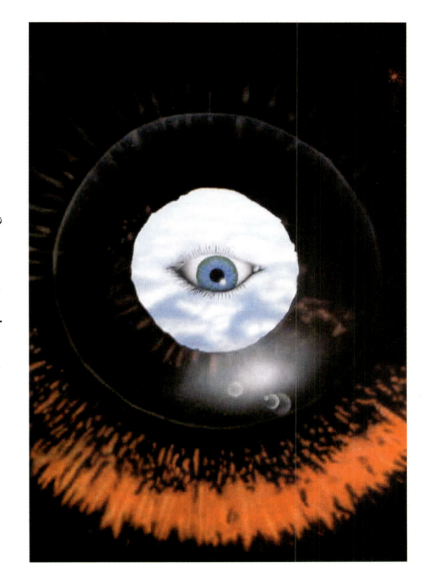

Farbtafel 19 (11. Kapitel): Das Auge der Vivencia

Zugleich überfiel ihn eine plötzliche Angst. Mario stellte sich vor, dass der Behälter sich füllte und bald seinen Hintern berühren würde. Er sprang hoch, um die relativ leere Schüssel hinunterzublicken. Ihm wurde klar, dass er Angsthalluzinationen hatte. Da er sich aber noch immer unter dem Einfluss des Ayahuasca befand, konnte er zwischen Wirklichkeit und Illusion unterscheiden. Beim nächsten Mal würde er sich nicht mehr von seiner Angst überwältigen lassen. Er würde sie sehen und erkennen. Die Erfahrung zeigte ihm, welche Macht Angst über einen Menschen hat: Sie erzeugt falsche Wahrnehmungen. Ist mein Leben von Angst dominiert?, fragte sich Mario. Die Fähigkeit, zwischen Wirklichkeit und Illusion zu unterscheiden, warf beängstigende Fragen auf.

Mario kehrte an seinen Platz im Gras zurück und blickte zu Rosa. Sie lächelte. Mario ging davon aus, dass sie wusste, was er erlebt hatte. Die durch Ayahuasca ermöglichten erstaunlichen Erfahrungen waren ihr nicht neu.

Mario fühlte sich in Rosas Augen hineingezogen und erinnerte sich an sein Studium an der Universität und an eine Stelle in der Dissertation von Robert Kellum: Das Selbst bleibt die Erkenntnis, dass man das Zentrum des Bewusstseins ist. Das Vermögen, dieses Gewahrsam beizubehalten, während man sich auf eine Erfahrung einlässt, ist die Fähigkeit, sich auf seinen innersten Kern zu fixieren. In unserer Konzentration auf diese Variable liegt unsere Selbstidentifikation. Das Selbst, befreit von den verschiedenen Persönlichkeiten seiner wesentlichen Erfahrungen, das Selbst, das sich von den Inhalten de-identifizieren und durch eine Reihe von verschiedenen psychischen Zuständen fließen kann, während es sich als das Zentrum des Bewusstseins erkennt, in seiner sozialen Konstellation seines Seins. Ein Selbst mit einer klaren zentralen Fixierung fähig ist und sich nicht durch die Dominanz eines eingeschränkten Seins in Nebel auflöst.

Mario bewegte sich noch tiefer in Rosas Augen hinein. Er dachte: »Ich befinde mich im Zentrum meines Bewusstseins. Mein Bewusstsein ist mit dem in meiner Umwelt vorhandenen Bewusstsein verbunden.« Genau in diesem Augenblick sah er Rosas Gesicht plötzlich vollkommen klar. Mario erkannte jedes Detail ihrer olivenfarbenen Haut. Deutlich nahm er im frühen Morgenlicht die vereinzelten Sommersprossen wahr. Die Erfahrung stand im krassen Widerspruch zu seiner bisherigen Unfähigkeit, ohne Brille auch nur irgendein Detail in der Nähe zu erkennen.

Rosa sagte: »Mario, du musst erkennen, dass du ein Schamane bist. Deine Gegenwart erzeugt Magie. Jeder Mensch hat schamanische Fähigkeiten. Deine liegen in deinem Herzen. Bewusst sein heißt für dich, dir der Möglichkeiten deiner sensorischen Erfahrungen bewusst zu sein. Sehen heißt, mit den Augen spüren, was im Unsichtbaren möglich ist.«

»Bewusstes Sehen bedeutet«, fuhr Rosa fort, »durch den physischen Körper leben, die Möglichkeiten dessen, was im Inneren, in der Vergangenheit und in der Umgebung der wahrgenommenen physischen Wirklichkeit ist, zu spüren. Es ist ein Irrtum zu glauben, dass wir unser Bewusstsein oder unser Sehen entwickeln müssen. Wir alle befinden uns in einem Prozess, in dem wir uns unserer Bewusstheit gewahr werden. Geh heim und bring anderen bei, dass sie das Potential, bewusst zu sein, haben. Wenn wir bewusst sind, sehen wir. Die uns umgebende physische Wirklichkeit enthält bereits die Möglichkeit zu bewusstem Sehen. Da ist etwas in uns, das erwacht und sich auf das ausrichtet, was bereits vorhanden ist. An uns muss nichts repariert werden. Wir haben keine Probleme. Wir müssen uns lediglich auf die Frage einstimmen, warum wir in dieser Wirklichkeit unser Sehvermögen dem Gewahrsein verschließen.«

Rosa fuhr Mario zum Abschied mit der Hand über die Wange. Dann ging Mario, um sich auszuruhen.

Er hatte einen Traum. Oder war es Wirklichkeit? Gina kam, um ihn zu besuchen. In ihrem Gesicht war das gleiche Lächeln wie damals, als er acht Jahre alt gewesen war. Nachdem sie durch die Augen mit ihm Verbindung aufgenommen hatte, sagte Gina zu Mario: »Ja, ich erinnere mich an die Dinge, die vor so vielen Jahren geschehen sind. Für mich war die Erfahrung nicht so überwältigend wie für dich. Ich habe dich von ganzem Herzen lieb, und ich wünsche mir, dass du erkennst,

> dass ich damals diese Liebe nur auf diese Weise ausdrücken konnte. Inzwischen hast du gelernt, anders zu sehen. Nun sieh mich und alles um dich her, wie es jetzt ist. Sieh, was ist.«
>
> Mario ließ Ginas Worte in sich eindringen. Wie ein Auto, das durch die Waschanlage fährt, fühlte er, wie er von den Fehlwahrnehmungen der Vergangenheit gereinigt wurde. Er schreckte plötzlich aus dem Schlaf auf und hörte den rasenden Verkehr in der Stadt Lima.

Mario hatte sich auf den Geist des Schamanen und der Tiere eingelassen. Dies war nicht mit der Unterstützung seines Kameraauges geschehen. Er hatte auf einer tieferen Ebene, von seinem Auge der Vivencia her, gesehen. Hier vermochte er seine Wahrnehmung genau zu untersuchen und zwischen Wirklichkeit und Illusion zu unterscheiden. Durch seine Erfahrung mit Ayahuasca verfeinerte er seine Wahrnehmungsfähigkeit und gewann die Liebe zurück, die er für Gina empfand. Nur war diese Liebe jetzt im Geist statt im Körper zentriert. Nachdem es Mario erst einmal gelungen war, die Wahrnehmungen seines Kameraauges zu integrieren, konnte er über die begrenzten Möglichkeiten seines auf reines Überleben programmierten geistigen Auges hinausgehen. Er hatte nicht mehr das Bedürfnis, ein falsches sexuelles Bedürfnis auf andere zu projizieren. Mario nahm Frauen nun bewusst so wahr, wie sie waren. Er ging physisch eine Verbindung mit der tatsächlichen Wirklichkeit der Frau ein, mit der er zusammen war, und nicht mehr mit einer Projektion, die er in der Vergangenheit gebraucht hatte.

Mario hatte an einem Schamanenritual teilgenommen, das sich der Wirkung halluzinogener Pflanzen bediente, und seine Erkenntnisse waren unter diesem Einfluss zu ihm gekommen. Doch ist es auch ohne spezielle Rituale und Drogen möglich, Leben und bewusstes Sehen neu zu strukturieren und ein Leben durch das Auge der *Vivencia* zu führen. Indem Sie wie Mario bei dem bleiben, »was ist«, gelangen Sie zu einem Beobachtungszustand, der bewusstem Sehen unmittelbar vorausgeht.

6. KAPITEL

Bewusst sein – Gedanken und Gefühle verschmelzen

Wir haben nun viele Faktoren untersucht, die zur Entwicklung der Persönlichkeit beitragen. Wir haben über Gedanken, Gefühle und über die emotionalen Aspekte der Persönlichkeit diskutiert und uns die Wesenszüge angesehen, die auf elterlichen Einfluss zurückgehen. All dies haben wir zu einem Bild zusammengefügt, um zu begreifen, welche Verbindung zwischen Persönlichkeit und Sehen besteht. Uns ist die Beziehung zwischen Denken und Schauen aufgefallen, und wir haben festgestellt, dass Fühlen und Sehen zu einem tieferen Verständnis des emotionalen Selbst führen. Mit all diesen Informationen haben Sie den ersten, entscheidenden Schritt hin zur Verschmelzung Ihrer Persönlichkeit mit Ihrem Wesenskern und damit zu bewusstem Sehen getan. Mit zunehmender Bewusstheit entwickeln Sie ein Gespür für den Menschen, der Sie wirklich sind, und damit für Ihre Identität. Im Idealfall ist Ihre Identität das Ergebnis des Begreifens und Akzeptierens Ihres Wesenskerns und Ihrer Lebenserfahrungen, die Ihre emotionale Geschichte einschließen. Eine gesunde, wohlintegrierte Persönlichkeit gibt diese Identität genau wieder und ermöglicht es Ihnen, sich frei zu bewegen und mühelos mit der Welt zu interagieren. Sie setzen sich zu Ihren Mitmenschen auf klare und folgerichtige Weise in Beziehung. Damit sind Sie dazu in der Lage, Ihre Augen zu bewusster Wahrnehmung einzusetzen.

Andererseits kann es zu unbewusstem Handeln kommen, wenn ein Mensch unfähig ist, seine Erfahrungen in seine Identität zu integrieren. In einem solchen Fall ist es vielleicht schwierig, etwa die Konzentration auf den Beruf oder eine Beziehung länger als nur ein paar Monate aufrechtzuerhalten. Dem Leben mangelt es an Erfüllung, bedeutsame Freundschaften fehlen und der Beruf befriedigt nicht.

Wenn wir uns mit einer solchen Disharmonie konfrontiert sehen, dann gehen mit ihr häufig Umstände einher, die uns zwingen, uns neuerlich mit Emotionen zu beschäftigen, denen wir uns in der Vergangenheit nicht stellen wollten. Zum Beispiel wird jemand, der als junger Mensch eine konfrontative Beziehung zu seiner Mutter hatte, häufig später im Leben eine Verbindung mit einem Menschen vergleichbarer Eigenschaften eingehen. Die in einer solchen Bindung erlebten Gefühle können jenen ähneln, die zu akzeptieren in der Jugend so schwer gefallen ist. Damit tut sich die Gelegenheit auf, diese Gefühle zum zweiten Mal, doch diesmal aus einer anderen Perspektive zu untersuchen.

Patienten, die sich um bewusstes Sehen bemühen, machen in ihrem Leben oft vergleichbare Erfahrungen. Während sie daran arbeiten, ihr Sehvermögen zu verbessern, eröffnen sich ihnen zugleich Möglichkeiten, Klarheit auch im Hinblick auf ihr Gefühlsleben zu schaffen. Offenbar wird man, wenn man bewusstes Sehen erreicht, zugleich auf ein tieferes universelles Bewusstsein eingestimmt, das weiser ist und umfassender als das eigene. Es sorgt insofern für Führung, als es Ereignisse fördert, die den eigenen Wesenskern bewusster werden lassen. In diesem Zustand der Ausrichtung bringt die Lebensreise genau die Reflexionen und Botschaften hervor, die erforderlich sind, um die verdiente Klarheit und Freiheit zu erlangen.

Wenn persönliches auf universelles Bewusstsein ausgerichtet ist, dann wird eine andere Bewusstseinsebene erreicht und die Existenz nicht mehr nur auf die Identität reduziert. Die ausschließliche Bezugnahme auf eine mentale Vorstellung des Selbst stellt nicht mehr zufrieden. Sara im ersten Kapitel erreichte dieses Sehen zum Teil, als sie ihre Erfahrungen in der Höhle machte; Matthew im dritten Kapitel erlebte Vergleichbares im Beisein seiner Partnerin und als er in eine Kerzenflamme blickte; Juliana im vierten Kapitel hatte sich auf Drogen, Kontaktlinsen oder eine Brille verlassen, bis sie herausfand, dass sie das gewünschte Sehvermögen auch ohne all dies erreichen konnte; Mario im fünften Kapitel war es gelungen, mit der Hilfe von Ayahuasca seinen Geist zu beobachten, bewusst zu werden und aus seinem Wesenskern heraus zu sehen.

Je bewusster Sie sich Ihres eigenen Bewusstseins werden, desto besser gelingt es Ihnen, Ihr Leben auf die Basis Ihres Wesenskerns zu stellen. Ihr wahres Wesen und der universelle Wesenskern werden ein integrales Ganzes. Ihr Sein basiert auf Ihren persönlichen Bedürfnissen und ist dabei im Einklang mit den Bedürfnissen der Erde. So manifestieren Sie schließlich Ihre wahren Intentionen und schreiben das Drehbuch Ihres Lebens selbst.

Wer jedoch auf sein Ego eingestimmt ist oder versucht, seine Identität durch Angst oder Zorn zu manifestieren, der ist ein »falscher Drehbuchschreiber«. In einem solchen Fall sind die kreativen Möglichkeiten in der Regel äußerst beschränkt. Entscheidend ist es, die Ausrichtung des persönlichen auf das universelle Bewusstsein immer wieder zu versuchen und Rückschläge auf dem Weg nicht persönlich zu nehmen, sondern als neutrales Feedback zu betrachten. Dieses Feedback des Lebens hilft Ihnen, Ihre falsche Sicht der Wirklichkeit als das zu durchschauen, was sie ist.

> **ÜBUNG: KERZENÜBUNG**
>
> Aus der praktischen Perspektive betrachtet beginnt die Autorenschaft des eigenen Lebensdrehbuchs mit Stille. Diese Übung nutzt Atem- und Sehtechniken, um den Geist zu beruhigen und eine dem Gewahrsein und der Beobachtung vorausgehende Entspannung hervorzurufen.
>
> - Setzen Sie sich in bequemer Haltung vor eine brennende Kerze, die genau vor Ihnen steht. Sehen Sie die Kerzenflamme mit weichem Blick an und machen Sie sich Ihren Atem bewusst.
> - Ihr Atem soll in drei Phasen vor sich gehen:
>   1. Einatmen als symbolischer Beginn des Lebens und als Einladung an das universelle Bewusstsein, Sie zu durchdringen
>   2. Ausatmen
>   3. Ein neuerliches Einatmen, womit sich der Zyklus schließt. Die Phase des Ausatmens soll langsamer und bewusster vonstatten gehen als die beiden Phasen des Einatmens. Mit jedem Ausatmen entlassen Sie unerwünschte Gedanken und Gefühle.

- Sobald Sie diese Art der Bewusstheit problemlos aufrechterhalten können, fügen Sie nach dem Ausatmen eine kleine Pause ein. Machen Sie die Pause jedes Mal ein wenig länger. Genießen Sie die Erfahrung des »Nichts« in dieser Phase.
- Mit Übung und Bewusstheit wird die Phase des »Nichts« zu dem gesuchten Punkt absoluter Stille. Ihre Gedanken und Gefühle werden durch eine innere Ruhe ersetzt.

Übung: Gedanken und Gefühle verschmelzen

Erweitern Sie die obige Übung, indem Sie die stille Phase zwischen dem Ein- und Ausatmen nutzen, um sich Ihre Gefühle bewusst zu machen. Diese Methode kann Ihnen die Integration Ihrer Gefühle und Gedanken erleichtern. Die Kerzenflamme stellt die visuelle Verbindung im Prozess her, da das Licht zugleich die Netzhaut und die Sehgruben Ihrer Augen stimuliert. Denken Sie daran, dass Schauen zum Denken und Sehen zum Fühlen in Beziehung steht.

- Beobachten Sie die Kerzenflamme, ohne sich dabei anzustrengen. Gestatten Sie Ihrem beruhigten Geist, sich alles bewusst zu machen, was Ihre Augen sehen. Dabei soll die Phase des Ausatmens das Denken des Geistes neutralisieren. Das Einatmen versorgt Ihr Blut mit Sauerstoff und stimuliert Ihr Sehvermögen. Während der Pause zwischen dem Ein- und Ausatmen lassen Sie alles los und konzentrieren sich auf Ihr Fühlen.
- Achten Sie darauf, wie sich die Stille auf Ihr Sehen und Schauen auswirkt. Möglicherweise stellen Sie fest, dass sich das, was Sie durch Ihre Augen sehen, zu verändern beginnt.
- In einem solchen Beobachtungszustand integrieren Netzhaut und Sehgruben Licht auf eine Weise, die Ihnen besseren Zugang zu Ihren Gefühlen verschafft und Ihre Sinneswahrnehmung schärft. Gefühle, die Sie in einem solchen Zustand erleben, haben ihren Ursprung in den tieferen Schichten Ihres Seins.

Präsenz

Nehmen Sie sich wenigstens einmal täglich Zeit für diese Übungen, sechs Tage pro Woche. Sie werden Ihre Beobachtungsfähigkeit erheblich steigern. Verschmelzen Sie dabei Schauen mit Sehen. Bleiben Sie im Sein, und lernen Sie, zwischen Gedanken und Gefühlen zu unterscheiden.

Sie begeben sich in einen Zustand der Integration oder des »fusionierten Raums«, wenn es Ihnen gelingt, Schauen mit Sehen zu verschmelzen und vollkommen klar zu sehen. Dieser Zustand führt Sie zur nächsten Seinsebene, der reinen Präsenz. Auf dieser Ebene unterscheiden Sie nicht mehr zwischen sich und Ihrer Umgebung. Es ist meist schwierig, diese Präsenz länger als ein paar Minuten aufrechtzuerhalten. Im Hinblick auf das Sehen ist sie einem plötzlichen vollkommen klaren Sehen mit den »nackten« Augen vergleichbar. Man gibt gerade nicht besonders Acht, und plötzlich sieht man scharf, als trüge man die stärkste Brille. Und dann verschwindet diese Sehschärfe ebenso plötzlich, wie sie gekommen ist.

Da ich in der Ferne scharf sehe, erlebe ich Präsenz eher als ein Durchschimmern von Erkenntnis. Damit meine ich, dass mir eine Idee oder Botschaft offenbart wird und ich das Gefühl habe, dass sie sich in meinem Kopf befindet. Wenn es mir gelingt, die Präsenz aufrechtzuerhalten, dann bleibt die Erkenntnis lebendig; wenn ich anfange zu denken, verschwindet sie.

Präsenzverlust ist mit einem bestimmten Mechanismus verbunden. Er hat etwas mit dem Erreichen des Teils des Geistes zu tun, der mit Emotionen assoziiert wird. Wenn diese Emotionen nicht aufgelöst wurden, wie dies in den in früheren Kapiteln wiedergegebenen Fallgeschichten häufig der Fall ist, dann erhält der Geist sie als einen Zustand des Verwundetseins aufrecht. Ich habe die Erfahrung gemacht, dass ich mit dem Erreichen von Präsenz durch meine Augen in den »fusionierten Raum« gelange. Meine Präsenz beinhaltet die Verschmelzung von Schauen mit Sehen. Dabei darf nicht vergessen werden, dass Raum unendlicher, grenzenloser Raum bedeutet. Ich begebe mich in diesen Raum, der zugleich sichtbar und unsichtbar ist. Dann offenbaren sich mir die Emotionen, mit denen ich mich auseinander setzen muss. Das erinnert mich an Beziehungen. Je tiefer ich mir die Erlaubnis gebe, Liebe zu fühlen und zu *sein*, desto mehr werde ich mir meiner Angst vor Nähe und Intimität gewahr.

Lebensumstände in Form von Verletzungen und Schmerzen sowie der Gesundheitszustand der Augen zeigen Ihnen deutlich die subtile, frische Art, mit denen Sie *jetzt* das Vergangene untersuchen müssen. Präsenz kommt einer Neustrukturierung von miteinander verschmolzenem Schauen und Sehen gleich. Unter solchen Umständen kann Ihnen offenbar werden, welcher Teil Ihrer Vergangenheit noch unvollständig ist.

Präsenz schafft den Raum, der erforderlich ist, um das Manövrieren im eigenen Inneren zu erlernen und um schwierige Situationen der Vergangenheit aus einer neuen Perspektive zu beurteilen. Außerdem verringert sich die Gefahr, dass Ereignisse unverarbeitet verdrängt werden, da Bewusstheit eine direkte Folge von Präsenz ist. Präsenz fördert genaue Wahrnehmung und das bewusste Erkennen von Lösungen, die nicht einfach Ausdruck reaktiver Projektionen von früheren vergleichbaren Erfahrungen sind. Francina erlebte Ähnliches und beschreibt ihren Durchbruch folgendermaßen.

FALLGESCHICHTE: FRANCINA, ERSTER TEIL

> Ich bin in einer Kleinstadt in Chile aufgewachsen. Mein Vater war aus Deutschland eingewandert und hatte in Chile meine englischstämmige Mutter geheiratet. Er war ein sehr erfolgreicher Geschäftsmann. Er hatte für sich und seine Familie ein sehr schönes Haus bauen lassen, das ich bis zum Alter von zehn Jahren als meine Burg empfand. Ich hatte ein Kindermädchen, das sich um mich kümmerte, wenn meine Eltern keine Zeit für mich hatten. Im Leben meiner Eltern drehte sich alles um Image und Prestige. Beides hatten sie sich durch ihr erfolgreiches Geschäft erworben. Ich war das jüngste Kind und betete meinen Vater an. Für mich war er der König meiner Burg, und ich war sicher, dass er mich immer umsorgen und beschützen würde. So war mein Männerbild.
>
> Ich hatte immer eine ausgezeichnete Sehkraft, wobei mein linkes Auge das dominierende war. Ich erinnere mich daran, dass ich als Kind Zugang zu einer anderen Welt hatte. Ich spielte sehr fantasievoll und

hatte lebhafte Visionen. Meine Fantasie führte mich aus den Mauern meiner Burg hinaus, und in dieser Umgebung spielte ich mit meinen vorgestellten Figuren, die mir bald die liebsten Freunde waren. Ich liebte es auch, mich in den Geschichten zu verlieren, die ich las.

Ich erinnere mich daran, dass mein Vater sich abends mit mir beschäftigte. Er war ein sehr liebevoller Mann, der mich gern hatte. Er hörte mir zu und sprach mit mir. Ich stellte mir vor, dass ich seine Königin war. Aber er war außerdem auch ein entschlossener Mann, der genau wusste, wie sich seine Kinder zu benehmen hatten. So entwickelte ich die starke und energische Seite meines Wesens.

Als ich elf Jahre alt war, brach meine Welt zusammen. Das Geschäft meines Vaters ging pleite und er wurde schwer krank. Meine Mutter versuchte, mich vor dieser Wirklichkeit zu schützen. In unserer »Burg« lief alles so ab wie sonst auch. Alles schien in Ordnung zu sein. Das Image zu bewahren schien am wichtigsten. Auf der Oberfläche sollte alles aussehen wie sonst auch. Aber ich lernte bald, dass man Gefühle und tiefe Emotionen nicht einfach ignorieren kann. Ich spürte, wie mein Vater litt. Die Energie hatte sich verändert. Mein Vater zog sich in sich zurück und ich tat es ihm gleich. Ich hielt mich häufiger in meinem Zimmer auf und erschuf mir in meinem Inneren eine neue Fantasiewelt. Erstaunlicherweise blieb meine Sehkraft erhalten.

Mein Vater starb nur wenige Jahre später, und meine Mutter und ich zogen aus unserer »Burg« aus, weil wir sie verkaufen mussten. Das Prestige war dahin. Der »König« umsorgte und beschützte mich nicht mehr. Als ich alt genug war, zog ich in die Stadt, um dort zu arbeiten und um meine Reise zu mir selbst zu beginnen. Ich heiratete einen Mann, von dem ich annahm, dass er mich umsorgen und beschützen würde wie mein Vater. Doch darin irrte ich mich gründlich.

Etwa zu dieser Zeit wurde ich mir dessen bewusst, dass mein rechtes Auge blockiert war und mein linkes meine Weltsicht dominierte. Ich erfuhr, dass mein rechtes Auge in Beziehung zu meinem Vater steht und dass ich mich mit diesem Teil meines Wesens auseinander setzen musste. Für meine Entwicklung war es notwendig, dass ich entdeckte, welche Macht mein Vater in mir hatte. Diese Macht drückte sich in meiner Fähigkeit aus, den Verlauf meines Lebens selbst zu planen. Es ging nicht an, dass ich diese Macht einem Mann, in diesem Fall meinem Ehemann, überlassen würde. Doch brauchte ich viele Jahre, um das zu begreifen.

45 Jahre später ließ ich mich von meinem Mann scheiden und wanderte nach Griechenland aus, wo ich in einem wunderschönen Häuschen auf einem Hügel wohnte. Erst als ich die achtzig überschritten hatte, fand ich meinen inneren Frieden. Ich konnte auf dem Balkon sitzen und die farbenprächtigen Blumen betrachten. Ich dachte über mein Leben nach. Meine Nikotin- und Schlaftablettensucht und mein alkoholkranker Mann waren weit fort. Ich konnte durch beide Augen schauen. Heute leide ich unter einer Makuladegeneration. Die Trübung in meinem linken Auge ist für mich Ausdruck einer Trübung in meiner Vergangenheit. Ich decke mein rechtes Auge jeden Tag eine Zeit lang ab, um die im linken eingelagerten Emotionen für mich spürbar zu machen. Ich entferne mich immer weiter von meiner Familie. Ich stelle fest, dass ich nicht an die Vergangenheit erinnert werden möchte.

Nach und nach gestatte ich meinen Kindern, mir näher zu kommen als jemals zuvor. Ich befasse mich mit dem Schmerz. Ich bemühe mich in diesen letzten Jahren meines Lebens um *bewusstes Sehen*. Mein früheres Leben liegt hinter mir. Mein Sehvermögen ist integrierter. Ich liebe mich selbst. Ein Gefühl von Frieden überkommt mich, wenn ich meine Blumen ansehe. Ich erinnere mich an meine Kindertage, als ich mich Fantasiespielen hingab und über die Blumenbeete im Garten unserer »Burg« sprang. Heute ist mein Leben meine »Burg«. Meine inneren Bedürfnisse, die männliche Seite meines Wesens, führen mich in die Zukunft. Eines Tages werde ich meinen Vater wiedersehen. Jetzt habe ich erst einmal ein neues Zuhause gefunden, ein Zuhause in mir selbst. **«**

In meinem Modell bezeichne ich »gute« Emotion als »Emotionalität« und meine damit eine energetisch ruhigere Variante von Emotion. Diese Emotionalität findet auf einer tiefen Ebene des Geistes statt, die als Seinsgrund bezeichnet wird. Man könnte diesen Ort im Geist, also den Seinsgrund, als jenen verstehen, wo der Wesenskern im Mittelpunkt steht. An dieser Stelle gewinnt die Vivencia-Natur die Oberhand über den zerbrechlichen, einengenden Verwundungszustand. Den Seinsgrund erreicht man, nachdem man sich von den Vorstellungen verabschiedet, die man sich fälschlich von sich selbst macht. Der Mensch ist nichts als ein Sein, das die Existenz von Bewusstsein erkennt und sich darüber klar wird, dass er in dieses Bewusstsein eindringen kann. In der Stille ist es möglich, die eigene Bewusstheit zu beobachten. Zugleich kommt die Erkenntnis, dass ein bestimmter Seinszustand erreicht ist. Bewusst zu sein schließlich gestattet bewusstes Sehen.

Sobald Sie diese Stufe erreicht haben, bleiben Sie der Präsenzübung mit der Kerze noch ein wenig treu. Versuchen Sie weiterhin, bewusst zu bleiben. Halten Sie Ihr bewusstes Sehen wach. Setzen Sie Ihr Atmen fort und dringen Sie tiefer und tiefer in Ihren Seinsgrund ein. Ermächtigen Sie diesen Teil Ihres wahren Selbst, Ihre Vivencia-Natur, und ermutigen Sie sie, sich stärker hervorzuwagen. Gelingt Ihnen dies, dann werden Sie von tiefer Freude, Liebe und Glück erfüllt sein.

Bleiben Sie gegenwärtig und machen Sie diesen Ort der Stille zu Ihrem Ausguck. Mit etwas Hartnäckigkeit erreichen Sie einen weiteren Raum, in dem Sie erkennen, dass alle Wirklichkeiten gleichzeitig existieren. Zum ersten Mal haben Sie dies vielleicht erkannt, als Sie sich mit Farbtafel 6 beschäftigten. Ihre Aufmerksamkeit richtet sich auf die Kerzenflamme in der Mitte. Dennoch nehmen Sie zugleich eine andere Wirklichkeit wahr, die in der Umgebung der Flamme existiert. Je weiter Sie sich auf die Abbildung einlassen, desto leichter gelingt es Ihnen, sich beiden Erfahrungen gleichzeitig zu widmen. Die Fähigkeit, beides zu sehen und nebeneinander existieren zu lassen, ist entscheidend für bewusstes Sehen.

Zu Beginn dieses Kapitels haben Sie geübt, zu atmen und eine Kerzenflamme anzublicken und sich dabei zugleich *fovealer* und *retianer Wahrnehmung* zu bedienen. In der Stille zwischen den Atemzügen haben Sie sich darum bemüht, das Sehen und Denken mit dem Wahrnehmen und Fühlen Ihres Geistes zu verschmelzen. Auf gleiche Weise ist es möglich, sich zweier Realitäten bewusst zu werden, die gleichzeitig in Ihrem Leben existieren. Dies gelang auch Francina.

Fallgeschichte: Francina, zweiter Teil

Francina führte, nach den Normen der Gesellschaft bewertet, ein glückliches Leben. Ihre Welt schien geordnet und verschaffte Ihr offenbar Befriedigung. Weder für sie selbst noch für Außenstehende war zu erkennen, dass sie ihr Leben an der Seite eines zu Liebeleien neigenden Mannes fristete, sich von den Anforderungen ihrer drei Kinder überfordert fühlte und es kaum schaffte, sich über Wasser zu halten. Der Mangel an Integration in Francinas Leben kam in ihrer Nikotin- und Schlaftablettensucht zum Ausdruck, in ihrem Hass auf ihren übergewichtigen Körper und in ihrer Bereitschaft, sich von ihrem Mann respektlos behandeln zu lassen. In ihrem Inneren ahnte sie, dass es doch Möglichkeiten geben musste, ihrem Leben mehr Bedeutung zu geben, und schließlich begann sie, aktiv nach solchen Möglichkeiten zu suchen.

Indem sie sich in visueller Beobachtung und Wahrnehmung übte und die Unterdrückung des mit dem rechten Auge in Verbindung stehenden Teils ihres Wesens überwand, konnte Francina schließlich die Aspekte ihrer Vergangenheit erkennen, die sie so viele Jahre lang geleugnet hatte. Sie lernte, mit ihren Gedanken und Gefühlen in der Gegenwart zu bleiben, und gestattete es auf diese Weise, tieferen Wirklichkeiten ihres Lebens, in ihr Bewusstsein zurückzukehren.

Francina setzt ihren Bericht mit eigenen Worten fort:

>> Als junge Mutter hielt ich es für richtig, mich vor allen anderen Dingen um die Kinder zu kümmern. Meine mütterliche Seite machte mir weis, dass ich, wenn die Kinder alt genug waren, noch genug Zeit für mich selbst haben würde. Meine falsche dominierende männliche Seite veranlasste mich für gewöhnlich, über mein rechtes Auge überzureagieren. Ich war herrisch. Ich übte durch meinen Zorn Kontrolle über andere aus. Irgendwo tief in meinem Inneren glaubte ich, dass mein Leben beginnen würde, wenn ich in Rente ging.

Weil ich meine männliche und meine weibliche Seite nicht richtig ineinander integrieren konnte, unterdrückte ich die echten Bedürfnisse meines Wesenskerns. Ich war die pflichtbewusste Mutter und die treue Ehefrau, während mein Mann sich wie ein verantwortungsloser Teenager aufführte. Damals konnte ich das nicht bewusst erkennen. Dieses Leugnen ähnelte der Art, wie mich die Fantasiewelt meiner Kindheit von der Wirklichkeit und von dem getrennt hatte, was im Leben meines Vaters geschah. Auch viele Jahre später hatte ich diese beiden Teile von mir noch immer nicht wieder zusammengefügt. Meiner Sicht auf das Leben als Erwachsene mangelte es genauso an Vollständigkeit wie jener, die ich als Kind gehabt hatte. Ich redete mir ein, eine glückliche Ehefrau und Mutter zu sein. Auf die gleiche Weise hatte ich als Kind meinen Vater als den erfolgreichen Geschäftsmann gesehen, der mich in unserer »Burg« umsorgte und beschützte. Ich wollte meinen »König« zurück. Ich wollte umsorgt und beschützt werden.

Inzwischen haben sich die Dinge geändert. Nun bin ich allein und mein eigener König und meine eigene Königin. Ich habe meinen Traum. Ich integriere die Wirklichkeit des »Was ist« wie sie ist in mein Bild von den Dingen, wie ich sie gerne hätte. Ich überlasse mich freudig meinem Vivencia-Wesenskern. Ich stelle mich den Emotionen und Erfahrungen, die ich bisher geleugnet habe. Das ist es, was Integration verlangt. Ich bin in beiden Wirklichkeiten – der des Denkens und Fühlens und jener des Schauens und Sehens.
Ich bin mir aller Teile meiner selbst bewusst. **«**

Übung: Schritte zu bewusstem Sehen

Die folgenden fünf Schritte haben Francina und viele meiner Patienten auf dem Weg zu bewusstem Sehen durchlaufen:

1. **Stille.** Nehmen Sie mehrmals am Tag die Gelegenheit wahr, innezuhalten und Ihren Geist zur Ruhe zu bringen. Betrachten Sie es als Herausforderung, das möglichst oft zu schaffen. Nutzen Sie das Warten vor einer roten Ampel oder die Fahrt im Bus, den Gang auf die Toilette, das Warten vor der Kasse und all die vielen kleinen Pausen, die sich im Laufe eines Tages dafür anbieten, um den Ort der Stille in Ihrem Inneren aufzusuchen.

2. Beobachtung. Machen Sie sich bewusst, wann und wie Sie in reaktive Muster abgleiten. Reaktive Muster sind Zustände, in denen Sie mit emotionalen Reflexen reagieren, etwa aus Zorn zu schreien beginnen oder sich scheinbar grundlos plötzlich bedrückt, depressiv oder einsam fühlen. Treten Sie innerlich zurück und beobachten Sie sich aus der Entfernung. Wenn Sie sich bei reaktivem Verhalten beobachten, dann machen Sie sich ein wenig über sich lustig oder sagen Sie sich: »Ich merke, dass ich mich in reaktives Verhalten flüchte. So möchte ich mich nicht benehmen.« Überlegen Sie sich Alternativen für Ihre Reaktivität. Entscheiden Sie sich stattdessen dafür, einen Moment innezuhalten und still zu sein. Seien Sie bei Ihrem Atem. Übernehmen Sie Verantwortung für Ihre Gefühle in diesem Augenblick, indem Sie sich innerlich sagen: »Im Augenblick fühle ich ...« (Setzen Sie in die Lücke eine Beschreibung der Gefühle ein, die Sie zu diesem Zeitpunkt haben.)
3. Präsenz. Sobald Sie Ihre Gefühle erst einmal genau identifizieren und bei ihnen bleiben können, erreichen Sie Präsenz und bleiben präsent. Lassen Sie sich auf Ihre Gefühle ein, und achten Sie darauf, wohin sie Sie führen. Damit vergrößern Sie Ihre Bewusstheit. Präsenz ist eine Erweiterung von Stille in Verbindung mit Beobachtung.
4. Erkennen. Dies ist der Prozess, in dem Sie Schauen mit Sehen verbinden. Sie können die Wirklichkeit besser fokussieren und erkennen die Grenzen zwischen sich selbst und Ihrer Umgebung. Präsenz verbessert Ihre Beobachtungsfähigkeiten. Stille erweitert Ihren Raum. Sie gehen über Ihre Persönlichkeit hinaus und gelangen auf den Grund Ihres Seins. Sie sprechen auf verantwortliche Weise, Sie übernehmen die Verantwortung für das, was Sie sind, und erkennen den Unterschied zu dem, was außerhalb von Ihnen ist. Sie lassen Ihre Opferidentität hinter sich zurück und fühlen sich nicht länger durch Ihre alten Verletzungen dominiert. Ziel des Erkennens ist es, bewusst und präsent zu sein.

5. Handeln. Nun sind Sie in Ihrer Vivencia-Natur und beobachten. Möglicherweise sind Sie sich gewahr, dass da noch etwas anderes ist als Ihr Selbst und dass dieses Etwas Sie in einer Absicht führt, die weit über Motivationen wie Ihre Verletztheit oder das fehlende Gewahrsein Ihrer Verletztheit hinausgeht. Bewusstheit umhüllt Sie wie ein warmer Mantel.

Bewusstes Sehen heißt zu wissen, wo im Raum man sich befindet, und zwischen Schauen und Sehen zu unterscheiden. Der Zustand hat sehr wenig mit Denken zu tun. Das heißt, Ihr Sein und Ihre Gedanken sind nicht voneinander getrennt. Das Erreichen bewussten Sehens setzt viel Übung voraus. Hier sind ein paar hilfreiche Schritte:

Übung: Die Schnurübung

- Beschaffen Sie sich ein Stück farbige Schnur von etwa drei Meter Länge. Ziehen Sie ein großes Foto von sich selbst, etwa DIN-A4-Größe, auf einen festen Karton auf. Bohren Sie mit einem Messer oder einer Schere ein Loch in den Nasenrücken in der Mitte zwischen Nasenwurzel und Nasenspitze. Führen Sie die Schnur durch das Loch, und machen Sie in das Ende auf der Rückseite des Fotos einen Knoten, damit es nicht herausrutscht. Sie können die Schnur zusätzlich mit einem Tropfen Klebstoff oder einem Stück Tesafilm sichern.
- Nun befestigen Sie das Bild an der Wand. Spannen Sie die Schnur und fixieren Sie sie mit dem Zeigefinger in der Mitte Ihres Nasenrückens. Dann blicken Sie die gespannte Schnur entlang zu Ihrem Foto an der Wand. Wählen Sie die Abbildung Ihrer Nase am anderen Ende der Schnur als Fixpunkt. Machen Sie diese Übung ohne Brille, und experimentieren Sie mit verschiedenen Entfernungen, indem Sie die Schnurlänge variieren.
- Versuchen Sie, indem Sie das Foto auf die eben beschriebene Weise betrachten, innerlich ruhig zu werden und sich ganz auf

den gegenwärtigen Augenblick zu konzentrieren. Sobald Sie vollständig integriertes Sehvermögen erreicht haben und beide Augen im gleichen Maß einsetzen, werden Sie zwei Schnüre sehen, von denen jede ihren Ursprung in einem Ihrer Augen zu haben scheint. Sie sehen ein umgekehrtes V.

- Erhalten Sie Ihre Konzentration auf den gegenwärtigen Augenblick aufrecht, und achten Sie darauf, ob Sie beide Schnüre fortgesetzt und über die gesamte Entfernung bis zum Foto deutlich sehen. Scheinen einzelne Abschnitte der Schnur zu verschwinden? Falls ja, stellen Sie fest, um welche Abschnitte es sich genau handelt. Sie zeigen Ihnen, welche Bereiche Ihres Innenraums Sie unterdrücken. Um den Zusammenhang zwischen dem verschwindenden Abschnitt der Schnur und den unterdrückten Bereichen Ihres Innenraums zu eruieren, stellen Sie sich nacheinander jedes einzelne Familienmitglied genau vor, und achten Sie darauf, ob Sie dabei weiterhin beide Schnüre genau sehen. Falls Sie nur eine der beiden Schnüre erkennen, könnte es sein, dass Sie die Wahrnehmung eines Ihrer Augen unterdrücken. In einem solchen Fall würden Sie davon profitieren, das dominierende Auge mit einer Augenklappe abzudecken, um das Erwachen des anderen Auges zu fördern. Sollten Sie Zweifel wegen des Abdeckens haben, dann ziehen Sie bitte, bevor Sie damit beginnen, Ihren Augenarzt zurate. In den Kapiteln 7, 8 und 9 finden Sie genauere Hinweise darauf, wie Sie eine gleich gute Wahrnehmung beider Augen trainieren können.
- Als Nächstes richten Sie Ihren Blick nicht mehr auf die Abbildung Ihrer Nase am Ende der Schnur, sondern auf einen Punkt in der Mitte zwischen Ihrer abgebildeten und Ihrer realen Nase. Das umgekehrte V wird sich nun in ein X verwandeln, und Ihr Blick fällt genau auf den Kreuzpunkt des X. Nun verschieben Sie den Brennpunkt langsam an der Schnur entlang in Richtung auf sich selbst. Achten Sie dabei darauf, wie sich auch der Kreuzpunkt des X auf Sie zu bewegt. Je weiter Sie das X zu sich heranholen, desto mehr

> richten Sie Ihre Augen nach innen. Haben Sie keine Angst. Diese Übung ist nicht gefährlich und Ihre Augen werden nicht stecken bleiben. Diese Übung hilft Ihnen im Gegenteil, mehr bei sich selbst, Ihren Gefühlen und Ihren Wahrnehmungen zu sein. Ziel ist es, während der gesamten Übung ein vollkommenes X zu sehen, wobei kein Teil der Schnur verschwinden soll. Wenn Sie das X ununterbrochen sehen, dann haben Sie sich alle Aspekte Ihres Innenraums erschlossen – eine wichtige Voraussetzung, um Einblick in Ihre Vivencia-Natur zu bekommen.

Integrative Sehtherapie

Die Sehtherapie ist ein anerkannter Bereich der Optometrie. Sie versucht Sehproblemen mit therapeutischen Sehübungen zu begegnen. In England zum Beispiel geschieht dies im Rahmen der Schielbehandlung mit der Hilfe eines Synoptoskops. Schielende Kinder betrachten durch dieses Synoptoskop Bilder, die vor jedem der beiden Augen unterschiedlich ausgerichtet werden können und die Wiederherstellung und Festigung eines normalen binokularen Sehens fördern. Zugleich wird das Gehirn trainiert, die Wahrnehmungen beider Augen zu empfangen und zu verarbeiten. Die betreffende Person lernt, die beiden Bilder ohne die Hilfe des Synoptoskops zu verschmelzen. Ausgehend von dieser Technik entwickelte eine Gruppe interessierter Optometriker in den Vereinigten Staaten eine Reihe von »instrumentenunabhängigen« Sehübungen, um Patienten mit Fusionsbeschwerden zu behandeln. Heute werden diese Übungen überall auf der Welt von Sehtherapeuten erfolgreich angewendet.

In meinem früheren Buch *Die Integrative Sehtherapie* habe ich das Konzept der Integrativen Sehtherapie eingeführt. Hierzu bediente ich mich der bereits geschilderten Prinzipien, um die tiefere emotionale und spirituelle Ebene des Sehens zu erforschen. Bei meiner Arbeit als Augenarzt war mir aufgefallen, dass sich eine Einflussnahme auf das Sehvermögen durch Sehtherapie auf die gesamte Person auswirkt. Hieraus schloss ich, dass mittels Integrativer Sehtherapie ein rascher Zugang zum Selbst und zu einer bewussteren Seinsweise möglich ist.

Die vorangegangenen und noch folgenden Übungen sind so beschaffen, dass sie Ihnen in einem fortgesetzten Ablauf Ihr eigenes Selbst und Ihr Bewusstsein bewusst machen.

> **ÜBUNG: VERLÄNGERUNG DER SCHNUR**
>
> - Wie in der vorangegangenen Übung benötigen Sie auch für diese eine Schnur. Diesmal kleben Sie das eine Ende der Schnur mit einem Stück durchsichtigen Tesafilm an einer Fensterscheibe fest. Wählen Sie ein Fenster aus, durch das Sie möglichst weit in die Ferne blicken können.
> - Setzen oder stellen Sie sich bequem vor das Fenster und fixieren Sie das lose Ende der Schnur auf der Mitte Ihrer Nase. Stehen Sie nahe genug am Fenster, um Einzelheiten hinter dem Fenster ohne Ihre Brille erkennen zu können – Ihren Hinterhof, die Skyline der Stadt, einen Park oder was immer.
> - Beginnen Sie, indem Sie Ihren Blick auf das Stück Tesafilm am Fenster richten. Nehmen Sie das umgekehrte V wahr und verfolgen Sie die beiden Schnüre vor und zurück. Achten Sie darauf, dass sich beide Schnüre horizontal gesehen auf der gleichen Ebene befinden. Sollte dies nicht der Fall sein, dann gleichen Sie aus, indem Sie Ihren Kopf entweder leicht nach links oder nach rechts neigen, bis Sie das gewünschte Bild sehen.
> - Als Nächstes blicken Sie in die Welt jenseits der Fensterscheibe. Spüren Sie, wie Ihr Sehfeld sich erweitert. In der Fachsprache bezeichnen wir dies als Divergenz, ich nenne es lieber, die Augen gleichsinnig nach außen wenden oder Auswärtsschielen. Das Gegenteil heißt Konvergenz oder – wie ich lieber sage – die Augen gleichsinnig nach innen wenden oder Einwärtsschielen. Konvergenz ist entscheidend für das Nahsehen, zum Beispiel wenn Sie ein Buch lesen wollen. Divergenz hingegen befähigt Sie zur Fernsicht.

- Nun treffen sich die beiden Schnüre nicht mehr in einem V auf der Fensterscheibe. Je näher die beiden Schnüre nun Ihren Augen sind, umso weiter scheinen Sie voneinander entfernt zu sein, und umgekehrt näher beisammen, je weiter Sie Ihren Blick in die Ferne richten. Auf der Höhe der Fensterscheibe ist der Abstand zwischen den Schnüren noch gering. Je weiter Sie jedoch Ihre Augen gleichsinnig auswärts wenden, desto weiter streben die beiden Schnüre in der Entfernung auseinander. Doch gibt es eine natürliche Grenze, überanstrengen Sie sich also nicht. Atmen und entspannen Sie und versuchen Sie, die beiden Schnüre in Parallelen zu verwandeln. Sollten sich Ihre Augen während dieser Übung müde oder strapaziert anfühlen, dann decken Sie sie einen Moment lang mit den Handflächen ab, und ruhen Sie sich aus.
- Um die Augen zu entspannen, blicken Sie auf die Schnur etwa in der Mitte zwischen Fensterscheibe und Nase, wobei Sie die Augen leicht nach innen wenden. Machen Sie immer wieder Pausen. Achten Sie darauf, dass die Schnüre ein X bilden, wenn Sie den Brennpunkt näher zu sich heranholen, und dass sich Ihnen der Kreuzpunkt dieses X mit dem Brennpunkt nähert.
- Sobald Sie all diese Phasen entspannt und zugleich aufmerksam meistern, können Sie noch einen weiteren Schritt hinzufügen, der Ihre Augenmuskeln kräftigt und flexibler macht. Bringen Sie nun Ihre Atmung in Übereinstimmung mit einem divergierenden beziehungsweise mit einem konvergierenden Blick. Richten Sie beim Einatmen Ihre Augen nach außen durch das Fenster in die Ferne. Beim Ausatmen hingegen richten Sie Ihre Augen nach innen auf einen Punkt zwischen Fensterscheibe und Nase und versuchen Sie wie zuvor das X zu sehen. Wiederholen Sie den Zyklus mehrmals, und gönnen Sie sich dann eine Pause, indem Sie Ihre Augen mit den Handflächen abdecken.

Divergenz und Konvergenz

Übungen, in denen Sie den Blick einwärts und auswärts richten, sind ein entscheidender Schritt, um Raum zu schaffen, in dem sich Bewusstsein manifestieren kann. Den umgebenden Raum der Schnur und den Raum jenseits des Fensters zu sehen, während Sie zugleich einen Punkt fixieren, öffnet Sie für die bewusste Wahrnehmung dieses Raums. Wenn Sie gegen Ende der Übung das Einwärts- und Auswärtsrichten der Augen noch steigern, dann erleben Sie den Sie umgebenden Raum möglicherweise als unorganisiert und verdoppelt.

Die Herausforderung dieser Übung besteht darin loszulassen, wenn Sie in der Peripherie starke Aktivitäten oder vielleicht sogar ein visuelles Chaos wahrnehmen. Können Sie Ihren Fokus, das heißt Ihr konzentriertes Schauen aufrechterhalten, wenn Ihr Sehen willkürlich und für Ablenkungen offen ist? Diese Übung spiegelt die Störungen wider, denen bewusstes Sehen ausgesetzt ist und denen sich viele von uns in ihrem Alltag stellen müssen. Wenn Sie diese Übung zum ersten Mal machen, dann fühlen Sie sich anfangs vielleicht ein wenig schwindelig oder orientierungslos. Das ist kein Grund zur Sorge. Die Übung bringt tiefe Gefühle und Emotionen rasch an die Oberfläche. Ihr Ziel sollte es sein, in der Übung präsent zu bleiben. Wenn Sie das Gefühl haben, aufhören oder eine Pause machen zu wollen, dann fragen Sie sich, ob Sie sich gegen den Bewusstseinserweiterungsprozess sträuben oder ob Sie tatsächlich Erholung brauchen. Nehmen Sie sich die Zeit, mit ein paar Sätzen die Erfahrungen, die Sie mit dieser Übung gemacht haben, aufzuschreiben. Tun Sie dies aus zwei Perspektiven: Erstens, wie nehmen Sie die Vorgänge wahr? Und zweitens, was geschieht in Ihrem Inneren?

Je länger Sie zugleich bei Ihrem Schauen und Sehen beziehungsweise beim Einwärts- und Auswärtsrichten der Augen präsent bleiben können, desto flexibler wird Ihr Sehen. In den Begrifflichkeiten des Bewusstseins bezeichnet man dies als »Mobilität«. Das Ziel einer solchen Übung ist es, größere Flexibilität auf der Basis des inneren Seinsgrundes zu erlangen. Mobilität macht es Ihnen möglich, sich von den einengenden Einflüssen der Vergangenheit zu entfernen. Je größer der Abstand ist, den Sie zwischen sich und diese Einengungen bringen, desto häufiger erleben Sie sich als bewusst. Dann ist Ihr Bewusstsein die Basis Ihres Sehens. Diese Übung hilft Ihnen, die Gedanken und den fühlenden Teil Ihrer geistigen Identität zu integrieren. Für viele meiner Patienten ist dieser Schritt zur Mobilität eine echte Verbesserung gegenüber der Vergangenheit.

> **ÜBUNG: ERWEITERUNG DER KERZENÜBUNG**
>
> Lassen Sie uns noch einmal zu der Übung zurückkehren, bei der Sie versucht haben, die Kerzenflamme anzublicken und zugleich ihre Umgebung wahrzunehmen. Diesmal möchte ich Sie bitten, Ihre Aufmerksamkeit zunächst allein auf die Flamme zu richten. Solange Sie sich nur auf die Kerze konzentrieren, werden Sie nichts anderes sehen als die Flamme. Nun blicken Sie über die Flamme hinaus. Sehen Sie plötzlich zwei Flammen? Bei den meisten Menschen ist das so.
>
> - Nun richten Sie Ihre Aufmerksamkeit wieder auf die Kerze. Stellen Sie sich vor, dass zwischen Ihrer Nase und der Kerze eine Schnur gespannt ist. Stellen Sie sich außerdem vor, dass Sie das umgekehrte V sehen können, das die vorgestellte Schnur zwischen Ihnen und der Kerze erzeugt.
> - Versuchen Sie nun, Ihre Augen nach einwärts zu richten. Fixieren Sie einen Punkt auf der imaginierten Schnur in der Nähe Ihrer Nase, bis Sie zwei Kerzenflammen sehen. Wenn Sie nun den Fixpunkt weiter zu sich heranholen, werden Sie bemerken, dass eine der beiden Flammen sich nach links und die andere nach rechts entfernt. Stellen Sie fest, ob sich beide in der gleichen Geschwindigkeit bewegen.
> - Wenn eine Flamme langsamer voranzukommen scheint oder verschwindet, könnte dies ein Hinweis darauf sein, dass eines Ihrer Augen nicht richtig mitmacht oder in seinem Sehvermögen unterdrückt ist. Stellen Sie eine solche Reaktion bei sich fest, blinzeln und atmen Sie, bis Sie wieder beide Flammen sehen und sie sich in der gleichen Geschwindigkeit nach rechts und links entfernen.

Das Einwärtsrichten der Augen fördert Ihre Zentrierung und Konzentration nach innen. Außerdem ist es, wie Sie sich erinnern, eines der Ziele bewussten Sehens, beide Augen miteinander ins Gleichgewicht zu bringen. Je besser ihre Zusammenarbeit als Team funktioniert, desto höher ist die Wahrscheinlichkeit, dass Sie einen Zustand tiefen Einsseins mit sich selbst und mit dem Universum erreichen. Mit der Schnur- und mit der Kerzenübung kommen Sie diesem Ziel näher.

> **ÜBUNG: DIE TIEFE DES SEHENS STEIGERN**
> - Nehmen Sie sich nun Farbtafel 8 vor. Üben Sie, Ihren Blick vom Vordergrund über den Mittelgrund bis in den Hintergrund des Bildes gleiten zu lassen. Heben Sie ihrer räumlichen Anordnung gemäß nacheinander die einzelnen Elemente des Bildes in Ihr Bewusstsein. Vereinigen Sie Ihr Schauen mit Ihrem Sehen, damit Sie auf eine bestimmte Stelle des Fotos blicken und doch zugleich alle übrigen Elemente wahrnehmen können.
> - Wenn sich Gedanken in Ihre Übung einschleichen, dann machen Sie sich bewusst, wie Ihnen die innere Ruhe und ihr Wahrnehmungsvermögen abhanden kommen. Erkennen Sie, wie friedlich Sie werden können, wenn Sie Ihren Blick und sich selbst im Augenblick fixieren.

Wenn Sie diese Übung machen, nachdem Sie mit der Kerze und der Schnur geübt haben, werden Sie einen besseren Zugang zu den Teilen Ihrer Innenwelt bekommen, die Sie davon abhalten, auf bewusste Weise durch Ihre Augen zu blicken.

Das Ziel dieser Übung ist es, sich auch dann im Alltag die Aufrechterhaltung des Raumgefühls zu bewahren, das Sie sich durch die vorangegangenen Übungen erworben haben, wenn Sie sich gerade auf kleinere Aspekte des Gesamtbilds konzentrieren müssen.

Übung: Bewusst sein

- Betrachten Sie nun Farbtafel 9. Halten Sie das Buch auf Armlänge von sich fort. Entspannen Sie sich, so wie Sie es bei den vorangegangenen Übungen getan haben. Fixieren Sie Ihre Augen auf irgendeinen Punkt, der weiter von Ihnen entfernt ist als das Buch. Stellen Sie fest, dass Sie nun entweder drei oder vier Fotos sehen. Seien Sie entspannt, atmen Sie, und justieren Sie Ihren Blick, bis Sie deutlich drei Fotos sehen. Sie blicken in die Ferne, richten Ihre Augen leicht auswärts und sehen drei Bilder.
- Da es sich hierbei um eine schwierige Sehübung handelt, seien Sie bitte geduldig mit sich, wenn das Ergebnis Ihrer Bemühungen nicht gleich Ihren Wünschen entspricht, oder Sie die drei Bilder nicht lange festhalten können. Möglicherweise hilft es Ihnen auch, zunächst das Kapitel zu lesen, das Ihre spezifische Sehschwäche behandelt. Die dort enthaltenen Informationen werden Ihnen verdeutlichen, worin Sie sich üben müssen, um die Übung zu meistern.
- Als Nächstes blättern Sie zu Farbtafel 10. Hier richten Sie beim Betrachten der Fotos die Augen nach innen und nehmen wieder drei Bilder wahr. Erkennen Sie den Größenunterschied zwischen diesem mittleren Bild und jenem aus der vorangegangenen Übung?
- Machen Sie sich die dreidimensionale Qualität beziehungsweise die Tiefe des mittleren Bildes bewusst. Verbringen Sie etwas Zeit damit, im mittleren Bild »umherzuwandern«, während Sie zugleich wahrnehmen, was sich im Inneren Ihrer Augen, Ihres Körpers und Ihres Seins ereignet. Können Sie die Buchstaben auf der Augentafel deutlich erkennen?
- Hier folgen einige Fragen, die Sie sich beim weiteren Üben stellen können:
  - Sind Sie dazu in der Lage, im Hier und Jetzt präsent zu bleiben, auch wenn sich Ihre Wahrnehmung des Bildes verändert?
  - Was tritt in Ihr Gewahrsein, während Sie auf das dritte Foto blicken?

- Bleiben Sie in diesem fusionierten und integrierten Zustand des Sehens und Seins. Nun stellen Sie sich nacheinander die Gesichter Ihrer Eltern vor. Welchen Einfluss hat das auf Ihre Wahrnehmung?
- Denken Sie an eine Veränderung, die Sie in Ihrem Leben vornehmen wollten, wie etwa einen neuen Arbeitsplatz, eine neue Betätigung, einen neuen Partner oder ein neues Zuhause suchen. Welchen Einfluss haben diese Vorstellungen auf Ihre Wahrnehmung?
• Greifen Sie die wichtigen Entdeckungen auf, die Sie über Ihre Emotionen, Ihre Familie oder Ihre Identität bei der Lektüre der vorangegangenen Kapitel dieses Buches gemacht haben. Denken Sie gründlich über jede von ihnen nach. Können Sie dabei auch weiterhin die drei Bilder sehen?
• Wechseln Sie vom einwärts gekehrten Blick zum auswärts gekehrten und beantworten Sie die Fragen erneut.

In diesem Kapitel haben Sie damit experimentiert, Ihrer Persönlichkeit gegenüber Ihrem wahren Selbst nur noch den zweiten Rang einzuräumen. Auf diese Weise werden Sie sich Ihres eigenen Bewusstseins bewusst, das von der Essenz Ihres Seins reflektiert wird. Im Idealfall bringen Sie diese Übungen in Ihren Alltag ein wie Duschen und Essen. Geben Sie alle falschen Vorstellungen davon auf, dass Sie Ihre Augen richten oder reparieren. Stellen Sie sich lieber vor, dass Sie sich darin üben, bewusst zu sein und zu sehen.

Das Ziel, dem Sie sich mit diesen Übungen nähern, ist sehr einfach. Wenn Sie sich ausreichend engagieren, dann wird sich Ihre Sehleistung stabilisieren. Statt sich von äußeren Umständen die Qualität Ihres Sehens diktieren zu lassen, meistern Sie nun Ihre persönliche Bewusstheit und maximieren die Klarheit der Wahrnehmung, die Ihre Augen beitragen können.

7. KAPITEL

Kurzsichtigkeit – Expansion und Fokus

Rationales Denken

Jeder Zustand der Augen ist ein Abbild Ihrer Persönlichkeit. Das Brillenrezept gegen Kurzsichtigkeit (Myopie) reflektiert wie eine Straßenkarte die äußeren Verhaltensweisen, die Sie mit großer Wahrscheinlichkeit an den Tag legen. Anhand der Gespräche, die ich mit Zehntausenden von Kurzsichtigen geführt habe, konnte ich ihre Persönlichkeitsmuster und ihre potentiellen Verhaltensweisen katalogisieren. Persönlichkeitsmuster und potentielle Verhaltensweisen liefern die Hinweise, die man benötigt, um zu einem tieferen Selbst-Verständnis zu finden, und helfen herauszufinden, wer man hinter den illusionären Wahrnehmungen und Vorstellungen, die die gegenwärtige Art des Sehens vermittelt, eigentlich ist.

In diesem Kapitel werden Sie Ihre eigene Kurzsichtigkeit, falls Sie selbst kurzsichtig sind, an Natalies Fallgeschichte untersuchen können. Sie werden herausfinden, wie genetische Veranlagung, Ihre Lebenserfahrung und das Tragen einer starken Brille oder von Kontaktlinsen dazu beigetragen haben, Ihre Persönlichkeit und Ihr Verhalten zu formen. Wenn Sie dann tiefer in Ihre Gefühle und Emotionen eindringen, finden Sie heraus, wie Sie die aus Ihrer Kindheit und aus Ihrem frühen Erwachsenenleben zurückgebliebenen Ängste auflösen können. Sind die Ängste erst aufgelöst, dann kann sich auch bewusstes Sehen entwickeln.

Rationales Denken ist nützlich und wird durch die moderne Welt gefördert. Indem Sie logisch vorgehen, reduzieren Sie Gefühle auf ein Minimum, bleiben konzentriert, schaffen Ihre Arbeit und werden dafür belohnt. Die Belohnung besteht in der Regel aus einer Beförderung oder ist anderer materieller Art.

Interessanterweise ist es die Kurzsichtigkeit, die am häufigsten mit einem Brillenrezept oder mittels chirurgischem Eingriff behandelt wird.

Fast die Hälfte aller Nordamerikaner ist kurzsichtig. Für Europa gibt es ähnliche Statistiken. Klinische Erhebungen zeigen eine auffallende Korrelation zwischen Kurzsichtigkeit und analytisch-intellektuellen Tätigkeiten. Dieser Zusammenhang ist nicht überraschend, da sich die Weltkultur seit wenigstens 800 Jahren auf eine kurzsichtige Lebensweise, die uns unsere Wahrnehmungen um intellektuelle und analytische Paradigmen konstruieren lässt, zubewegt.

Wir müssen nicht lange suchen, um unter dem Einfluss dieser kulturellen Vorurteile Gründe für unsere Kurzsichtigkeit zu finden, die über die üblichen Erklärungen wie »Der Augapfel ist zu lang« oder »Ich habe es von meinen Eltern geerbt« hinausgehen. Kurzsichtige Wahrnehmung wird von innen gesteuert, ist eine Überbetonung des Ichgehalts des eigenen Lebens. Kurzsichtigkeit ist eine in der Angst begründete, auf Überleben ausgerichtete Sehweise, die logische und lineare Aspekte in der Persönlichkeit fördert. In Sehtherapie geschulte Augenärzte sehen die für Kurzsichtigkeit typischen Verhaltensweisen in einer Persönlichkeit häufig, schon bevor sie sich ihnen strukturell in den Augen offenbart.

Kurzsichtige haben beispielsweise die Tendenz, sich nach vorn zu neigen, um besser sehen zu können. Sie sind begeisterte Leser, wobei sie das Buch sehr dicht vor ihre Augen halten. Meist haben sie typische Stirnfalten, ein sichtbares Zeichen dafür, wie sehr sie sich anstrengen müssen, um sich mit etwas oder jemandem außerhalb ihrer selbst zu befassen. Kurzsichtige bleiben lieber im Haus, statt sich im Freien aufzuhalten. Sie erleben plötzliche Wechsel von extravertiertem zu introvertiertem Verhalten. Vor allem im Alter zwischen 11 und 15 Jahren, also zu Beginn der Pubertät, sind diese raschen Wechsel weit verbreitet.

Robert Kellum schreibt über die Kurzsichtigkeit: »Myopie ist ein verengtes Verhalten des Bewusstseins. Beim Kurzsichtigen dominiert das Denken. Gefühle werden gesichert. Das Gehirn stellt Übereinstimmung her, indem es zur Angst anweist. Die kurzsichtige Person entwickelt eine ängstliche und auf Selbstschutz ausgerichtete Sichtweise. Sie verliert aufgrund der dominierenden Überlebenshaltung einen Teil ihrer Integrationsfähigkeit. Diese Strategie hat ihren Ursprung im Geist und wird von dort an das Gehirn weitergereicht. Der Befehl, der an die Augenmuskeln und -nerven herausgeht, lautet: Schütze dich! Sei vorsichtig! Ein neues Bewusstsein wird fest in das Verhalten der Person eingebaut.«

Kellum ist der Auffassung, dass der Prozess der Überfovealisierung, also die Konstruktion der Wahrnehmung um den Intellekt ohne Mäßigung durch Gefühl oder Intuition, im 13. Jahrhundert seinen Anfang nahm. Im Laufe der Jahrhunderte, als die Kulturen sich immer weniger mit Landwirtschaft und immer mehr mit Mechanisierung und intellektuellen Zielen beschäftigten, gewann Schauen zunehmend an Bedeutung. Im 20. Jahrhundert betrachteten die Augenärzte schließlich selbst die Welt auf diese myopische (kurzsichtige) Weise.

Kellum schreibt, dass diese logische Weltsicht Ärzte veranlasst, sich in der Behandlung von Augen auf eine physische und pragmatischere Herangehensweise zu konzentrieren. Die Zielsetzung ist einfach: Finde den physischen Verursacher der Sehschwäche und behandle die Symptome. Kurzsichtigkeit wird zurückgeführt auf eine Überlänge des Augapfels oder eine zu starke Brechkraft – eine sehr logische Erklärung.

Rationales Denken wird, Kellum zufolge, zu einer nützlichen Strategie für kurzsichtige und unter anderen Brechkraftstörungen leidende Patienten, weil es den Denkprozess vertieft und Gefühle sichert. Nur leider hindert diese Strategie der Panzerung die betreffende Person daran, in ihrer Vivencia-Natur zu sein. Kurzsichtigkeit eignet sich ideal für den Blick in die Welt und ihre Quantifizierung, doch leider sperrt sie das Bewusstsein in einer dunklen, geheimnisvollen Höhle ein.

Zum Glück ähnelt das Bewusstsein dem Gesichtssinn: Es ist lebendig, dynamisch und wartet nur auf den geeigneten Augenblick, um sich zu offenbaren. Ich meine, wir sind auf diesem Planeten, um Bewusstheit zu entwickeln und um unsere Wahrheit zu erkennen. Kurzsichtigkeit ist ein kurzes Zwischenspiel in dem Riesenplan des Raum-Zeit-Paradigmas, in dem unser Leben abläuft. Sie können in einem beliebigen bewussten Augenblick zu einer weitsichtigen Seinsweise wechseln. Bruce Lipton, dessen Theorien im dritten Kapitel besprochen wurden, hat Ihnen die Lösung präsentiert: Ändern Sie Ihre Wahrnehmung und Sie können Einfluss auf Ihre DNA nehmen. Die Modifizierung Ihres »kurzsichtigen« Denkens öffnet Sie für »weitsichtiges« Wahrnehmen. Das

Gegenmittel gegen kurzsichtiges Sehen und Verhalten ist folglich eine Neufokussierung und die Ausdehnung nach außen in das wahre Selbst hinein.

FALLGESCHICHTE: NATALIE, ERSTER TEIL

Natalies nachfolgende Geschichte wird Ihnen einen tieferen Zugang zum Wesen der Kurzsichtigkeit und zu ihrer Veränderbarkeit ermöglichen. Natalie bekam ihre erste Brille, als sie zwölf Jahre alt war. In Übereinstimmung mit den Vorstellungen der meisten Augenärzte sollte sie ihre Brille gegen Kurzsichtigkeit ununterbrochen tragen. Zu Beginn war ihr rechtes Brillenglas fast dreimal stärker als das linke. Das bedeutet, Natalie konnte ohne ihre Brille mit dem linken Auge viel besser in die Weite sehen als mit dem rechten.

An dieser Stelle ist es sinnvoll, auf die »Sprache« von Brillenverschreibungen einzugehen. Die »Dicke« der verschriebenen Brillengläser wird in Dioptrien gemessen. Eine Dioptrie – das ist die brechende Kraft eines optischen Systems – kann weiter in Viertel unterteilt werden. Das bedeutet, dass die geringste Stärke eines Brillenglases 0,25 Dioptrien misst. Zur Kennzeichnung von Konvex- und Konkavgläsern wird der Maßangabe ein Plus- beziehungsweise ein Minuszeichen vorangesetzt. Somit sind zur Korrektur von Weitsichtigkeit so genannte Plusgläser und zur Korrektur von Kurzsichtigkeit so genannte Minusgläser erforderlich. In Natalies Fall lautete ihr erstes Brillenrezept auf –4,50 Dioptrien rechts und –1,50 Dioptrien links. Anders ausgedrückt könnte man auch sagen, dass das Sehvermögen von Natalies rechtem Auge dreimal stärker eingeschränkt war als das ihres linken Auges.

Stellen Sie sich nun vor, was passiert, wenn die zwölfjährige Natalie ihre Brille aufsetzt. Mit einem Mal sieht sie alles klar und deutlich. Sie ist begeistert und erleichtert, weil sie plötzlich über scharfes Sehvermögen verfügt. Sie glaubt, dass die Brille ihre Sehschwäche korrigiert. Fühlen Sie sich an Ihre eigenen Erfahrungen mit Ihren Augen erinnert?

Natalie erzählt:

» Ich fand, dass ich mit Brille hässlich aussah. Ich hoffte, meine Augen würden besser werden. Stattdessen wurden sie schlechter. Als ich 22 Jahre alt war, hatte ich rechts –7,00 Dioptrien und links –3,00 Dioptrien. Ich ertrug die Brille einfach nicht mehr. Also beschaffte ich mir weiche Kontaktlinsen. Danach blieb die Brechkraft meiner Augen viele Jahre lang gleich. Mein Leben war normal. Ich wusste nicht, dass sich das Sehvermögen auch wieder bessern kann. Während eines sechsmonatigen Aufenthalts in Tibet lernte ich meditative Praktiken kennen. Die Erfahrung berührte mich auf einer unglaublich tiefen Ebene. Ich hatte das Gefühl, Liebe und Gottes Gegenwart gefunden zu haben. Danach kamen mir meine Kontaktlinsen zu stark vor. Mein Sehvermögen hatte sich ganz von allein erheblich verbessert. Das neue Rezept, das ich bei meiner Rückkehr nach Polen erhielt, verschrieb für das rechte Auge –4,50 Dioptrien und für das linke –1,50 Dioptrien. Mit der neuen Brille hatte ich den Eindruck, das rechte Auge mehr als früher zu benutzen. Ich fühlte mich vollständiger. «

Natalies Beschreibung greift zwei Aspekte des Sehens auf, die wir bereits aus vorangegangenen Kapiteln kennen. Die Feststellung des Sehvermögens erfolgt zum einen über die Messung der Brechkraft in Dioptrien, zum anderen aber über die tatsächlich empfundene Sehleistung. Beide müssen nicht unbedingt übereinstimmen. Anders ausgedrückt kann sich also die empfundene Sehleistung eines Menschen verbessern, obwohl die Brechkraftmessungsergebnisse sich nicht verändern. Oder aber die Dioptrienzahl nimmt ab und die Sehleistung zugleich entsprechend zu.

Entscheidend ist die Tatsache, dass das Sehvermögen in Beziehung zur Wahrnehmung des Geistes steht. Die Dioptrienzahl trifft lediglich eine strukturelle Aussage über die Augen. Und auch wenn die Logik uns sagt, dass zwischen beidem ein direkter Zusammenhang besteht, so stimmt dies doch keineswegs immer.

Entscheidend an Natalies Geschichte ist, dass sich ihre Sehleistung verbesserte, nachdem sie sich intensiv mit entspannenden Meditationstechniken befasst hatte. Es hatte sich nicht nur ihre Sehleistung verbessert, sondern, wie der Augenarzt feststellte, auch die anhand der Dioptrienzahlen ermittelte Brechkraft ihrer Augen. Eine Verringerung der Dioptrienzahl kommt nicht häufig vor, es sei denn bei denjenigen, die dem in diesem Buch beschriebenen System zur Verbesserung der Sehleistung folgen. Natalies Beispiel ist wichtig, weil es verdeutlicht, was tatsächlich möglich ist.

Denken Sie doch daran, wie Natalie durch ihr rechtes Auge sah, und wie sich dies auf ihr Verhalten auswirkte. Die Sicht auf die Welt durch ihr rechtes Auge war eingeschränkt. Führte dies bei Natalie zu einer Überbetonung der rationalen Seite? Würde ihre Iris Markierungen aufweisen, die auf eine Hinwendung zu übertriebener Rationalität schließen ließen? Könnte dieses Verhalten möglicherweise Auswirkungen auf ihre Einstellung zu Männern haben? Natalies Geschichte enthält die Antworten auf diese Fragen.

Genetisch bedingte Kurzsichtigkeit

Die meisten Augenärzte und Optiker hätten Natalies Kurzsichtigkeit als genetische Veranlagung eingestuft. Doch dies traf nicht zu, denn ihre Eltern verfügten beide über ausgezeichnete Sehkraft. Besonders interessant an Natalies Geschichte ist außerdem, dass sie einen Zwillingsbruder namens Rolf hat, der bereits mit sechs Jahren seine erste Brille bekam. Zurzeit trägt Rolf eine Brille mit −12,00 Dioptrien rechts und −6,00 Dioptrien links. Wie bei Natalie ist auch bei Rolf das rechte Auge kurzsichtiger als das linke. Was meinen Sie, welchen Beruf Rolf ergriffen hatte? Denken Sie daran, dass Kurzsichtigkeit die ideale Voraussetzung für Detailkenntnis, Faktenwissen und rationales Denken ist. Sie macht es möglich, dass man sich in seinen Kopf zurückziehen und dort logisch und systematisch die kleinsten Details erarbeiten kann. Rolf ist Rechtsanwalt.

Natalie berichtet weiter:

Fallgeschichte: Natalie, zweiter Teil

» Nach meinem Tibetaufenthalt begann ich mich zu fragen, wo meine Kurzsichtigkeit eigentlich ihren Ursprung hatte. Ein Sehlehrer leitete mich bei der Suche nach Antworten an. Entspannungsübungen für meine Augen wurden für mich zur täglichen Routine. Ich gab die Kontaktlinsen auf und habe sie seither nie wieder benutzt. Wenn ich mich an vertrauten Orten aufhielt, dann half mir mein verschwommenes Sehen, Teile meines schlafenden Selbst zu wecken. «

Nachdem eine Irisinterpretation erfolgt war, gelang es Natalie leichter, sich deutlich an frühe Lebensphasen zu erinnern. Auf Farbtafel 11 sehen Sie ihre Iris. R steht für das rechte und L für das linke Auge. Ich kann Ihnen hier nicht erklären, wie Sie genau bei der Interpretation einer Iris vorgehen müssen. Die Abbildung wurde gewählt, um zu zeigen, wie viel Information über die genetische Geschichte eines Menschen über die Augen ermittelbar ist. Außerdem ist die Iris ein Mittel, um sich dem Bewusstsein zu öffnen. Daher gelang es Natalie, sich deutlicher an wichtige Lebenserfahrungen und an einzelne Faktoren zu erinnern, die zu unterschiedlichen Zeiten tiefen Einfluss auf ihr Sein genommen hatten. In der Folge war es möglich, Natalie in die einengenden Bereiche zu führen und dort neue Erkenntnisse zu bewirken. Dies wiederum nahm bleibenden Einfluss auf die Art und Weise, wie Natalie sich ihrer Augen bediente. Später schlugen sich diese Veränderungen in einer zusätzlichen Reduzierung ihrer Dioptrienzahl und in einer erheblichen Verbesserung ihrer Sehleistung nieder. Orientieren Sie sich, indem Sie in der Abbildung die Irisphänomene identifizieren, die für Gedanken, Gefühle und Emotionen stehen. Die schwarzen Pfeile weisen auf die entsprechenden Irisphänomene hin.

In einer Sitzung mit Natalie führte ich sie in dem folgenden Dialog in ihren Geist. Die in Klammern beigefügten Kommentare und Buchstabenkodes sollen Ihnen helfen, die Informationen auf der Irisabbildung zu lokalisieren und besser zu verstehen.

Kaplan: Natalie, es scheint so, dass Ihre Mutter in Ihren ersten sieben Lebensjahren einen sehr starken Einfluss auf Sie hatte. (*Die für das Denken stehende bräunliche Färbung schiebt sich wie eine Schablone über die ersten sieben Lebensjahre.*) Ich nehme an, dass Ihre Mutter Denken und Diskussionen positiv bewertet und vielleicht ein mental kontrollierender Mensch ist?

Natalie: Das kann man in der Iris sehen? Ja, meine Mutter war sehr wichtig für mich. Sie bestimmte mein Leben. (*Gedankenmuster der Überlebenspersönlichkeit. In Natalies Fall ist die orange Färbung um die Pupille besonders ausgeprägt und schützt ihren Selbstausdruck.*)

Kaplan: Hatten Sie das Gefühl, sich in Ihrem Selbstausdruck zurückhalten zu müssen?

Natalie: Ich musste lernen, mich selbst zu zügeln. Ich fühlte mich wie eine Gefangene, die von den Überlebensmustern meiner Mutter kontrolliert wurde.

Kaplan: Würden Sie sagen, dass Ihre Mutter stärker Einfluss auf Ihre Kindheit genommen hat als Ihr Vater?

Natalie: Auf jeden Fall. Mein Vater war sehr abwesend. (*Die Muster und Irisphänomene im linken Auge scheinen deutlicher. In Natalies Fall ist das Bewusstsein mütterlicherseits für die Festlegung der Persönlichkeit im Alter zwischen Geburt und sieben oder acht Jahren wichtiger.*)

Kaplan: Stellen Sie sich einen Moment lang vor, dass es für Sie erforderlich war, bestimmte Dinge von Ihrer Mutter zu lernen. Stellen Sie sich vor, dass sie jetzt bei Ihnen ist. (*Ich bin im Begriff, ihr bei der Neuausrichtung ihrer Wahrnehmung zu helfen. Findet Natalie einen tieferen Zugang zu ihren Gefühlen und Emotionen, um Entdeckungen zu machen und ihr Erinnerungsvermögen zu mobilisieren? Ihre Iris zeigen Emotionsmuster, die gleich an Denkmuster grenzen. Das lässt darauf schließen, dass sie sich vermutlich daran gewöhnt hatte, ihre Emotionen durch Gedanken abzuschirmen. Mit ein wenig Unterstützung gelang es Natalie, ihre Gefühle und tieferen Emotionen auszudrücken. Auf diese Weise begann sie, ihre einengenden Bereiche zu befreien.*) Könnte Ihr Bedürfnis, der Mutter näher zu sein, vielleicht eine Erklärung dafür sein, dass die Sehleistung Ihres rechten Auges so viel geringer war als die Ihres linken? (*Ich warte einen*

Augenblick, damit Natalie darüber nachdenken kann. Sie nickt.) Stellen Sie sich vor, dass Sie die Qualitäten Ihrer Mutter für die Ausbildung eines guten Selbstbilds und Selbstwertgefühls benötigten. (*Ich warte auf eine Antwort oder vielleicht sogar eine stärkere Reaktion.*)

NATALIE: Auf keinen Fall. Damit hätte mir meine Mutter nicht helfen können. (*Ich lasse ihr Zeit, dem nachzuspüren und sich mit ihrer Reaktion zu befassen. Wir sprechen ein wenig über ihre Einschätzungen. Ich weise sie darauf hin, dass ihre Reaktion Bestandteil ihrer Überlebenspersönlichkeit ist. Bei einem einseitig stärkeren elterlichen Einfluss, in Natalies Fall seitens der Mutter, neigt sie möglicherweise dazu, die weniger dominierende Seite so lange zu unterdrücken, bis sie dem Altersabschnitt Geburt bis sieben Jahre im zweiten [mit 20 bis 27 Jahren] oder dritten [mit 40 bis 47 Jahren] Bewusstseinszyklus erneut begegnet. Die Region in der Iris, die mit dem Buchstaben A gekennzeichnet ist, verweist auf offene Emotion in dem als Selbstachtung bezeichneten Aspekt der Persönlichkeit. Beachten Sie die scharfe Kante, durch die das blütenblattförmige Gebilde von dem orangefarbigen Gedankenbereich abgegrenzt ist. Der äußere Teil der Iris weist ebenfalls eine orange Färbung auf.*)

KAPLAN: Könnte es sein, dass Sie Ihre Gedanken einsetzen, um sich mit ihnen vor Ihren Emotionen zu schützen?

NATALIE: Ganz bestimmt.

KAPLAN: Haben Sie Vertrauen in sich selbst?

NATALIE: Nicht immer. (*Siehe die mit B gekennzeichnete Region, die man mit Vertrauen in Beziehung setzt.*)

KAPLAN: Fällt es Ihnen leicht, Verpflichtungen einzugehen?

NATALIE: Nein, es fällt mir außerordentlich schwer. (*Siehe die mit C gekennzeichnete Region, die mit dem Eingehen von Verpflichtungen zusammenhängt.*)

KAPLAN: Werden Sie leicht ärgerlich und wütend?

NATALIE: (*Lacht nervös.*) Man möchte fast glauben, Sie würden mich kennen. Beziehen Sie all diese Informationen aus meinen Iris? (*Ich nicke. Siehe den Bereich unterhalb von C. Die Irisstruktur in B und C macht deutlich, dass Emotion vorhanden ist und Gedanken Natalie davor bewahren, sie zu spüren.*)

Als Natalie diese Erfahrung integriert hat, vermag sie mehr über sich mitzuteilen.

Fallgeschichte: Natalie, dritter Teil

» Ich bin wieder in meiner Kindheit. Mein Bruder scheint meinen Eltern wichtiger zu sein als ich. Ich habe nie das Gefühl, an erster Stelle zu stehen. Meine Eltern verstehen mich nicht. Ich fühle mich unter Druck gesetzt, Entscheidungen für mein Leben zu treffen. Ich meine, dass diese Phase meiner Kindheit für mich besonders schwierig ist. Ich kann mich nicht an viel von dem erinnern, was ablief, bevor ich zwölf Jahre alt war. Damals habe ich meine erste Brille bekommen.

Meine Mutter erzählt mir, dass sie Brustkrebs hat. Ich mache das Haus sauber. Ich bin rebellisch. Meine Brüste und meine Hüften sind vollständig entwickelt. Ich bin erst zwölf Jahre alt. Ich bin verwirrt. Ich habe den Körper einer Frau, doch ich bin noch ein Kind. Wo ist mein Vater? Er ist emotional und geistig abwesend. Mir kommt es so vor, als versuchte ich nur zu überleben. In meiner Fantasie wünsche ich mir meine Eltern tot. «

Kurzsichtigkeit und Persönlichkeit

Natalie teilte mir später mit, dass diese tiefen Gefühle, die sie in ihrer Fantasie verarbeitete, sie vor ihrer Familie retteten. Sie zog sich weiter in ihre eigene kurzsichtige Welt zurück. Sie verlegte sich ganz auf Intellekt, Gedanken und Lernen, um ihre empfindliche Emotionalität zu schützen. Ihre Flucht aus der Familiendynamik ersparte es ihr, sich direkt mit ihren Überlebenswahrnehmungen auseinander setzen zu müssen.

Nach einer weiteren tiefen inneren Erforschung berichtete Natalie wie folgt:

FALLGESCHICHTE: NATALIE, VIERTER TEIL

>> Ich wurde eine Frau. Ich übertrieb meinen Selbstausdruck durch meine männliche Seite. Ich schützte mich, indem ich mich intellektuell gab. Ich stellte viele Fragen. Ich wollte etwas begreifen. Auf diese Weise entging ich meinen Gefühlen und Emotionen. Ich konnte die Menschen und meine Grollgefühle auf Distanz halten. Als Teenager gelang es mir außerdem, mir die Männer vom Hals zu halten. So musste ich mich mit diesem Teil meines Lebens nicht befassen. Wenn ich mich jetzt daran erinnere, wie ich durch mein rechtes Auge sah, dann erscheint mir das vollkommen logisch. Meine Welt schien sich ausschließlich im Inneren zu befinden. Die Aspekte meiner väterlichen Seite, meine männlichen Eigenschaften, sind mir weniger vertraut. Ich strukturiere mein Leben um diese Art der Wahrnehmung.

Mein linkes Auge sieht deutlicher und ich ziehe es dem anderen vor. Ich kann mein linkes Auge nicht einwärts wenden und also nicht integrieren, was sich in meiner unmittelbaren Nähe befindet. Doch komme ich mit meinem Leben gut zurecht. Ich bin eine gute Lehrerin. In meinem Privatleben halte ich die Menschen von mir fern. Mit 45 Jahren habe ich noch immer keinen Mann, an den ich mich auf spirituelle Weise gebunden fühle. Ich würde mein Leben gerne in einer Partnerschaft mit einem Mann verbringen. <<

Meine Sitzung mit Natalie setzte sich folgendermaßen fort:

KAPLAN: Das Zusammensein mit einem Mann setzt die Anbindung an die eigene männliche Seite voraus. Versuchen Sie, Zugang zu Ihrer emotionalen spirituellen Natur (*in der Abbildung der mit E bezeichnete Bereich*) zu bekommen, die erwacht, wenn Sie mit einem Mann zusammen sind. Spüren Sie, wie Ihr Körper zu Ihnen spricht und wie er Sie zu der sinnlichen Seite Ihres Wesens führt. Spüren Sie Ihr Bedürfnis nach Berührungen. (*In der Abbildung der mit D bezeichnete Bereich. Ich mache eine kurze Pause, um Natalie die Gelegenheit zu geben, das eben Gehörte zu verarbeiten.*) In einer Beziehung zu sein heißt, seine weiblichen und männlichen Anteile gleichermaßen zu integrieren. Spüren Sie, wie die

Qualitäten von der Seite Ihrer Mutter mit Ihrer Männlichkeit verschmelzen. Finden Sie heraus, welche Eigenschaften von der Seite Ihres Vaters Sie kopieren. Welche Ihrer Qualitäten sind genetisch verankert? Welche sind Ausdruck Ihres wahren Selbst? Das kann nur geschehen, wenn Sie die Stärken Ihres weiblichen Wesens mit den wahren Aspekten Ihres männlichen Wesens zusammenführen. (*Natalie hört zu und ich fahre fort.*) Ihr genetisches Selbst zeigt, dass Sie Ihr Ziel erreichen können, indem Sie mehr Gefühl zulassen. Verlassen Sie die höheren Regionen Ihres Geistes und Ihrer Gedanken und begeben Sie sich in Ihren emotionalen Körper. Machen Sie einen Anfang, indem Sie Ihr linkes Auge abdecken. Suchen Sie Ruhe. Seien Sie bei sich. Finden Sie Ihre sinnliche Natur. (*Ich warte auf eine Reaktion. Region D in der rechten Iris weist darauf hin, dass Natalie möglicherweise Ihr männlich orientiertes sinnliches Wesen abschirmen wird. Von Gedankenmustern geschützte Emotionen sind sichtbar. Die Schulung ihrer Gefühle wird Natalie helfen, ihr sinnliches Wesen zu entdecken.*) Führen Sie Telefongespräche, plaudern Sie mit Freunden, während Ihr linkes Auge abgedeckt ist, und üben Sie sich darin, Ihre Wahrheit, die tief aus Ihrem Selbst kommt, auszusprechen. (*In Region E liegt das Geheimnis von Natalies männlich gesteuerter Fähigkeit, ihre Gedanken zum Ausdruck zu bringen. Auch die tieferen Aspekte ihres spirituellen Wesens sind hier zu finden. Das könnte vielleicht erklären, warum Meditation und Stille zur Verbesserung ihrer Sehleistung geführt haben.*) Machen Sie sich klar, dass Ihr Interesse an Meditation und Stillsein ein Zugang zur Integration Ihrer männlichen und weiblichen Seiten ist.

Die Überbetonung des Denkens war in Natalies embryotisches Selbst einprogrammiert. Ihr Leben mit ihren Eltern hatte zur Freisetzung diese Art der Wirklichkeitswahrnehmung beigetragen. Der Schutz, den sie ihren Gefühlen und Emotionen unter Verwendung von Gedanken und Wissen angedeihen ließ, hatte sich als Kurzsichtigkeit manifestiert. Die höhere Dioptrienzahl des rechten Auges stellte für sie eine zusätzliche Aufforderung dar, sich mit der männlichen Seite ihrer projizierten Persönlichkeit zu befassen. Indem Natalie ihr linkes Auge abdeckte, konnte sie die notwendigen Unterscheidungen zwischen den verschiedenen Aspekten ihres Selbst machen.

Ihr fiel auf, dass sie Gedanken durch das rechte Auge projizierte. Natalie gelang es, ein weicheres Gefühl in ihr rechtes Auge zu leiten und bewusst in ihren Gefühlen präsent zu bleiben. Sie war außerdem erfolgreich damit, die Konditionierungen durch ihre genetische Veranlagung und ihre Kindheit zu transzendieren. Sie suchte und bekam einen besseren Zugang zu ihren Gefühlen, bevor sie sich verbal zu äußern begann. Ihr Groll gegen männliche Autorität verwandelte sich in die Vorstellung, dass das Leben mit einem Mann eine geheiligte Verbindung darstellen konnte. Sie konzentrierte sich auf die Integration ihrer zahlreichen Aspekte. Die Informationen, die Natalies Iris ihr eröffneten, zeigten ihr den Weg zu ihrem wahren Wesen. Es gelang ihr, den Treibsand der elterlichen Konditionierung hinter sich zu lassen.

Angst vor dem Sehen

Von den Iris gelieferte Informationen helfen, genetische Einflüsse zu identifizieren, die für Angstmuster anfällig machen könnten. Kurzsichtigkeit kann mit einer Angst vor dem Sehen in Zusammenhang gebracht werden. Diese Angst hat meist etwas mit der Unsicherheit gegenüber der Zukunft zu tun. Man könnte meinen, sie beziehe sich auf das Sehen der Außenwelt. Doch sie kann sich auch auf die Wahrnehmung des eigenen Selbst beziehen. Es könnte sich um die Angst davor handeln, dass die Art, wie Sie sehen, Bestandteil Ihrer Persönlichkeit ist.

Natalies Iris offenbarten einige Ängste. Indem sie begriff, dass unterhalb von Angst noch eine weitere Polarität existiert wie Fürsorge, Inspiration oder Selbstausdruck, gelang es Natalie, ihre Wahrnehmung zu verschieben und sich mit dem zu verbinden, was ich als »Gegensatzpolarität« bezeichne, eine Qualität oder Art des Sehens, die das genaue Gegenstück der gegenwärtigen ist. Zum Beispiel kann eine Angst vor Liebesverlust als Fähigkeit zu intensiver Liebe erkannt werden. Einige der Ängste, mit denen Natalie sich beschäftigen musste, waren: die Angst vor Übergriffen und Angriffen, vor Kritik und Schelte, vor Kontrolle, Nähe, Vertrauen und Verpflichtungen.

Lesen Sie, was Natalie selbst über ihre Entdeckungen berichtet:

FALLGESCHICHTE: NATALIE, FÜNFTER TEIL

> Ich bin an einem Punkt angelangt, an dem ich mich als Lehrerin beruflich nicht mehr weiterentwickeln kann. Mein Privatleben sehe ich mit neuen Augen. Ich vertreibe die Menschen. Ich projiziere so viel herrische Energie. Ich halte inne. Ich spüre meiner Angst vor Nähe nach. Ich sehne mich nach Nähe und Schutz. Als ich mein linkes Auge abdeckte, erlebte ich ein Aufblitzen klaren Sehens. Ich erkannte, dass sich in diesem Augenblick meine Angst in Erregung verwandelt hatte. Ich nahm die Augenklappe ab. Ich sah alles vollkommen klar. Ich bin sicher, dass ich in diesem Augenblick über eine Sehleistung von 100 Prozent verfügte. Ich mache Yoga und beschäftige mich mit dreidimensionalen Fusionsbildern (siehe Farbtafeln 12 und 13). Wenn ich die Wahrnehmungen meines linken und meines rechten Auges integriere, mache ich besondere Erfahrungen. Ich finde Zugang zu einer anderen Art der Wahrnehmung. Ich fühle mich benommen. Ich benötige kein absolut klares Sehvermögen, um meine weibliche und meine männliche Wirklichkeit miteinander zu verschmelzen. Ich bin mir dessen bewusst, was für den normalen zentrierten, verstandesorientierten Fokus meines Sehens peripher ist. Ich integriere Denken und Fühlen. Dann geschieht es. Eine Energie durchströmt mich. Durch mein physisches Wesen spüre ich eine wunderbare Lebendigkeit. Ich weiß, ich muss diese Welt, die ich sehe, betreten und ich selbst sein.

Natalie tat genau das. Ihre Dioptrienzahlen nahmen mehr und mehr ab. Die Sehleistung ihres linken Auges reichte fast aus, um ohne Brille Auto zu fahren. Doch ihre Arbeit war noch nicht abgeschlossen. Sie musste sich durch ihr rechtes Auge noch weiteren Ängsten stellen. Natalies nächster Schritt auf dem Weg in die neue Welt, die sie nun sah, verlangte von ihr, ihre Spiritualität noch mehr anzuerkennen und sie durch ihre Arbeit als

Lehrerin in die Welt zu tragen. Die Herausforderung bestand für sie nun darin, sich etwas weiter aus der sicheren Zone ihrer Überlebenspersönlichkeit hinauszuwagen.

Das Gesehene fühlen

Als Natalie einen tieferen Zugang zu ihren Gefühlen erhielt, stiegen Kindheitserinnerungen an die Oberfläche. Sie war nun dazu in der Lage, ihre kindlichen Auffassungen vom Aussichtspunkt ihres gegenwärtigen Gewahrseins zu überblicken. Indem sie diese neue Sichtweise um ihre Präsenz und ihr Unterscheidungsvermögen erweiterte, gelang es ihr, bewusstes Sehen zu kultivieren. Sie hatte sich von der Gefühle ablehnenden Haltung ihrer Eltern abgekehrt. Es fällt auf, dass Natalies rechtes Auge stärker orange gefärbt ist als vor allem der obere Bereich ihres linken. Das bedeutet, dass Natalie in ihrem rechten Auge mehr durch Gedanken kontrollierte Wahrnehmungen trägt. Doch sobald sie den »Gebirgszug« in ihrer Iris überwand und die äußeren Bereiche erreichte, stieß sie auf Gefühl und Ruhe. Natalie gelangte mithilfe der nachfolgenden Übungssequenz an dieses Ziel. Falls Sie kurzsichtig sind, können Sie diese Übungen ebenfalls ausprobieren.

Maßnahmen gegen Kurzsichtigkeit

Schwächere Brille

Tragen Sie, wann immer es Ihnen möglich ist, eine schwächere Brille gegen Kurzsichtigkeit. Bedenken Sie, dass es in den meisten Fällen akzeptabel ist, auch mit einer durch eine geringere Dioptrienzahl auf 50 Prozent reduzierten Sehleistung Auto zu fahren. In Nordamerika ist 20/40 eine für das Autofahren akzeptierte Sehleistung. Am besten ist es, wenn Sie zwei Brillen besitzen: eine, die Ihr Sehvermögen zu 100 Prozent herstellt und die Sie beim Fahren, an regnerischen oder bewölkten Tagen und in der Nacht aufsetzen können, und eine erheblich schwächere Alltagsbrille, die

Sie nutzen, um Ihr Wahrnehmungsvermögen zu schulen. Bringen Sie einen größeren Teil Ihrer Zeit im Haus mit »nackten« Augen zu. Sie werden feststellen, dass Sie sich ohne Brille erheblich langsamer bewegen, als wenn Sie alles vollkommen scharf sehen. Genau das sind die Umstände, die Ihnen bei der Vertiefung Ihrer Gefühle helfen.

Um sich eine schwächere Brille verschreiben zu lassen, ist es am besten, sich an einen verhaltenstherapeutisch oder sehtherapeutisch arbeitenden Augenarzt zu wenden. Hinweise darauf, wo Sie entsprechende Adressen erhalten, finden Sie im Anhang. Vergessen Sie nicht, den Augenarzt darauf hinzuweisen, dass Sie die schwächere Brille mit Übungen nach der Integrativen Sehtherapie unterstützen. Es könnte sein, dass Ärzte sich weigern, schwächere Brillen zu verschreiben, weil sie Schadensersatzklagen fürchten.

Natalie stellte fest, dass sie sich entspannter fühlte, wenn sie nicht alles um sich herum in absoluter Schärfe sah. Statt sich in übertriebene Geschäftigkeit zu flüchten, konnte sie sich nun hinsetzen und sich einfach an ihrem Blumengarten freuen, den Vögeln zuhören und den Anblick des farbenprächtigen Abendhimmels genießen. Natalie stellte sich vor, dass das einfallende Licht Netzhaut und Fovea ihrer Augen gleichermaßen stimulierte. Sie führte ein Tagebuch, in das sie alle mit ihrer Sehleistung zusammenhängenden Entdeckungen eintrug. Auf diese Weise erinnerte sie sich nach und nach an ihr Leben vor der Brille. Bestandteil dieser Erinnerung war ihr in der Kindheit vollkommen klares Sehvermögen. Damit hatte Natalie die Möglichkeit, ihr jetziges Sehen bewusst auf dieser Erinnerung aufzubauen.

Abdecken eines Auges kombiniert mit schwächerer Brille

Sie erinnern sich daran, dass das Abdecken eines Auges typischerweise ohne Brille erfolgt. Natalie sah auf ihrem rechten Auge ohne Sehhilfe sehr verschwommen. Sie konnte nur Dinge erkennen, die etwa zehn Zentimeter von ihrer Nase entfernt waren. Mit ihren »nackten« Augen konnte sie also nur sehr wenig ausrichten. Sie war gezwungen, innezuhalten und zu fühlen. Dieses Innehalten und Fühlen ließ Natalie sich daran erinnern, wie es war, bei sich selbst zu sein. Dieser Schritt war für sie, wie für die meisten Menschen, eine große Herausforderung. Zu Beginn konnte sie es bei abgedecktem linken Auge nicht länger als sechs Minuten mit ihrem »nackten« rechten Auge aushalten. Sie wurde reizbar und unruhig und entdeckte Ängste in sich. Natalie schrieb ihre Gefühle nieder. Wenn sie dann las, was sie aufgeschrieben hatte, bediente sie sich ihres Intellekts, um sich die den Gefühlen zugrunde liegenden Ursachen zu erklären. Nachdem sie sich auf diese Weise ein paar Wochen lang geübt hatte, gewann ihre Sehkraft an Flexibilität. Sie konnte die Buchstaben auf der Augentafel deutlicher ausmachen.

Das Abdecken des linken Auges und das Sehen ausschließlich mit dem schwachen »nackten« Auge war für Natalie eine äußerst intensive Erfahrung. Deshalb überklebte sie, wenn sie ihre schwächere Brille trug, das linke Glas mit durchscheinendem Klebeband. Dieses Klebeband wirkte fast wie eine vollständige Abdeckung des linken Auges und zwang sie, mehr mit ihrem rechten Auge zu sehen. So fühlte sie sich weniger stark mit ihren Ängsten konfrontiert, konnte mehr leisten und dennoch mehr fühlen.

Lochbrillen

Denken Sie darüber nach, ob Sie in der sicheren Umgebung Ihres Zuhauses statt Ihrer normalen Brille vielleicht eine Lochbrille tragen wollen. Das Brillengestell fasst jeweils eine undurchsichtige Plastikscheibe, die mit zahlreichen kleinen Perforationen versehen ist (siehe Produkte für bewusstes Sehen im Anhang des Buches). Diese kleinen Löcher verbessern das Sehvermögen Ihrer »nackten« Augen um etwa 60 Prozent. Ein weiterer Vorteil ist, dass diese Sehschärfe ohne die bei einer normalen Brille auftretende räumliche Verzerrung zustande kommt. Nach der Brille und der Abdeckung des starken Auges empfand Natalie die Lochbrille als Erleichterung. Indem Sie sich daran erinnerte, wie in der Übung mit der Schnur, beschrieben im sechsten Kapitel, in den Raum jenseits des Fensters zu blicken, konnte sie auch durch die Löcher der Lochbrille sehen. Sie genoss das Gefühl, ihren Fokus über ihren normalen Wohlfühlbereich hinaus auszudehnen.

Dieser auswärts und in die Ferne gerichtete Blick kopiert die weitsichtige Seinsweise. Wenn Natalie die Lochbrille abnahm, dann gewann ihre mit beiden Augen gesehene visuelle Welt an Klarheit. Wenn sie durch die Lochbrille blickte, musste sie bewusst und präsent sein. Verspannte sie sich oder überfokussierte sie, dann verschmolzen mehrere der kleinen Löcher und sie sah Doppelbilder. Bei anderer Gelegenheit schienen die Löcher ihrem Sehen im Weg zu stehen. Dieser Rückkopplungseffekt war ausgezeichnet, um ihre Sehkraft weiter zu trainieren. Natalie konnte praktisch überwachen, wie sich die einzelnen Bereiche ihres Geistes auf ihr Sehen und Wahrnehmen auswirkten.

> Eine Linse ermöglicht uns die Konzentration auf den Teil des Geistes, der zu bewusstem Sehen und Sein erwacht.
> ROBERTO KAPLAN

Therapeutische Spezialbrillen

In vorangegangenen Kapiteln habe ich erwähnt, wie das Heilpotential durch Modifizierung der Brillenverschreibung noch gesteigert werden kann. In Natalies Fall schien es vernünftig, unter Verwendung beider Augen den stärkeren Gebrauch des rechten Auges zu trainieren. Das konnte erreicht werden, indem ihre neue Brille lediglich auf der linken Seite eine Linse mit geringerer Dioptrienzahl enthielt. Mit einer solchen Brille würde Natalie mit ihrem linken Auge weniger klar sehen als mit ihrem rechten. Damit kehrte sich die gewohnte Situation um, und sobald Natalie die neue Brille aufsetzte, sah sie nun mit dem rechten Auge klar und mit dem linken verschwommen.

Oberflächlich betrachtet scheint diese Umstellung nicht besonders gewöhnungsbedürftig. Doch ist diese Form bewussten Sehens tief greifend therapeutisch. Nicht ohne Grund wird eine solche Brillenverschreibung als »therapeutisch« bezeichnet. Wenn man Licht stärker in ein Auge lenkt, dann wird das Gedächtnis aktiviert. Natalie zum Beispiel erhielt

Zugang zu Wahrnehmungen im Zusammenhang mit ihrem Vater und ihrer eigenen männlichen Seite. Bilder und ihre frühere Art des Wahrnehmens und Sehens kamen zum Vorschein. Wie beim vollständigen Abdecken eines Auges muss das Tragen einer therapeutischen Brille auf 20-Minuten-Zeiträume beschränkt werden. Und natürlich ist eine gute Beziehung zu einem Optiker oder Augenarzt erforderlich, der Sie bei der Anwendung einer solchen Trainingsbrille unterstützt.

Eine andere Herangehensweise bei einem Astigmatismus von mehr als 1,50 Dioptrien besteht darin, den Astigmatismus in beiden Augen um 0,75 Dioptrien zu erhöhen. Diese Methode zeigt äußerst interessante Auswirkungen. Der normalerweise am verschwommensten wahrgenommene Bereich wird nun zu dem am schärfsten gesehenen. Diese Situation ist analog zu der Geschichte von Sara und ihrem Vater in der Höhle, die ich im ersten Kapitel erzählt habe. Das, worauf der Strahl der Taschenlampe gelenkt wird, wird zum Bezugspunkt des Sehens. Wenn man nun den Astigmatismus verstärkt, dann wird Licht auf einen normalerweise dunklen oder fast dunklen Bereich der Wahrnehmung gerichtet. Die so erzielte Wirkung soll im neunten Kapitel näher besprochen werden.

Über das Selbst hinaussehen

Wenn Natalie die therapeutische Brille, die ihren Astigmatismus vergrößerte, aufhatte, dann kamen in ihr eingelagerte Gefühle im Zusammenhang mit ihrem Bruder und ihrem Vater hoch. Ihre therapeutische Brille gestattete es ihr noch immer, mehr mit dem rechten als mit dem linken Auge zu sehen. Sie erinnerte sich daran, wie abgeschnitten sie sich als Kind von der männlichen Seite der Familie fühlte. Als sie ihre Gefühle zuließ, wurde auch ihr Zorn sichtbar. Indem sie die Tragedauer der therapeutischen Brille steigerte, konnte sie bei sich eine Wahrnehmungsveränderung feststellen.

Sie fing an, ihre Außenwelt ebenso hoch einzuschätzen wie ihre Innenwelt. Das bedeutet, dass sie ihre Aufmerksamkeit und ihr Sehvermögen nun zwischen Innen- und Außenschau aufteilen musste. Anfangs kam ihr dies äußerst merkwürdig vor. Ihr Gefühl von Unbeholfenheit wurde begleitet von der Angst davor, die innere Sicherheitszone zu verlassen. Ihr verborgenes, introvertiertes Wesen verlagerte sich dramatisch, als sie die »Gebirgskette« ihrer eigenen Gedanken überwand. Für Natalie war das Erklimmen der orangefarbenen »Berge« in ihren Iris wie der Jubel, den sie bei ihrem ersten Erwachen in Tibet empfand.

ÜBUNG: BEWEGUNG UND RÄUMLICHE ERWEITERUNG

- Stehen Sie mit nackten Füßen und blicken Sie in die Ferne. Falls Sie sich im Freien befinden, begeben Sie sich durch Ihre Augen in die Natur. Sollten Sie sich im Inneren aufhalten, dann stellen Sie sich vor ein Fenster, durch das hindurch Sie in die freie Natur schauen können. Vielleicht möchten Sie eine Augentafel aus Abziehbuchstaben, die es in Schreibwarengeschäften gibt, an der Scheibe des Fensters befestigen, damit Sie durch die Tafel hindurch in die Ferne sehen können.
- Fangen Sie nun an, Ihren Körper nach rechts und links zu schwingen. Schließen Sie die Augen, und stellen Sie sich vor, dass Sie direkt auf Ihre geschlossenen Augenlider sehen. Spüren Sie, wie Ihr Körper sanft hin- und herpendelt.
- Atmen Sie ein, dann aus und machen Sie eine Pause. Nehmen Sie sich Zeit, und vertiefen Sie den Zugang zu Ihren Gefühlen, während Sie Ihre Gedanken ziehen lassen. Solange Sie Ihre Augen geschlossen halten, denken Sie weniger. Erfreuen Sie sich am Pendeln Ihres Körpers. Stellen Sie sich vor, dass Ihr Körper durch den Raum schwebt. Erfreuen Sie sich an der Bewegung. Machen Sie sich bewusst, wie entspannend sie auf Sie wirkt. Rufen Sie sich Ihren Atem ins Bewusstsein und entspannen Sie sich noch tiefer.
- Stellen Sie sich vor, dass Ihre Gedanken in Form von schweren Lasten von Ihrem Kopf den Körper hinuntergleiten. Das Gefühl von Schwere wird durch tiefe Entspannung ersetzt.
- Behalten Sie das Pendeln für weitere 30–50 Atemzüge bei.
- Dann stellen Sie sich vor, dass Sie durch die geschlossenen Augen-

lider sehen können. Sie erinnern sich daran, wie die Natur aussah, bevor Sie die Augen schlossen. Zunächst »sehen« Sie bis zum Fenster. Langsam dehnen Sie Ihr »Sehfeld« mit jedem Atemzug weiter und weiter aus. Vor Ihrem inneren Auge »sehen« Sie die lebhaften Farben und vielgestaltigen Formen. Sie reisen hinaus in den Raum und Ihr zentrales Sehfeld ist vollkommen klar. Sie nehmen außerdem wahr, was dieses zentrale Sehfeld umgibt.
- Schließlich richten Sie Ihre Aufmerksamkeit auf die wahrgenommenen Bewegungen der Natur. Können Sie feststellen, dass sich die Welt verglichen mit der Pendelbewegung Ihres Körpers in die entgegengesetzte Richtung bewegt?
- Überprüfen Sie diesen wichtigen visuellen Unterschied, indem Sie Ihre Augen öffnen und auf Ihren vor Ihnen hochgestreckten Daumen blicken, während Sie Ihren Körper weiterhin pendeln lassen. Es wird Ihnen so vorkommen, als ob sich die Welt hinter Ihrem Daumen sehr rasch in die Ihrem schwingenden Körper entgegengesetzte Richtung bewegt.

Das Ziel dieser Übung ist es, Ihre Augen anzuregen, den größtmöglichen Wahrnehmungsbereich abzudecken. Sehen beinhaltet die Wahrnehmung dessen, was sich in der Umgebung des eigentlichen Fixpunkts befindet.

- Blicken Sie nach dieser Pendelübung mit Ihren »nackten« Augen hinaus in die Natur. Achten Sie auf Ihre Gefühle. Die Farben können Ihnen jetzt strahlender erscheinen, Formen deutlicher hervortreten.
- Dann blicken Sie auf eine Augentafel, um festzustellen, ob sich Ihre Sehleistung verändert hat. Machen Sie sich bewusst, wie sich Ihr Sehen unterscheidet, wenn Sie Ihre Augen auf einzelne Buchstaben oder auf die Natur richten. Stellen Sie das Gefühl des erweiterten Blickfelds wieder her, und finden Sie heraus, ob Sie die Buchstaben nun schärfer sehen.

> Mein Ziel ist es nicht, mit meiner vorangegangenen Aussage zu einer bestimmten Frage übereinzustimmen, sondern mit der Wahrheit, wie sie sich mir zu einem beliebigen Zeitpunkt präsentiert.
>
> MAHATMA GANDHI

Weitsichtiges Wahrnehmen

Denken Sie darüber nach, wie das Bewusstsein der Weitsichtigkeit funktioniert, während Sie die vorangegangene Übung in Ihren Alltag einbringen. Weitsichtigkeit bedeutet, sich aus dem eigenen Kopf hinauszubewegen, über den eigenen Standpunkt hinauszublicken. Betrachten Sie Ihre Gedanken als etwas, das sich in Ihrem Kopf befindet. Beständiges Denken gibt Gedanken Form. Gehen Sie jetzt über Ihre Gedanken hinaus, indem Sie durch Ihre Augen auf das sehen, was vor ihnen liegt. Auf diese Weise erweitern Sie Ihr Selbstgefühl. Sie erkennen langsam, dass die Welt außerhalb Ihrer selbst gleichfalls ein Teil von Ihnen ist. Versuchen Sie das, was Sie ansehen, eher mit Gefühlen als mit Gedanken zu erfassen. Üben Sie sich darin, ein Bestandteil dessen zu werden, was Sie ansehen. Stellen Sie sich vor, dass es keine Trennung zwischen Ihnen und der Welt, die Sie sehen, gibt, dass Sie eins mit ihr sind.

Erweiterung des Sehvermögens

Natalie machte außerdem Übungen, bei denen jedes ihrer beiden Augen ein Bild sah, wie sie auf Farbtafel 12 und 13 gezeigt werden. Indem sie ihre Augen entweder gleichsinnig einwärts oder auswärts wendete, konnte sie ein drittes Bild erzeugen. Diese Technik ist mit jener vergleichbar, die vor einiger Zeit als das »Magische Auge« Furore machte. Bei diesen computergenerierten Bildern sah man zunächst nur ein abstraktes Muster, das sich etwa aus kleinen farbigen Würfeln oder Punkten zusammensetzte. Doch wenn man das Bild auf bestimmte Weise anstarrte, dann erkannte man plötzlich das Abbild einer berühmten Persönlichkeit oder vielleicht ein

Wort wie Liebe oder Sehen. Man wusste nie so recht, warum man etwas einen Moment lang und dann wieder nicht sehen konnte, man wusste nur, dass es wohl davon abhing, worauf man sich im Inneren konzentrierte.

> **ÜBUNG: GLEICHGEWICHT UND INTEGRATION**
>
> Die Übung, die ich Ihnen hier vorstellen will, funktioniert ein wenig wie die Bilder des »Magischen Auges«, nur dienen Sie weniger dem Zweck, Sie in Erstaunen zu versetzen, als Gleichgewicht und Integration in Ihnen zu fördern und Sie zu stärken.
>
> - Kurzsichtige müssen zunächst ihre Augen gleichsinnig auswärts wenden. Blicken Sie über die beiden Fotos auf Farbtafel 12 hinaus auf einen Punkt, der etwa 100 Meter entfernt ist.
> - Führen Sie nun die Abbildung langsam in Ihre Blicklinie. Konzentrieren Sie sich weiterhin auf den weit entfernten Punkt. Eine Zeit lang werden Sie das Gefühl haben, dass die beiden Fotos in ihrem Gesichtsfeld schwimmen. Vielleicht sehen Sie vier Augentafeln, von denen sich die mittleren beiden überschneiden. Ihr Ziel ist es, ein drittes Bild in der Mitte der beiden Fotos zu sehen. Dieses Bild könnte Ihnen etwas größer erscheinen und mehr Tiefe haben. Dies wird insbesondere für die beiden engen Straßen zutreffen. Teile der Gebäude und die schwächer sichtbaren Augentafeln am Himmel könnten ebenfalls eine andere Tiefendimensionen aufweisen. Die Gasse wird Ihnen viel länger und tiefer vorkommen. Auf der Augentafel werden Sie im Idealfall alle Buchstaben erkennen. Die Gebäude werden Sie als näher empfinden als den Himmel.
> - Entspannen Sie sich und beschäftigen Sie sich in Zeitabschnitten von drei bis fünf Minuten mit dem dritten Bild. Dann decken Sie Ihre Augen mit den Handflächen ab und ruhen sich aus.
> - Schreiben Sie auf, welche Erfahrungen Sie mit der Übung gemacht haben. Besprechen Sie sie mit Freunden. Finden Sie, wenn möglich, jemanden Gleichgesinnten, der mit Ihnen diese Übungen macht und dieses Buch liest.

- Achten Sie darauf, wie anders sich Ihre Augen anfühlen. Was können Sie nun – innerhalb und außerhalb Ihrer selbst – bewusst sehen?
- Wiederholen Sie die Übung im Stehen. Welche Auswirkung hat Stehen auf die Erweiterung Ihres Blickfeldes?

Natalie und ihr Bruder entwickelten beide in der Umgebung ihrer Eltern Kurzsichtigkeit. Möglicherweise leistete der in ihrer Familie vorherrschende Mangel an Gefühlen einen Beitrag zu ihrer Kurzsichtigkeit. Rolf war mit seiner Brille vollkommen zufrieden. Er hatte nicht Natalies Interesse an bewusstem Sehen. Er blieb bei seiner 100 Prozent Sehleistung herstellenden Brille, erfreute sich seines Berufs und seiner Art des Wahrnehmens. Natalie jedoch stellte bald fest, dass ihre therapeutische und ihre schwächere Brille einem Fahrschein zur Befreiung von ihren Gedanken gleichkamen. Je tiefer sie in ihre Gefühlswelt eindrang, desto reicher wurde ihr Leben. Das war nicht immer einfach. Doch eröffnete ihr bewusstes Sehen einen solchen Reichtum an Erfahrungen, dass sie bis zum heutigen Tag dabeigeblieben ist.

Kurzsichtigkeit bei Kindern

Natalie hat eine Tochter namens Crystal. Im Alter von nur drei Jahren hatte man Crystal als kurzsichtig diagnostiziert. Zu Beginn waren keine Dioptrien in Crystals Augen messbar. Das bedeutet, ihre verringerte Sehleistung, ein Reflex ihres geistigen Auges, war vom Kameraauge durch eine Veränderung der Dioptrienzahl noch gar nicht strukturell dokumentiert. Crystal saß sehr nahe vor dem Fernseher und liebte, wie ihre Mutter, Bücher. Natalie fiel auf, dass sie sich die Bilderbücher sehr dicht vor die Augen hielt. Also begann sie mit der Hilfe eines verständnisvollen Augenarztes die Prinzipien bewussten Sehens in Crystals Alltag einzubauen.

Natalie erinnert sich:

FALLGESCHICHTE: CRYSTAL

›› Der Augenarzt war wunderbar. Er teilte uns mit, dass er Crystal keine Brille verschreiben würde, da es sich bei ihr um eine funktionell projizierte Kurzsichtigkeit handelte. Er erklärte freundlich, dies bedeute, dass sie sich wie eine kurzsichtige Person verhalte, die Struktur ihrer Augen jedoch nicht betroffen sei. Die strukturelle Veränderung der Augen trete erst später ein. Der Arzt ermutigte mich, daheim mit Crystal zu arbeiten. Zunächst führten wir visuelle Hygienepraktiken ein, die insofern mit der Zahnhygiene vergleichbar sind, als man sich jeden Tag etwas Zeit für seine Augen nimmt und Übungen macht. Ich richtete auf dem Sofa eine spezielle Leseecke für Crystal ein und sorgte dafür, dass genug Kissen da waren, mit denen sie ihren Rücken unterstützen konnte. Sie lernte, aufrecht zu sitzen. Ich platzierte eine Lampe mit einer 100-Watt-Tageslicht-Birne hinter dem Sofa, sodass ihr Buch wie bei Sonnenlicht vollständig ausgeleuchtet war. Beim Sofa hielten wir außerdem eine digitale Eieruhr bereit. Crystal durfte 20 Minuten am Stück lesen. Wenn die festgelegte Zeit vorüber war, dann summte die Eieruhr. Crystal legte ihr Buch beiseite und deckte ihre Augen zwölf Atemzüge lang mit den Handflächen ab. Hierzu benötigte sie etwa eine Minute. Die gleiche Sequenz hält sie auch bei Videospielen, mit ihrem Plastikpuzzle und beim Fernsehen ein. Einmal täglich geht sie zu einer Augentafel, die ich aus Tierbildern zusammengestellt habe. Ich achte darauf, dass Crystal auch die kleinsten Tiere sieht, und ich ersetze die ursprünglichen Tiere alle paar Wochen durch neue Bilder aus dem Computer. ‹‹

Crystal hat Glück: Ihre Sehleistung liegt bei etwa 80 Prozent und sie muss keine Brille tragen. Die visuellen Anforderungen an scharfes Sehen sind in ihrem Alter minimal. Ihr sie unterstützender Augenarzt und ihre hilfreiche Mutter sind ein Segen für ihr Leben.

Wie Erwachsene können auch kurzsichtige Kinder Brillen mit schwächeren Gläsern tragen. Zugleich ist es ausgesprochen wichtig, dass sie ihre visuellen Gewohnheiten ihren Bedürfnissen angleichen. Sie brauchen häufige Pausen. Sie müssen ihre Augen ausruhen, indem sie in die Ferne blicken, draußen spielen und ausreichend körperliche Bewegung haben. Sonne und frische Luft sind äußerst hilfreich.

Robert Kellum sagt, »die Kurzsichtigkeit, die sich Ende es 20. Jahrhunderts geradezu epidemisch ausgebreitet hatte, wurde mit dem Bewusstsein des Lebensstils einer Kernfamilie in Verbindung gebracht. Jede Familie empfand sich als ihr eigener Herrscher. Dies war eine foveale Art des Schauens, eine Achtlosigkeit gegenüber der Peripherie.« Die Lösung könnte darin bestehen, unsere Wahrnehmungen neu zu strukturieren, damit wir uns wieder »als Teil einer großen Gemeinschaft fühlen«. Zum Beispiel nutzen die Bewohner des kleinen Ortes, in dem ich wohne, alle Gartengeräte und sonstigen Werkzeuge gemeinsam. In unserer Straße hat nicht jeder einen eigenen Rasenmäher, sondern wir alle haben einen gemeinsamen.

Wäre es nicht wunderbar, unser Erziehungssystem dahingehend zu verändern, dass es weitsichtiges Verhalten bei Kindern fördert? Stellen Sie sich vor, dass kurzsichtige Kinder ihren Unterricht draußen im Freien erhalten, wo sie ermutigt werden, in die Ferne zu sehen. Ob es wohl weniger Kurzsichtigkeit gäbe, wenn geringere Anforderungen an Aktivitäten gestellt würden, die Denken und Verstehen fordern? Würde Kurzsichtigkeit seltener vorkommen, wenn wir uns mehr Zeit damit ließen, unseren Kindern das Lesen beizubringen?

In den meisten Fällen von Kurzsichtigkeit bei Kindern ist es erforderlich, dass sich die Eltern selbst um bewusstes Sehen bemühen. Unsere Kinder verstärken unsere eigenen Unzulänglichkeiten. Wir haben die Wahl, ob wir Acht geben und bewusst sehen oder ob wir uns lieber in Vergessen und in die Verschwommenheit unbewussten Sehens flüchten wollen. Wenn ich meine Kinder betrachte, dann danke ich ihnen dafür, dass sie mir den Weg zu bewusstem Sehen zeigen, denn es ist ihr Einfluss, der mich dazu bewogen hat, über die konventionellen Praktiken hinauszublicken.

8. KAPITEL

Weitsichtigkeit – Zentrierung und Klarheit

Die meisten Augenärzte und Optiker halten eine Verkürzung des Augapfels für die Ursache von Weitsichtigkeit (Hyperopie). In einem weitsichtigen Auge erfolgt die Punktvereinigung paralleler Lichtstrahlen sozusagen hinter der Netzhaut und es kommt folglich zu einer Verzerrung. Der Weitsichtige kann zwar sehr gut in der Distanz sehen, mit Objekten in seiner direkten Umgebung hat er jedoch Schwierigkeiten. In gewisser Weise kann man Weitsichtigkeit in der Entwicklung des Menschen als normal betrachten. A. M. Skeffington, der Großvater behavioristischer Sehkraftbestimmung, ist der Auffassung, dass ein klein wenig Weitsichtigkeit gut ist, da sie in Notzeiten als »Puffer« dient. Wenn wir uns also zu sehr auf die Dinge direkt vor uns konzentrieren, dann kann uns, Skeffington zufolge, ein wenig Weitsichtigkeit davor bewahren, kurzsichtig zu werden.

Betrachten Sie Weitsichtigkeit als Botschaft, die Sie zu bewusstem Sehen führen will. Die Herausforderung besteht darin, Ihre Vorstellung von Weitsichtigkeit zu verändern. Betrachten Sie sie nicht als Sehschwäche, sondern als Zustand, der Ihnen die Hinweise geben kann, mit denen Sie Unabgeschlossenes in Ihrer Vergangenheit sehen und heilen können. Mit Weitsichtigkeit können Sie ruhig in die Zukunft blicken. Falls Zorn eine Emotion ist, mit der Sie sich auseinander setzen müssen, können Sie sie durch die Arbeit an Ihrer Weitsichtigkeit in leidenschaftliche Liebe zum Leben transformieren. Akzeptieren Sie Ihre Weitsichtigkeit als eine Art, Ihre Wahrnehmung zu erweitern und zu entwickeln. Weitsichtigkeit heißt, das Leben mit scharfsinnigem Blick zu sehen, sich einer visionären Perspektive zu bedienen.

Weitsichtigkeit bei Kindern

Manche Kinder entwickeln eine vorübergehende Weitsichtigkeit im Laufe einer ansonsten normalen Entwicklung. Wenn das Auge wächst, dann kann die Form der Linse im Verhältnis zur Länge des Augapfels eine Weitsichtigkeit hervorrufen, die jedoch mit zunehmendem Wachstum und mit der weiteren Entwicklung des Kindes wieder verschwindet. Diese Art der Weitsichtigkeit ist so weit verbreitet, dass man sie als Bestandteil eines normalen Reifungsprozesses betrachtet.

Akutere Weitsichtigkeit bei Kindern kann zu Schielen oder Amblyopie führen. Diese Art der Weitsichtigkeit ist ebenfalls weit verbreitet. Wenn ein weitsichtiges Kind sich auf kleine Details konzentrieren muss, werden die Ziliarmuskel in den Augen überbeansprucht. Der Ziliarmuskel, das Herzstück der Sensomotorik, wird in der Augenheilkunde mit der Akkommodation, der Anpassung des Auges für scharfes Sehen in wechselnden Entfernungen, in Verbindung gebracht. Er wird von einem bestimmten Bereich im Gehirn kontrolliert, der außerdem für die Stellung der Augen und damit für ihre Zusammenarbeit sorgt. Wenn ein weitsichtiges Kind sich anstrengt, um kleine Gegenstände in unmittelbarer Nähe deutlich zu sehen, dann kann dies zu einer Störung seiner natürlichen Augenstellung und damit zu Schielen führen. In den meisten Fällen schielt ein Auge stärker einwärts als das andere.

Kinder verfügen über eine großzügige Reserve an Fokussierfähigkeit und können daher weit reaktionsstärker fokussieren als Erwachsene. Ihre Augen sind zudem beweglicher. Weitsichtigkeit bei Kindern kann daher jahrelang unentdeckt bleiben, weil die Schwäche durch Überfokussierung kompensiert wird. Sobald bei einem Kind jedoch Weitsichtigkeit diagnostiziert wird, läuft das übliche Programm ab: Der Arzt verschreibt eine Brille. Begründet wird die Verschreibung damit, dass die Augen dann weniger schielen, weil sie durch die Brille nicht mehr überfokussieren müssen. Diese Erklärung erscheint vollkommen plausibel. Wenn sich das Kind beim Fokussieren weniger anstrengen muss, dann ist die Wahrscheinlichkeit, dass sich die Augen nach innen wenden, geringer.

Bei schweren Fällen von kindlichem Schielen (Strabismus: die Unfähigkeit, die Blicklinien beider Augen auf den gleichen Punkt zu richten) kommt es vor, dass Augenärzte Eltern zu einem chirurgischen Eingriff raten, um der Einwärtsdrehung der Augen Einhalt zu gebieten. Für eine solche Operation mag es gute Gründe geben wie etwa eine bessere Teamfähigkeit beider Augen, doch müssen sich die Eltern darüber im Klaren sein, dass der Eingriff nicht zwangsläufig zu binokularem Sehen führt. Zusätzliche Integrative Sehtherapie ist dringend erforderlich. Nicht selten wird solchen Operationen aus kosmetischen Gründen zugestimmt, weil Eltern sich für das Schielen ihrer Kinder schämen.

Wenn die Blicklinien der beiden Augen von sehr unterschiedlicher Länge sind, dann nimmt die Wahrscheinlichkeit zu, dass weitsichtige Personen auf einem Auge eine Schielamblyopie entwickeln. Die Blicklinie ist die Strecke zwischen Auge und Fixierpunkt, der sich bei Normalsichtigkeit auf der Mittelachse zwischen den Blicklinien beider Augen befindet. Neigt ein Auge zum Schielen, dann trifft sich dessen Blicklinie nicht im Fixierpunkt mit der Blicklinie des anderen Auges, sondern irgendwo auf dessen Blicklinie. Das in das schwächere, schielende Auge einfallende Licht trifft nicht auf die Stelle schärfsten Sehens, die Fovea, sondern an einer anderen Stelle auf die Netzhaut. In der Folge wird das amblyope Auge »faul«. Ein Kind mit einer solchen Sehschwäche unterdrückt gelegentlich die Sehkraft des stärkeren, weitsichtigen Auges, was dazu führt, dass es sich ebenfalls einwärts kehrt. In einem solchen Fall rät der Augenarzt meist zum Abdecken des stärkeren Auges, um dem weitsichtigen »faulen« Auge mehr Übung zu verschaffen, und verschreibt eine Schielkapsel. Dies erfolgt meist in frühen Jahren, weil Ärzte fürchten, dass mit dem schwachen Auge in Verbindung stehende Gehirnzellen für die normale Fortsetzung der Zellentwicklung möglicherweise nicht ausreichend Lichtimpulse erhalten. Diese Vorstellung ist nicht unberechtigt. Aus dem gleichen Grund raten Augenärzte Eltern zur Schieloperation bei ihrem Kind, um die Stellungsanomalie des »faulen« Auges zu beheben. Man hofft, dass sich in der Folge der Sehbereich im Gehirn richtig entwickelt. Ich selbst habe jedoch erlebt, dass ein solches »faules« Auge noch im Erwachsenenalter und ohne Abdeckung wieder zum Leben erwachen kann.

Weitsichtigkeit und Astigmatismus gehen häufig Hand in Hand. Dem Thema »Astigmatismus« ist das nachfolgende Kapitel gewidmet.

Fallgeschichte: Matthew

> In der nachfolgenden Geschichte wird klar, dass sich die Weitsichtigkeit, die sich im Kameraauge äußert, deutlich von den Symptomen unterscheiden kann, die vom geistigen Auge projiziert werden. Jeannie brachte mir ihren zweijährigen Sohn Matthew zu einer Sitzung mit mir. Matthew schielte auf dem rechten Auge. Bisher trug er weder Brille noch Kontaktlinsen. Ich fragte Jeannie, ob Matthew weitsichtig sei, und sie meinte, ja, ein wenig. Seine Weitsichtigkeit war geringer, als man normalerweise beim Maß seines Schielens erwartet hätte. Jeannie zeigte mir das Brillenrezept für ihren Sohn, das für beide Augen +2,00 Dioptrien auswies – meiner Ansicht keine sehr beunruhigende Diagnose und sicherlich nicht ausreichend, um das Einwärtsschielen des rechten Auges in diesem Alter zu erklären. Da das rechte Auge betroffen war, fragte ich Jeannie, ob sein Vater bei ihnen lebe. Sie schüttelte den Kopf und erklärte, dass Matthews Vater sie noch vor seinem zweiten Geburtstag verlassen habe. Bald darauf habe der Junge zu schielen begonnen. Durch die Abdeckung des linken Auges konnte sich Matthew im Gebrauch seines rechten, mit dem Vater assoziierten Auges üben, worauf ich gleich noch einmal zurückkommen werde. Während ich Matthew behandelte, machte ich Jeannie Vorschläge, um ihr zu helfen, besser mit ihrem Zorn über das Fortgehen ihres Mannes umzugehen. Sie setzte meinen Rat um, indem sie Matthew ein liebevolles Bild von seinem Vater vermittelte. Darauf verbesserte sich Matthews Sehleistung.

Matthew ist kein Einzelfall. Der eigentliche Kernpunkt der Geschichte ist die Tatsache, dass Weitsichtigkeit und ein daraus resultierendes Schielen keine zufälligen Ereignisse sind, die sich unabhängig von der Lebenserfahrung eines Menschen ereignen. Das Schicksal der Menschheit ist aufs Engste mit der Funktion der Augen verbunden. Die Physiologie des Sehvermögens führt genau Buch über die Erfahrungen, die ein Mensch in seinem Leben macht, und jede visuelle Anomalie erzählt eine Geschichte darüber, wie sich ein Mensch den einzigartigen Umständen seines Lebens angepasst hat. In der Vergangenheit mussten wir tief und therapeutisch graben, um die ursprünglichen Umstände zu »richten«. Das ist nicht mehr länger erforderlich. Viel sinnvoller ist es, die eigene Auffassung zu verändern. Mein eigentliches Ziel, indem ich Ihnen diese Zusammenhänge erkläre, ist es, Sie dazu anzuhalten, dass Sie und Ihr Augenarzt sich ansehen, was sich hinter Ihren Augen abspielt.

Da Sie sich mit der Hilfe dieses Buches mit bewusstem Sehen beschäftigen, geht Ihr Interesse offenbar über die konventionelle, korrigierende Augenheilkunde hinaus. Denken Sie beim Lesen jedoch daran, dass ich Ihnen nicht rate, die konventionelle Augenheilkunde aufzugeben. Die wissenschaftliche Erforschung des Sehens hat sehr viel zur Entwicklung eines ergänzenden Ansatzes bei der Behandlung von Weitsichtigkeit und anderen Sehschwächen beigetragen. Bewusstes Sehen macht sich beispielsweise therapeutische Brillen zunutze, um das Problem direkt an der Quelle zu packen. Brillen gegen Kurzsichtigkeit können eigens beschaffen sein, um die tiefere Absicht bewussten Sehens und damit einen Weg zu mehr Wahrheit in Ihrem Leben zu vermitteln.

Weitsichtig SEIN

Lassen Sie uns über die physischen Bedingungen von Weitsichtigkeit hinausgehen. Auf der Basis der in vorangegangenen Kapiteln dargelegten Vorstellungen müssen Sie davon ausgehen, dass Weitsichtigkeit eine Mitteilung des Geistes ist. Öffnen Sie sich für die Möglichkeit, dass Ihr Gehirn und Ihr Geist zu Weitsichtigkeit als einem Mittel greifen, um Ihre Aufmerksamkeit zu erregen. Betrachten Sie Ihre Weitsichtigkeit als einen Reaktionszustand des Geistes. Wenn Kurzsichtigkeit eine Überreaktion auf Gedanken und exzessives Denken ist, dann ist Weitsichtigkeit eine Reaktion auf Emotionen, für gewöhnlich auf Zorn. Damit will ich sagen, wenn wir Zorn in unserem physischen Körper festhalten, dann baut sich die Energie auf wie in einem Vulkan und drängt schließlich nach außen.

Die Beschäftigung mit einem bestimmten Inhalt oder einem vergangenen Ereignis, das Wutgefühle in uns hervorruft, kann unser Sehvermögen veranlassen, zu weit nach außen zu fokussieren. Damit entsteht eine weitsichtige Art der Wahrnehmung. Man verliert das Innere aus dem Blick, weil es zu schmerzhaft ist, das klare Gefühl des Zorns auszuhalten.

Das bedeutet nicht zwangsläufig, dass Weitsichtigkeit schlecht ist. Ebenso unsinnig wäre die Annahme, dass jeder Weitsichtige unter unterdrücktem Zorn leidet. Es ist im Gegenteil möglich, Weitsichtigkeit zu nutzen, um zu der Energie von Emotion Zugang zu erhalten und sie in eine nützlichere Form zu transformieren.

Zorn und Leidenschaft

Weitsichtige sind oft vom Drang erfüllt, aus sich herauszugehen und etwas Entferntes außerhalb ihrer selbst zu erreichen. Sie wollen den Kräften der Natur jenseits ihrer selbst Aufmerksamkeit schenken. Hinter dieser seelendiktierten Mission verbirgt sich eine mit höchster Emotionalität angereicherte Familiengeschichte. In den meisten Fällen ist die vom Weitsichtigen gesuchte Emotion der Ursprung jenes Hinausdrängens während der Kindheit. Dieser noch rohe, unentwickelte Emotionszustand ist reflexiv und reaktiv. Der Weitsichtige steht daher vor der Herausforderung, Zugang zum nützlichen Aspekt seiner Emotion zu finden. Dieser Zugang ist die Basis zu Zentriertheit und Sein. Der Weitsichtige kann dann die Energie des Gefühls kanalisieren, um den Vivencia-Seinszustand zu erreichen. Handelt es sich bei der Emotion um Zorn, so kann sie in Leidenschaft verwandelt werden. Jede potentiell negative Emotion besitzt eine positive Entsprechung. Zum Beispiel ist Liebe das Gegenstück von Groll, Fürsorge das Gegenstück von Verlassen und Ausdruckskraft das Gegenstück von innerer Zurückgezogenheit. Sobald der Wechsel zur positiven Entsprechung erfolgt ist, kann das wahre Wesen der betreffenden Person hervortreten, und der Genius offenbart sich.

Als Kliniker hatte ich das Privileg, die Iris zahlreicher Säuglinge nur wenige Monate nach der Geburt fotografieren zu dürfen. Ich wiederholte den Vorgang, wenn die Kinder ein Alter von zwei, drei oder vier Jahren erreichten. Durch diese Fotografien konnte ich feststellen, welche Irisphänomene bei der Geburt vorhanden sind und welche erst später hinzukommen.

Die Anhaltspunkte in diesen Fotos lassen darauf schließen, dass die emotionalen Muster eines Menschen bereits bei der Geburt oder wenig später vorhanden sind. Tal- und blütenblattähnliche Strukturen sind bereits wenige Stunden nach der Geburt in der Iris deutlich zu erkennen. Sie bilden die erste Schicht, die vorhersagt, welcher Sehleistung das Kind fähig sein wird, und zeigen bereits die dazugehörigen Emotionen. Das in der Iris durch die blütenblattähnlichen Strukturen ausgewiesene emotionale Muster durchläuft nur selten erkennbare physische Veränderungen. Die Gedanken kennzeichnenden gelben, weißen, orangen oder braunen Farbmarkierungen der Iris hingegen ähneln mehr Pinselstrichen der Zeit, die sich in Übereinstimmung mit der Entwicklung des Kindes während seiner ersten sieben Lebensjahre ansammeln.

Weil die Iris genetische Einflüsse zum Vorschein bringt, ist es uns möglich, die emotionalen Phänomene in ihnen zu studieren und dann mit möglichen Refraktionsschwächen der Augen in Zusammenhang zu bringen. Außerdem stellen wir fest, dass rechtes und linkes Auge mit der Geschlechtszugehörigkeit der Eltern korrelieren. Die Irisstruktur des rechten Auges ist mit dem Vater verbunden, die des linken mit der Mutter. Und die Iris enthält sogar noch weitere Informationen. Jedes Auge verfügt über einen bestimmten Bereich, der als »Zorn-Leidenschaft-Region« bezeichnet wird. Beim rechten Auge befindet sie sich in der 8-Uhr-Position und beim linken in der 4-Uhr-Position.

Wenn ich mit einem Weitsichtigen arbeite, dann überprüfe ich seine Irismuster nach Vorhandensein von Emotion. Insbesondere bin ich an der komplizierten Gestaltung der Irisstruktur interessiert. Von der Pupille nach außen blickend, prüfe ich, ob die dort vorhandenen Blütenblattstrukturen sich zu schließen oder zu öffnen scheinen. Werden sie von steilen Begrenzungen geschützt? Ist die Talformation in der Mitte ganz und gar geschlossen oder an einer oder zwei Stellen offen? Je verschlossener und unzugänglicher die Talformation wirkt, desto wahrscheinlicher ist es, dass der Betreffende seinen Zorn sichert und nach innen richtet. Es darf jedoch nicht vergessen werden, dass zwar Zorn die Schlüsselemotion von Weitsichtigen ist, dass außerdem aber auch andere sekundäre Emotionen vorhanden sein können. Die Irismuster geben Aufschluss darüber, wie ein weitsichtiger Mensch mit seinem Zorn umgeht. Je offener das emotionale Muster, desto zugänglicher der Zorn.

Die Form der Muster in der Iris ist genetisch bestimmt. Ich gehe davon aus, dass im Familienstammbaum vorhandener Zorn vererbt wird wie manche Krankheiten. In einem vorangegangenen Kapitel habe ich berichtet, dass Zorn Bestandteil meiner eigenen Familiengeschichte ist. Ich bin außerdem davon überzeugt, dass jede Generation die Möglichkeit hat, sich mit der Emotion Zorn zu befassen. In dem Maß, in dem ein Mensch dem Zorn die Kontrolle über das eigene Leben verweigert, kann die nächste Generation von diesem Bewusstsein profitieren. Vielleicht kann man Zorn als eine Energie begreifen, die, wenn man sie wirkungsvoll und bewusst einsetzt, auf dem Weg zu Bewusstheit nützlich ist und damit indirekt zu bewusstem Sehen führt.

Die Weisheit des Zorns

Wenn man Zorn als etwas betrachtet, was sich potentiell positiv auswirken kann, dann begreift man die Weisheit von Zorn. Zorn kann Ihnen beispielsweise helfen, sich Ihrer Leidenschaften bewusst zu werden. Michaels nachfolgend erzählte Geschichte zeigt deutlich, auf welche Weise Zorn auf dem Weg zu verantwortlichem Sehen und Handeln hilfreich sein kann.

Als Weitsichtigem mit ansonsten guter Sehleistung war Michael Zorn seit frühester Kindheit vertraut. Sein Vater kam zum Abendbrot nach Hause und brüllte seine Mutter und Geschwister an. Michaels Vater hatte ihm erklärt, dass Zorn fester Bestandteil des Familienerbes sei und dass er eben lernen müsse, damit umzugehen. Michael war ein einfühlsamer Mann, der seine Weitsichtigkeit – insbesondere das damit in Zusammenhang stehende Einwärtsschielen – nutzte, um sich über die genetisch verankerte Neigung, die er von seinem Vater und seinem Großvater geerbt hatte, hinaus zu entwickeln. Hier beschreibt er seine frühen Jahre:

Fallgeschichte: Michael, erster Teil

>> In der Familie war ich immer derjenige, der gefallen wollte. Ich bildete mir ein, dass mein Vater meinem jüngeren Bruder mehr Aufmerksamkeit schenkte als mir. Als ich noch klein war, unterdrückte ich den Groll, den ich deshalb gegen meinen Vater hegte. Ich hasste ihn, wenn er seine abgöttische Liebe zu Solly, der drei Jahre jünger war als ich, so deutlich demonstrierte. Statt meinen Zorn herauszulassen, verschloss ich ihn in meinem Bauch und in meinen Lungen. Ich bekam Asthma und hatte immer wieder schreckliche Magenkrämpfe. Ich konnte weder mein Leben noch das Essen, das ich aß, richtig verdauen. Der Groll in mir wuchs wie ein Vulkan, der nur auf den richtigen Augenblick zur Explosion wartet. Schließlich kam der Zeitpunkt, an dem ich meine Emotionen nicht mehr unterdrücken konnte. Zum Glück waren meine Eltern klug genug, mir dabei zu helfen, meinen in wütenden Schreianfällen zum Ausdruck gebrachten Groll in positivere energetische Bahnen zu lenken. Ich schwamm, spielte Tennis und Hockey. Auf diese Weise konnte ein Teil des Schmerzes aus meinem Körper abfließen. Der Teil, den ich so nicht los wurde, machte mir das Lesen nahezu unmöglich. Wenn ich ein Buch aufnahm, dann sah ich meist alles doppel. Die Wörter schwammen aus einer weitsichtigen Unschärfe zu einem astigmatisch verzerrten Bild und überschlugen sich dann in doppeltem Durcheinander. Ich war ein Lesemuffel und zog es vor, aus dem Fenster weit fort zu blicken und von dem vollkommenen Tag zu träumen, der irgendwann einmal kommen musste. Meine Lehrer riefen mich oft wieder zurück in das Klassenzimmer und störten mich in meiner weit entfernten friedlichen Welt.
Es fiel mir schwer, in der Gegenwart zu bleiben. Mein Groll war stark. Ich hatte das Glück, von meinen Lehrern in die richtige Richtung gesteuert zu werden. Daher verlieh ich meinem Zorn nie auf asoziale Weise Ausdruck. Ich beschränkte mich darauf, zu schmollen und

innerlich an meinem wie ein Geschwür schmerzenden Zorn und an meinem Groll zu brennen.

Die freundliche Seite meines Vaters half mir, meine Kreativität zu steigern. Er brachte mir das Malen bei. Diese kreative Flucht vor dem Feuer in meinem Bauch ließ mich so viel Liebe empfinden! Den Pinsel mit leichter Hand über die Leinwand zu führen wurde zu einer Leidenschaft für mich. Die einzelnen Pinselstriche waren wie Wege, auf denen mein Zorn abfließen konnte. Ich fand die Kraft meines inneren Vulkans, und sie verließ mich durch meine Hände. Ich blickte auf die dynamischen Rot- und Gelbtöne vor mir auf der Leinwand und fühlte mich erleichtert. Die Energie meines Zorns verwandelte sich in die Leidenschaft des Malens. Dieses Ventil verschaffte mir äußerste Erleichterung.

Dann fing ich an, meine Augen während des Malens abzudecken. Zunächst das linke. Ich dirigierte meinen Zorn durch das rechte Vaterauge und füllte die Leinwand mit meinem jahrelang aufgestauten Groll. Ich wiederholte diesen Vorgang bei zahlreichen Bildern. Jedes Mal wenn ich vor der Leinwand stand, ließ ich mich tiefer auf meinen Zorn ein. Ich spürte den Hass, den lebenslangen Schmerz und Groll gegen meinen Vater und Großvater. Nach ein paar Monaten bemerkte ich, dass mein Groll abnahm. Als ich mich ausgeleert hatte, fühlte ich mich leichter und voll transformierter Energie.

Dann setzte ich mich auf mein Fahrrad und fuhr durch die Natur, um mich an den Sommerblumen zu erfreuen. Ich gewährte dieser anderen Art Emotion Zutritt zu meinem Sein. Ich ergab mich dem tiefen Erkennen meines leidenschaftlichen Wesens. Das Leben bot mir einen neuen Ausblick. Als ich lernte, meine zweiäugigen Wahrnehmungen zu integrieren, konnte ich durch meine Augen tiefer in mich hineinsehen. Mir wurde klar, wie ich Bewusstsein aus mir selbst steuern konnte. Indem ich Raum schaffte, mich groß und bedeutsam, statt klein und unbedeutend machte und meinen Groll und meinen Zorn in eine nützliche Leidenschaft verwandelte, wurde mir bewusstes Sehen zugänglich. Im Inneren fühlte ich mich groß, als ob ich mehr von meinem wahren Selbst einnehmen würde. «

Michael spricht verständnisvoll von den Mechanismen des Zorns. Zunächst spürt man Groll, sagt er. Falls die Zorn-Leidenschaft-Region der Iris tiefe Talstrukturen aufweist, wird der Groll zunächst unterdrückt. Hinter dem Groll steht die Angst vor dem Liebesverlust, vor dem Verlassen- und Nicht-wahrgenommen-Werden. Der Groll baut sich so lange auf, bis Unbehagen entsteht, und man schließlich einen Zornausbruch hat. Bei den meisten von uns äußert sich dieser Zorn relativ harmlos. Vielleicht brüllt man die Kinder oder den Partner an. Oder aber man fährt Kollegen oder den Verkäufer in einem Laden barsch an.

Der Zornabbau des Unerfahrenen wird dann gefährlich, wenn die Energie des Zorns das Maß überschreitet, das er selbst noch kontrollieren kann. Schließlich findet die Energie ein meist unangenehmes und gefährliches Ventil. In unserer Welt geschieht dies immer häufiger und resultiert unter anderem in rowdyhaftem Fahrverhalten auf verstopften Straßen oder in Amokläufertum.

Wer Groll und Zorn heilen will, der muss sich ein gesundes und kreatives Ventil suchen, um sie aus dem Körper abzuleiten. Anfangs mag uns der Zorn nur tröpfchenweise verlassen. Später kann er sich zu einem reißenden Strom auswachsen. Statt Leben zu zerstören, wird er zu einer Leben spendenden Kraft.

Für den Weitsichtigen besteht die visuelle Freisetzung von Zorn darin, das Sehen in die Ferne zu tragen. Dies geschieht zum Teil mit dem Ziel, aus der unmittelbaren Nähe des Unbehagens zu fliehen. Andererseits ist diese Reaktionsweise Ausdruck des Versuchs, Klarheit in der Zukunft zu finden. Eine weitere Möglichkeit mag darin bestehen, die Antwort beim universellen Bewusstsein zu suchen.

Weitsichtige halten nach Antworten aus der Zukunft Ausschau. Eines der Gegenmittel gegen weitsichtiges Sehen ist die Neufokussierung nach innen und auf die Gegenwart. Dieser Schritt wird erleichtert durch eine verbesserte Zentrierung mit der Hilfe von Einwärtsschielübungen. Das Einwärtsschielen der Augen trainiert die Funktion des Ziliarmuskels, steigert seine Kraft und erhöht die Konzentrationsfähigkeit. Dies trifft insbesondere dann zu, wenn Sie Ende dreißig sind und festgestellt haben, dass die Fokussierfähigkeit Ihrer Augen nachlässt. Auch dann, wenn Sie mit Mitte 40 zunehmend Schwierigkeiten beim Lesen von Kleingedrucktem haben, sind Einwärtsschielübungen ein gutes Mittel, um zum eigenen Selbst zurückzufinden. Kontrolliertes Einwärtsschielen erhöht die Fokussierfähigkeit.

Zentriert SEIN

Um Weitsichtigkeit zu reduzieren, müssen wir üben, uns tief auf uns selbst zu konzentrieren. Auf diese Weise bauen wir eine starke energetische Beziehung zur Emotion auf. Wenn sich eine weitsichtige, emotionale Person nach innen wendet, dann stößt sie sofort auf unaufgelöste Emotion. Wer das Selbst von den Mustern unreifen emotionalen Grolls befreit, der kann sich nach innen wenden und sein wahres Wesen entdecken. Den Prozess, in dem man die eigene Perspektive ausgleicht und der Außenwelt anpasst, bezeichnet man als »Zentrierung«. Als Weitsichtiger empfinden Sie die Zentrier- und Schielübungen möglicherweise als anstrengend. Sie wehren sich vielleicht gegen die intensiven Gefühle, die sie in Ihren Augen auslösen. Vielleicht tun Ihnen anfangs die geraden Augenmuskel weh, bis sie sich an die Hinwendung der Augen nach innen gewöhnen und diese Spannung fünf Sekunden lang aushalten. Und an dieser Stelle möchte ich noch einmal betonen, dass Ihre Augen in dieser nach innen gerichteten Position nicht stecken bleiben können! Das ist ein Ammenmärchen.

Zentrieren Sie sich, indem Sie Ihre Augen einwärts richten. Hierzu müssen Sie Zugang zu dem Ort in Ihrem Gehirn finden, von dem aus Befehle an beide Augen weitergegeben werden. Um beide Augen einwärts zu kehren, ist äußerste Präzision erforderlich. Beide Augen müssen genau ausgerichtet sein, damit die beiden Foveas aus leicht verschobenem Ausgangspunkt die gleichen Bilder empfangen.

Zentrierung bereitet Sie auf die höhere Ebene binokularen Sehens vor, auf der Tiefenwahrnehmung, also dreidimensionales Sehen, entstehen kann. Bewusstes Sehen verlangt die täglich an Dauer zunehmende Aufrechterhaltung dieser Tiefenwahrnehmung. In dieser Tiefe werden sie auf ein sich ständig vergrößerndes Repertoire von Antworten auf die Herausforderungen des Lebens stoßen.

Michael stellte fest, dass er, indem er regelmäßig für eine bestimmte Zeit auf seine Nase blickte, das Lesen kleiner Schriften und die genaue Wahrnehmung kleiner Objekte trainieren konnte. Er machte einen Anfang, indem er versuchte, beide Seiten seiner Nase zu sehen. Zu Beginn konnte er nur die linke Seite sehen. Das bedeutet, dass sein linkes Auge das dominierende war. Er übte, indem er das linke Auge abdeckte, das rechte Auge einwärts zu richten. Nach ein paar Wochen stellte Michael fest, dass er nun für kurze Augenblicke beide Nasenflügel zugleich sehen konnte.

Er erzählt:

Fallgeschichte: Michael, zweiter Teil

》 Anfangs taten mir die Augenmuskeln weh, wenn ich versuchte, mein rechtes Auge nach innen zu wenden. Es fiel mir sehr schwer, die rechte Seite meiner Nase zu sehen. Eines Tages, als ich gerade im Patio saß und den Vögeln in den Bäumen beim Balgen zusah, gelang es mir, ein kleines Stückchen meiner Nase mit meinem rechten Auge zu sehen. Es war so ein erhebendes Gefühl. Mir kam es so vor, als würden Teile meines Gehirns plötzlich miteinander verbunden. Ich fühlte mich unglaublich präsent. Mit zunehmender Übung sah ich mehr und mehr von beiden Seiten meiner Nase. Der Baum draußen war plötzlich von einer Vielschichtigkeit, die ich nie zuvor wahrgenommen hatte. Was ich ansah, war gar nicht so anders. Vielmehr war es genau am richtigen Platz im Verhältnis zu allem anderen. Ich konnte Dinge in vielen unterschiedlichen Entfernungen gleichzeitig wahrnehmen. Dinge in meiner Nähe, die ich normalerweise unscharf sah, waren nun mit einem Mal vollkommen klar. Ich fühlte mich unglaublich lebendig. Ich nahm das pulsierende Bewusstsein jedes einzelnen Blatts wahr und die Bewegungen der Vögel. 《

Wenn Sie Einwärtsschielen üben, indem Sie auf Ihre Nase blicken, dann vergessen Sie die integrierte Atmung nicht. Atmen Sie ein, wenn Sie Ihre Nase anblicken. Wenn Sie ausatmen, schauen Sie in die Ferne. Während der Pause vor dem nächsten Einatmen genießen Sie weiter den Blick in die Ferne.

Dieses Pendel zwischen Nah- und Fernsicht ist sehr hilfreich bei der Bekämpfung von Weitsichtigkeit. Einer meiner Klienten bezeichnet diese Praxis als »Zoomen«. Das Gehirn regelt Fern- und Naheinstellung, indem es die notwendigen Instruktionen an die Augenmuskeln schickt. Indem Sie den Fixierpunkt vorverlagern und wieder zurückholen, stimulieren und entspannen Sie die Ziliarmuskel im Wechsel. Dieses abwechselnde Fokussieren von nah und fern ist erforderlich, um die Augen flexibel zu halten. Mit jedem Fokuswechsel nehmen Sie indirekt Einfluss auf die Pupillengröße. Wenn Sie Ihre Nase ansehen, dann stimulieren Sie Fokus und Schielen gleichzeitig. Beim Einwärtsschielen zieht sich die Pupille zusammen und die Oberfläche der Iris nimmt zu.

Stellen Sie sich ein Zornmuster vor, das sich ausdehnt und stimuliert wird, wenn sich die Pupille zusammenzieht. Durch Augenübungen wie die Schielübung aktivieren Sie Ihre Emotionen. Falls Sie eine Pause von den Gefühlen benötigen, die während dieser Übungen an die Oberfläche steigen, dann decken Sie Ihre Augen 15–90 Sekunden so mit den Handflächen ab, dass alles Licht ausgeschlossen bleibt, oder entspannen Sie Ihre Augen, indem Sie durch ein Fenster in die Ferne blicken.

Auf der Ebene des Geistes trägt die Schielübung zur Integration von Gedanken und Gefühlen bei. Während Sie versuchen, Ihre Nase zu sehen, ist Ihre Aufmerksamkeit auf das Gefühl und den Anblick Ihrer beiden Nasenflügel gerichtet. Durch die Steigerung Ihrer Fokussierfähigkeit denken Sie weniger und erleben, was es bedeutet, die Augen bewusst einzusetzen.

Alterssichtigkeit

Als ich mich den vierzig näherte, daran erinnere ich mich, musste ich mich mit der Angst vor dem Älterwerden auseinander setzen. Ich hatte das ungute Gefühl, die Lebensmitte überschritten zu haben. Als ich 16 Jahre alt geworden war, hatten mich meine Eltern zum Augenarzt der Familie gebracht. Er untersuchte meine Augen und stellte fest, dass ich gut sah. Doch als ich nach Hause gehen wollte, fügte er noch hinzu: »Jetzt sind deine Augen gut, aber wenn du auf die vierzig zugehst, wirst du eine Lesebrille brauchen.«

Als die vierzig heraufzogen, musste ich ständig an die Bemerkung dieses Arztes denken. Ich war so wütend. Wie kam er dazu, mich einer derartig erniedrigenden Gehirnwäsche zu unterziehen! Ich fragte mich, wieso die Situation so viel Groll in mir auslöste, und dann fiel mir der Zusammenhang von Zorn und Weitsichtigkeit wieder ein. Ich musste lachen. Ich spürte meinen Zorn, und plötzlich fiel mir auf, dass meine Arme mir tatsächlich kürzer vorkamen.

Ich erinnere mich an meine erste Erfahrung mit unscharfem Sehen. Ich hatte Schwierigkeiten mit dem Kleingedruckten vor einem Kino. Ich verfluchte den Augenarzt wegen seiner sich selbst erfüllenden Prophezeiung. Nachdem ich erkannte, dass der Spaß auf meine Kosten ging, transformierte ich meinen Zorn in Leidenschaft. Ich nahm mir vor, eine Reihe von Übungen zu entwickeln, die meine Fokussierfähigkeit trainieren würden. Ich wollte keinesfalls zulassen, dass Presbyopie, denn so heißt Alterssichtigkeit in der Fachsprache, die Oberhand gewann.

Die nächsten zehn Jahre übte ich Einwärtsschielen in vielerlei Formen. Ich konnte unglaubliche Dinge mit meinen Augen erreichen. Ich übte mit den Farbtafeln 13 und 14 und erwarb die Fähigkeit, das Buch zu bewegen und dennoch das dritte Bild beizubehalten. Vielleicht wollen Sie ja so viel Zeit in diese Schielübungen investieren, bis Ihnen das Gleiche gelingt. Bei mir verschwand das Doppelsehen und ich musste nie eine Lesebrille tragen. Ach ja, und meine Arme schienen wieder länger zu werden!

Ich versuche anderen Menschen klar zu machen, dass sie im Umgang mit ihren Augen die Wahl haben, doch muss ich zugeben, dass ich gegenwärtig meinen eigenen Ratschlägen nicht folge. Denn nun mit 52 Jahren benötige ich doch eine Lesebrille. Meine Lebensweise ist komplizierter geworden. Reisen alle vier Wochen und der dazugehörige Jetlag, frenetisches Arbeiten am Computer, Bücher schreiben und stundenlange Beschäftigung mit der Verfertigung von digitalen Fotokollagen haben ihren Preis. Die Anforderungen an meine Augen im Nahbereich überschreiten bei weitem meine Sehfitness. Doch ich habe bereits Pläne gemacht, um meine Lebensweise zu verändern.

Ich kann so lange weiter Projekte wählen, die durch Lesen und Computerarbeit hohe Anforderungen an meine Augen stellen, wie ich zugleich bewusstes Sehen praktiziere. Für die Computerarbeit verwende ich die schwächste Brille, die es gibt. Sie ist 0,25 oder 0,50 Dioptrien schwächer, als meine Brillenverschreibung es eigentlich für mich verlangt. Während meines Arbeitstags lege ich zahlreiche visuelle Pausen ein. Ich mache eine oder zwei der Schielübungen, schließe die Augen und ruhe sie aus, sehe aus dem Fenster, decke die Augen mit den Handflächen ab und mache im Stehen die Pendelübung, die ich im siebten Kapitel beschrieben habe. Bei meiner letzten Untersuchung bescheinigte mir der Optiker das Sehvermögen eines etwa 44-Jährigen.

Eine der einfachsten und bewusstseinschulendsten Übungen ist es festzustellen, wenn die Augen müde werden. Achten Sie darauf, wenn die Schrift zu verschwimmen beginnt und Ihre Aufmerksamkeit wandert. Sind Sie fähig, von etwas, was Sie nicht sehen, ein Bild aufrechtzuerhalten? Denken Sie daran, Ihr Sehfeld weit geöffnet zu halten.

Falls Sie weitsichtig und unter 40 Jahre alt sein sollten, könnten Sie darüber nachdenken, Ihre Plusgläser so weit zu reduzieren, dass es Ihnen noch möglich ist, kleine Schriften aus der Nähe ohne allzu große Anstrengung zu sehen. Bei dieser Art der Weitsichtigkeit ist es für gewöhnlich möglich, die Verschreibung um mehr als eine Dioptrie zu reduzieren.

Wenn ich mich in einer entspannteren Arbeitsphase befinde, dann lese ich für 20-Minuten-Perioden mit einer Lochbrille. Während die normale Lesebrille meinem Sehen mit der Zeit die Schärfe zu nehmen scheint, sehen meine »nackten« Augen nach dem Lesen mit Lochbrille klarer. Diese Übung erfüllt mich mit großer Befriedigung. Meine Augen und meine Sehleistung sind für mich kein Grund mehr, mich zu ärgern. Ich danke dem Optiker meiner Kindheit für seinen Hinweis. Seine Worte waren genau die homöopathische Dosis, die ich brauchte. Ich bin zufrieden mit meinem Sehen. Meine Zukunft ist klarer, als sie es jemals war. Ich bin meinem Selbst nahe.

Weitsichtigkeit und Licht

Der Schlüssel zu einer klaren Sehleistung und zu bewusstem Sehen ist das Licht. Je größer der Lichteinfall, desto enger zieht sich die Pupille zusammen und desto mehr nimmt die Schärfentiefe zu. Betrachten Sie die Fähigkeit des Lichts, die Pupille einzuengen, als nützliche Übung.

Bei Weitsichtigkeit nach vierzig trifft dies besonders zu. An einem sonnigen Tag können die meisten Alterssichtigen im Freien auch ohne Brille ausreichend gut lesen. Nutzen Sie am frühen Morgen und am späten Nachmittag die vorteilhafte Wirkung von Sonnenlicht auf die Sehleistung.

ÜBUNG: DAS LICHT IN DIE AUGEN EINLADEN

- Schließen Sie Ihre Augen und wenden Sie das Gesicht in die Sonne. Spüren Sie ihre Wärme und ihr Licht auf Ihrem Gesicht.
- Atmen Sie, und spüren Sie die Welle der Entspannung, die Sie von Kopf bis Fuß mit ihrer Energie erfasst. Laden Sie das Licht in Ihre Augen ein. Solange Sie entspannt sind und sich des Nutzens des Lichts für Ihr Wohlergehen bewusst sind, können die Sonnenstrahlen weder Ihre Augen noch Ihre Haut schädigen. Ist Ihnen Ihr Wohlergehen jedoch nicht bewusst, dann nimmt die Wahrscheinlichkeit von Sonnenschäden zu. Sind Sie jedoch andererseits in sich präsent, dann wissen Sie besser, wann Sie eine Pause machen und vielleicht Ihre Augen mit einer Sonnenbrille schützen müssen.
- Spüren Sie, wie das durch ihre geschlossenen Augenlider eindringende Licht wie in einer Wellenbewegung die vielen kleinen Muskeln Ihrer Augen lockert.
- Stellen Sie sich die sieben Regenbogenfarben in dem weißen Licht im Inneren Ihrer Augen vor.
- Visualisieren Sie, dass Ihre Pupillen sich wirkungsvoll erweitern und wieder zusammenziehen können. Denken Sie daran, dass Einwärtsschielen die Pupillen dazu veranlasst, sich zusammenzuziehen.

In den Wintermonaten können Sie sich einer 60-Watt-Birne vor Ihren geschlossenen Augen bedienen, um Sonnenlicht zu simulieren. Verwenden Sie zum Lesen eine hellere Lichtquelle. Versuchen Sie unabhängig von der Jahreszeit insbesondere während der Stunden des Tages zu lesen, in denen natürliches Sonnenlicht vorhanden ist. Auch die Arbeit am Computer macht Ihren Augen mit natürlichem Tageslicht weniger Mühe. Ich erteile meinen Patienten gerne den Rat, dass die Nachtstunden dafür da sind, den Tag langsam ausklingen zu lassen und sich auszuruhen.

Nähe und Nahsehen

Eines Tages, als ich gerade mit meinem Patienten Joseph arbeitete, ließ er mich an einem Erlebnis teilhaben, das mich dazu veranlasste, mich doch noch gründlicher mit der Weitsichtigkeit nach vierzig zu beschäftigen. Joseph war 42 Jahre alt, praktizierte in der Heilkunst und übte mit einer Augentafel. Er war mit Penelope zusammen, einer kurzsichtigen astigmatischen Mittdreißigerin. Hier Josephs Bericht:

FALLGESCHICHTE: JOSEPH

> Meine Freundin neigt dazu, meinem Gesicht beim Sprechen sehr nahe zu kommen. Für gewöhnlich nimmt Penelope die Brille ab und sieht mir in die Augen. Beim letzten Mal merkte ich, dass ich ihre Augen nicht richtig scharf erkennen konnte. Sie war ungefähr 15 Zentimeter von meinem Gesicht entfernt und ich sah sie nur verschwommen. Die Situation erinnerte mich an diese Übung, bei der man Kleingedrucktes zu entziffern versucht. In meinem Körper breitete sich das Gefühl aus, dass ich Abstand brauchte.
>
> Ich sagte zu ihr: »Penelope, du bist zu dicht an mir dran. Bitte rücke ein bisschen ab.« Im gleichen Augenblick stieg Groll in mir auf. Sie war in meine Privatsphäre eingedrungen. Wie ich es durch bewusstes Sehen gelernt hatte, blieb ich bei meinen Gefühlen. Als Nächstes spürte ich, wie es mir in der Brust enger wurde. Ich erinnere mich an dieses Gefühl aus der Zeit, als ich ein Junge war und mein Herz vor meiner

Mutter verschloss. Ja, ich erinnere mich sogar daran, dass ich das Gleiche auch bei Freundinnen gemacht habe. Und nun offenbarten mir meine Augen diesen Mechanismus. Wenn ich mein Herz verschließe, dann sehe ich alles in der Nähe verschwommen.

Ich erklärte Penelope, was geschehen war. Beim Sprechen musste ich weinen. Penelope hielt mich in ihren Armen. Ich fühlte mich so sehr verstanden und geliebt. Als ich den Kopf hob und unsere Gesichter wiederum nur 20 Zentimeter voneinander entfernt waren, machte ich eine erstaunliche Entdeckung. Ich sah Penelopes Augen vollkommen scharf. »

Josephs Erfahrung ist kein Einzelfall. Ich beschäftige mich seit Jahren mit der Beziehung zwischen Nähe und der Fähigkeit, scharfe Nahbilder zu sehen. Offenbar öffnet sich das Herz, wenn die Angst vor Nähe vollständig zugelassen wird. Mit dem Herzen zu sehen stellt eine Möglichkeit dar, näher bei und klarer mit sich selbst zu sein. Könnte es vielleicht sein, dass Alterssichtigkeit verlangt, sich selbst näher in Augenschein zu nehmen? Mit vierzig hat man zum zweiten Mal einen 20-Jahre-Zyklus zum Abschluss gebracht. Vierzig kennzeichnet den Zeitpunkt der Wiedergeburt. In dem beginnenden Lebensabschnitt entfernt man sich noch weiter von der von den Eltern vorgegebenen Richtung. Ist es an der Zeit, einen unabhängigeren Fokus zu entwickeln? Bewusstes Sehen in diesem Alter heißt, ausreichend Flexibilität zu besitzen, um die Zukunft zu sehen, und zugleich nahe bei sich zu sein. Das könnte es erforderlich machen, Ihre Ängste vor Nähe zu sich selbst und zu anderen gründlicher zu untersuchen. Joseph nahm diese Gelegenheit wahr – mit ausgezeichneten Ergebnissen. Ihnen steht der gleiche Weg offen.

Unabhängigkeit

Offenbar hat die Altersweitsichtigkeit eine ganz spezifische Botschaft. Diese Vorstellung fasziniert mich, weil ich genau in dem Alter bin, in dem ich in diesem Zusammenhang mit mir selbst experimentieren kann. Diese Möglichkeit haben Sie auch. Wenn Sie kurzsichtig sind, dann ist die Aufgabe relativ einfach. Ist Ihre Kurzsichtigkeit gering, dann können Sie die Brille abnehmen und auf kurze Distanz klar sehen. Bei großen Entfernungen trifft dies bei klarsichtigen Personen nicht zu. Wenn sie versuchen, die Beschriftung einer Zahnpastatube zu lesen, dann haben sie kein scharfes Bild vor Augen. Je älter wir werden, umso weiter müssen wir den Behälter forthalten, um ihn scharf sehen zu können.

Wir, die wir diese Veränderung in unserer Sehleistung erfahren, sollten uns fragen, was wir sonst noch im übertragenen Sinne beiseite schieben. Einer meiner Kollegen veranlasste mich, näher über die Beziehung zwischen Alterssichtigkeit und Unabhängigkeit nachzudenken. Eines Tages sagte Phillip zu mir: »Sieh dir das Physische an, um dir zu erklären, was in den Augen geschieht.« Ich hörte ihm zu. »Die Leute über vierzig halten ihre Lektüre weit von sich ab. Was sagt dir das?«, wollte Phillip wissen. Ich dachte eine Weile darüber nach und bat dann um eine Erklärung.

Phillip beschrieb sein Konzept:

FALLGESCHICHTE: PHILLIP

>> Bis wir 40 Jahre alt sind, müssen wir unsere Augen auf Objekte direkt vor uns äußerst scharf einstellen. Unsere Eltern und unsere Lehrer sind uns nahe. Sie und andere beeinflussen, wie wir den Inhalt unseres Lebens konstruieren. In unseren ersten 40 Jahren bauen wir ein starkes Gefühl für das auf, was uns physische Sicherheit gibt. Wichtiger als alles andere ist uns unser Beruf und die Möglichkeit, das Wissen zu erwerben, das uns Unabhängigkeit und Wohlstand verspricht. Der nächste Schritt ist es, ein Heim für die Familie und Sicherheit für die Zukunft zu schaffen. Diese Aktivitäten verlangen einen klaren Fokus und hingebungsvolles, genaues Wahrnehmen der in der Nähe zentrierten Details.

Nach vierzig wird die Errichtung des materiellen Lebens für gewöhnlich in einer konkreten Form zementiert. Ein stetiges Einkommen fließt und eine Rente verspricht Sicherheit für die Zukunft. Nun ist ein gewisses Maß an Entspannung möglich. Es ist an der Zeit, sich an den Früchten der eigenen Arbeit zu erfreuen. Die Entwicklung macht es

> nun nicht mehr erforderlich, so viel über das Leben zu lernen. Es gibt eine Tendenz zu spirituellen Themen, die eine Antwort auf die Frage nach dem Sinn des Lebens versprechen. Dies erfordert eine gewisse Bereitschaft zu unabhängiger Suche. In den meisten Fällen geschieht dies durch Erfahrungen statt durch die Ansammlung weiteren Wissens. Außerdem ist dies die Zeit der so genannten Midlife-Crisis. Vielleicht gehören die Veränderungen, die während dieser Zeit stattfinden, einfach zur Kultivierung des authentischen Selbst?

Was Phillip sagt, ergibt durchaus einen Sinn. Erst pflegen wir Gedanken und mentale Kenntnisse, um das Leben zu erklären. Dann lernen wir die Gefühle zu unseren Gedanken kennen. Zuletzt entdecken wir das außerordentliche Vergnügen, einfach nur in Vivencia zu sein und es zu erleben. Vielleicht dringen wir ja ab vierzig tiefer in diese Ebene spiritueller und materieller Entwicklung ein? Könnte Alterssichtigkeit eine Mahnung sein, dass das, was wir lesen, nicht so wichtig ist wie das, was uns das Leben zeigt? Ich glaube schon.

Lesen, was sonst?

Meine Klienten sind für gewöhnlich entsetzt, wenn ich ihnen rate, weniger zu lesen. Mein konservativster Ansatz besteht darin, sie zu fragen, wie viele Stunden am Tag sie zum Vergnügen lesen. Die Angaben fallen in einen Bereich von ein bis vier Stunden täglich. Rentner haben in der Regel mehr Zeit zum Lesen. Es macht mir Spaß, ihnen vorzuschlagen, ihre Lesezeit um die Hälfte zu verringern. Sehr häufig provoziere ich damit eine merkwürdige und manchmal wütende Reaktion: »Was soll ich denn dann all diese vielen Stunden lang mit mir anfangen?«

Ich vertiefe das Thema noch ein wenig. Welche Art von Lektüre sie wählen, will ich wissen. Ist Lesen eine Flucht für sie? Fördert dieses Lesen eine tiefere Würdigung der spirituellen Entwicklung? Wählen sie Bücher, um ihr Wissen zu erweitern? Anhand ihrer Antworten ermesse ich, um wie viel sie ihr Lesen reduzieren sollten. Wieder beklagen sich dann meine Klienten: »Was soll ich denn tun, wenn ich nicht lese? Ich werde mich langweilen.« Zunächst ermutige ich sie, sich ihren Augenübungen zuzuwenden und ihren Augen eine Lesepause zu gönnen, denn die Augen sind für lange Nahsichtphasen nicht geschaffen. Die Augenphysiologie verlangt ein Gleichgewicht zwischen Nah- und Fernsicht, so wie es in der Zoomübung gewährleistet wird.

Ich rate Ihnen, mehr Zeit damit zuzubringen, Ihren Körper und damit Ihre Muskeln zu bewegen und den Blutfluss zu steigern. Gehen Sie in die Natur. Bringen Sie Zeit damit zu, sich Wälder, Seen, Meere und Blumen anzusehen. Am bewusstesten können Sie Ihre Augen in der Natur einsetzen – diese Welt zu sehen, dafür wurden sie geschaffen. Während Sie sehen und aus dem gegenwärtigen Augenblick heraus Ihr eigenes Wesen betrachten, können Sie über Ihre Zukunft nachsinnen. Ihre weitsichtige Art, sich der Zukunft zuzuwenden, ist jetzt und hier vorhanden. Sehen Sie das, was sich unmittelbar vor Ihren Augen befindet, so wie es mein Freund Jerry im ersten Kapitel getan hat. Denken Sie daran, er war der Mann, der das Foto von seinem Freund und dessen Baby schließlich sah, nachdem er es Hunderte Male zuvor angeschaut hatte.

Zögern Sie Ihr bewusstes Sehen nicht einen Tag länger hinaus.

9. KAPITEL

Astigmatismus – Von der Verzerrung zur integrierten Ganzheit

Von allen Sehschwächen stellt der Astigmatismus die deutlichste Manifestation der Überlebenspersönlichkeit dar, auf die ich im dritten Kapitel näher eingegangen bin. Lassen Sie mich jedoch zunächst zeigen, in welcher Beziehung Astigmatismus zum Kameraauge, den Attributen des physischen Auges, steht.

Die Hornhaut eines gesunden Auges ist rund. Eine astigmatische Hornhaut jedoch erreicht diesen Vollkommenheitsgrad nicht, was eine so genannte Hornhautverkrümmung bewirkt. Die Form und Wölbung der Linse kann einen vorhandenen Netzhautastigmatismus verstärkend oder schwächend beeinflussen. In 90 Prozent der Fälle tritt Astigmatismus zusammen mit Kurz- oder Weitsichtigkeit auf.

Stellen Sie sich die Hornhaut als eine Art Kuppel vor, die die äußere Struktur des Auges überspannt. Ihre gekrümmte Oberfläche ist in alle Richtungen gleich geformt und folglich vollkommen symmetrisch. Astigmatismus wird dann diagnostiziert, wenn horizontaler und vertikaler Krümmungsradius nicht übereinstimmen. Die nachfolgende Demonstration, die ich für meinen Klienten vornehme, macht diese äußerst interessante Refraktionsstörung direkt erfahrbar.

Astigmatismus ergründen

Nehmen Sie einen festen Karton zur Hand, der etwa die Größe einer Visitenkarte haben sollte. Schneiden Sie mit einem scharfen Messer einen Schlitz von drei bis vier Zentimeter Länge und einem Millimeter Breite hinein. Runden Sie die Ecken des Kartons etwas ab, damit Sie sich damit nicht versehentlich ins Auge piken. Decken Sie ein Auge ab, und schieben Sie den Karton so über das zweite »nackte« Auge, dass der Schlitz die vertikale Position einnimmt.

Blicken Sie aus solcher Entfernung durch den Schlitz auf einen Kalender oder auf ein Buch, dass Sie die Einzelheiten erkennen. Kommen Ihnen die Buchstaben durch den Schlitz deutlicher vor, als wenn Sie mit Ihren »nackten« Augen sehen? Drehen Sie die Karte um 90 Grad, damit der Schlitz nun eine horizontale Position einnimmt. Sehen Sie deutlicher oder weniger deutlich, wenn sich der Schlitz in einer horizontalen Position befindet? Experimentieren Sie mit Positionen, die zwischen Horizontale und Vertikale liegen. Möglicherweise ergibt der Schlitz in einer diagonalen Position die größte Schärfe.

Sollten Sie zwischen den verschiedenen Schlitzpositionen, mit denen Sie experimentieren, keinen Unterschied feststellen können, dann haben Sie keinen Astigmatismus. Ein Schärfenunterschied zwischen zwei beliebigen Meridianen ist ein Hinweis auf Astigmatismus.

Stellen Sie fest, in welcher Position sich der Schlitz befindet, wenn Sie das klarste Bild empfangen. Befindet sich die Karte in der vertikalen, in der horizontalen oder in einer Zwischenposition? Diese Position größter Sehschärfe spielt bei Ihrer Reise zu bewusstem Sehen eine wichtige Rolle. Ich werde später auf diesen Punkt zurückkommen.

Wo sehen Sie am schärfsten?

Um zu ermitteln, in welchem Bereich Ihrer Augen Sie am schärfsten sehen, ziehen Sie bitte die folgende Abbildung (S. 217) zurate.

Bezugsschema ist ein Ziffernblatt, das sozusagen über das jeweilige Auge gelegt wird. Sollten Sie die Festlegung Ihres schärfsten Sehbereichs allein vornehmen, dann stellen Sie sich die Ergebnisse so vor, als würden Sie von außen auf sich schauen.

Beim rechten Auge verläuft eine vollkommene horizontale Linie zwischen der 9-Uhr- und der 3-Uhr-Position. Auf dieser Ebene beginnen Sie mit der Beurteilung. Dann drehen Sie die Karte mit dem Sehschlitz lang-

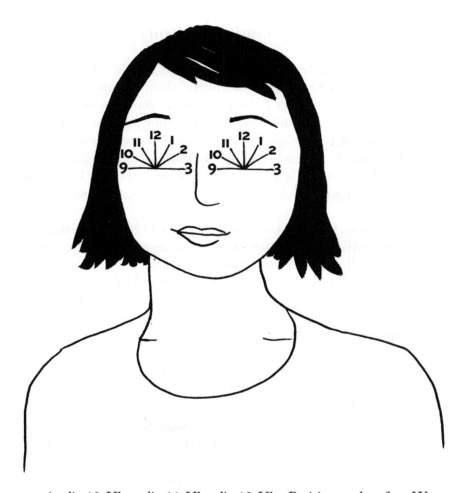

sam in die 10-Uhr-, die 11-Uhr, die 12-Uhr-Position und so fort. Wenn Sie das Gefühl haben, dass sich die Schärfe des gesehenen Bildes verändert, während Sie die Karte im Uhrzeigersinn weiterdrehen, dann schreiben Sie sich die Position auf, an der Ihre Sehschärfe am größten ist. Ist es die 2-Uhr- oder die 3-Uhr-Position? Tragen Sie Ihre Feststellungen in Ihr Tagebuch ein. Sollte keine Position klarer als eine andere sein, dann machen Sie sich darüber ebenfalls Aufzeichnungen.

Beurteilen Sie auf diese Weise nacheinander beide Augen.

Kompensation per Brille

Optiker und Augenärzte messen Astigmatismus natürlich nicht mit der Schlitzkarte, mit der Sie eben experimentiert haben. Sie benutzen ein raffiniertes computergesteuertes Refraktometer, das den optischen Apparat des Auges abtastet und dann einen entsprechenden Bericht ausdruckt. Außerdem wird mit einem speziellen Instrument namens Astigmatometer der Hornhautdurchmesser und die Hornhautkrümmung in der Vertikale und der Horizontale ausgemessen. Die sehr präzisen Ergebnisse vermitteln ein genaues Bild des vorhandenen Astigmatismus in der Hornhaut.

Es ist jedoch wichtig, sich klar zu machen, dass die Messungen mit dem Refraktometer und dem Astigmatometer davon ausgehen, dass der Astigmatismus im Auge, also im Kameraauge liegt. Doch trifft das auch wirklich zu? Hat der Astigmatismus seinen Ursprung wirklich im Auge, oder muss man ihn doch an anderer Stelle suchen? Indem Sie den Ursprung Ihrer astigmatischen Wahrnehmung untersuchen, werden Sie Verständnis dafür entwickeln, wie Sie flexible, auf Ihr bewusstes Sehen ausgerichtete Wahrnehmungen erzeugen können.

Nachdem mit dem Refraktometer und dem Astigmatometer Maß genommen wurde, kann die richtige Brille verschrieben werden, die die asymmetrische Form der Netzhaut und Linse ausgleicht. Doch die Brille vermag in der Regel das Kameraauge weder zu korrigieren noch zu heilen. Wären die Brillengläser tatsächlich dazu in der Lage, den Astigmatismus an der Quelle zu beheben, dann würden er mit der Zeit auch im Auge nicht mehr messbar sein. Einer solchen Entwicklung begegnen Augenärzte nur selten. In den meisten Fällen, in denen korrigierende Brillengläser verschrieben werden, bleibt der Astigmatismus entweder bestehen oder nimmt mit der Zeit noch zu.

Was genau bewirkt die Brillenverschreibung gegen Astigmatismus? Angenommen, das astigmatische Auge sieht beim Blick auf ein Fadenkreuz die vertikale Linie schwärzer und deutlicher als die horizontale. Hierbei handelt es sich um eine der Arten von Astigmatismus. Bei einer weiteren verhält es sich genau umgekehrt: Die horizontale Linie wird als schwärzer und schärfer empfunden. Wenn also ein Auge eine Linie deutlicher und schwärzer sieht als das andere Auge, dann bedeutet das, dass zwei verschiedene Bilder ins Gehirn gelangen, die nicht miteinander vereinbar sind.

Angenommen, Sie sehen mit einem Auge eine perfekte vertikale Linie, während die horizontale unscharf und matt wirkt. Ihr Gehirn wird sich entscheiden, bei dem schwärzeren und deutlicheren Bild zu bleiben. Die Brille sorgt nun dafür, dass beide Linien gleichermaßen schwarz und klar wirken, was zu einer punktuellen Abbildung auf der Fovea führt. Vermutlich würde dies das wahrgenommene Bild deutlicher erscheinen lassen, sodass das Gehirn schließlich leicht beide Linien akzeptiert.

Wenn Sie Astigmatismus haben, dann hat die Schlitzkarte, die Sie über Ihr Auge gelegt und gedreht haben, gezeigt, dass Sie in bestimmten Bereichen schärfer sehen als in anderen. Angenommen, Sie konnten dann am schärfsten sehen, wenn sich die Schlitzkarte vor Ihrem Auge in einer 10-Uhr-Position befand. Ihr Astigmatismus zeigt Ihnen also mit anderen Worten, dass Sie in einem Bereich Ihres Auges oder Ihrer Sicht auf das Leben über größere Sehschärfe verfügen als sagen wir 90 Grad weiter auf der 4-Uhr-Position. Und nun kommt der knifflige Teil: Der derart unscharf gesehene Bereich ist letztendlich Ausdruck einer Kurz- oder Weitsichtigkeit in diesem Bereich. Joe zum Beispiel verfügt in einem Auge auf der 10-Uhr-Position über absolute Sehschärfe, in der 2-Uhr-Position jedoch ist er kurzsichtig. Im Hinblick auf die bisher besprochenen Einflüsse bedeutet dies, dass Joes Sicht auf das Leben in einem bestimmten Bereich – das Auge drückt ihn durch die 2-Uhr-Position aus – eingeschränkt ist. Wie kann das sein?

Astigmatismus und Überlebenswahrnehmung

Bei der am weitesten verbreiteten Form von Astigmatismus befindet sich der unscharfe Bereich auf der 12-Uhr-Position. Dieser Astigmatismus wird als Astigmatismus »nach der Regel« bezeichnet, weil er bei vielen Menschen anzutreffen ist. Das bedeutet, dass die größte Einschränkung mit Wahrnehmungen in einem bestimmten Bereich Ihrer Überlebenspersönlichkeit zusammenhängt.

Auf der Ebene des Kameraauges wird man in der Regel eine Ebene der Unschärfe feststellen, die auf einen Astigmatismus zurückgeführt werden kann. Aus der Perspektive bewussten Sehens ist dies aufgrund der Interaktion zwischen dem geistigen Auge und dem Kameraauge feststellbar. Schwankende Sehschärfe kann außerdem auf die Atmung oder auf angestrengtes Sehen zurückgeführt werden.

Der astigmatische Blick auf das Leben muss jedoch nicht von bleibender Art sein. Wie ich im Verlauf des Buches immer wieder hervorgehoben habe, nimmt der Zustand des geistigen Auges Einfluss auf das Kameraauge. Gedanken, Ängste, Wahrnehmungsverzerrungen, Gefühle, Glaubenshaltungen und emotionale Schwankungen werden eingewoben in die Art, wie Sie durch Ihre Augen leben. Außerdem haben Sie die Möglichkeit, nichtastigmatische Wahrnehmungen zu konstruieren, die Ihren Blick auf das Leben von Moment zu Moment verändern, wenn Sie das Leben durch Ihre Augen der Vivencia sehen. Dieses Kapitel wird Sie zu dieser Sehweise führen.

Je tiefer der Astigmatismus strukturell in das Kameraauge eingebettet ist und somit physische Veränderungen in der Gestalt des Auges hervorgerufen hat, desto stärker stützen Sie sich auf die astigmatische Unschärfe, um bestimmte Teile Ihrer geistigen Wirklichkeit zu unterdrücken. Das Experiment mit der Schlitzkarte offenbart den Bereich in Ihrem Geist, wo diese Wirklichkeitsunterdrückung vermutlich stattfindet. Indem Sie feststellen, wie Ihre »nackten« Augen durch den Schlitz sehen, können Sie Hinweise auf die Ursachen Ihres Astigmatismus finden. Wenn der Astigmatismus bereits im Kameraauge verankert ist, dann ist dies als Hinweis darauf zu verstehen, dass das Ringen mit einem bestimmten Teil Ihrer Wirklichkeit bereits seit langer Zeit Einfluss auf Ihr Leben nimmt, lang genug, um eine mehr oder weniger permanente Verzerrung in der Hornhaut oder der Linse Ihres Auges zu bewirken.

Das Tragen einer Brille, die Ihren strukturellen Astigmatismus korrigiert, verschafft Ihnen einen klaren Fokus für den Blick auf die nach außen projizierte Welt. Dieser klare Fokus Ihres Kameraauges lenkt Ihre

Aufmerksamkeit bei der Suche nach einer Antwort auf Ihr astigmatisches Änigma nach außen. Das künstlich fokussierte Licht erreicht nicht den inneren Geist, wo die komplexere Quelle des Sehvermögens situiert ist. Selbst wenn Sie mit der Brille vermeintlich scharf sehen, kann der unscharfe Bereich im Geist erhalten bleiben. Dies bezeichnet man als »Suppression«, die Blockierung eines Teils der Netzhaut. Abhängig von den Bedürfnissen der Überlebenspersönlichkeit kann diese Gesichtsfeldsuppression partiell oder vollständig sein.

Wenn das geistige Auge mehr Astigmatismus projiziert als das Kameraauge, wie wir dies anhand der retinoskopischen Ergebnissen im ersten Kapitel festgestellt haben, dann ist dies ein Hinweis darauf, dass Sie unter einem Zwang stehen. Das Bewusstsein Ihrer Wahrnehmungen wird verzerrt, damit Sie mit einer bestimmten Lebenssituation zurechtkommen.

Die nachfolgende Tabelle wird Ihnen helfen, Ihre Messergebnisse mit der Schlitzkarte besser zu beurteilen. Die Achsen- und Gradangaben in der Tabelle finden Sie normalerweise auch in dem von Ihrem Augenarzt ausgestellten Brillenrezept. Die Begriffe in der dritten Tabellenspalte sagen Ihnen, welche Überlebenswahrnehmungen auf Sie zutreffen. Indem Sie sich mit den später in diesem Kapitel beschriebenen Übungen beschäftigen, nutzen Sie diese Begriffe, um daraus heilende Affirmationen zu konstruieren und damit flexiblere Wahrnehmungen zu ermöglichen. In einem späteren Abschnitt des Kapitels werde ich hierauf noch genau eingehen.

In der Tabelle deckt sich der 180-Grad-Meridian mit dem 12-Uhr-Bereich der größten Unschärfe. Die dazugehörige Überlebenswahrnehmung hängt zusammen mit den Begriffen Sturheit, Inflexibilität und Ungeduld. Sollte sich Ihr Astigmatismus in diesem Bereich befinden, dann untersuchen Sie zunächst, in welcher Beziehung diese Begriffe zu Ihrer Überlebenspersönlichkeit stehen. Finden Sie heraus, wie und warum Sie möglicherweise astigmatische Projektionen – seien sie kurz- oder weitsichtiger Art – für das Sehen dieses Bereiches Ihres Lebens entwickelt haben. Dann nutzen Sie die Begriffe Nachgiebigkeit, Flexibilität und Geduld aus der vierten Spalte, um diesen Bereich Ihres Lebens auf neue Weise zu untersuchen. Die Erfahrung kann durch die Verwendung der weiter unten wiedergegebene Satzfolge noch vertieft werden.

Astigmatische Meridiane	Ziffernblatt-bereich	Überlebens-wahrnehmung	Flexible Wahrnehmung
180-Grad-Achse	12-Uhr-Bereich	Sturheit, Inflexibilität, Ungeduld	Nachgiebigkeit, Flexibilität, Geduld
90-Grad-Achse	9- bis 3-Uhr-Bereich	Mangel an Engagement, Wahrheit und Liebe werden nicht ausgesprochen	Engagement, Fürsorge und Liebe
45- oder 135-Grad-Achse	Rechtes Auge: 2-Uhr-Bereich Linkes Auge: 10-Uhr-Bereich	Unaufgelöster Zorn und Groll	Leidenschaft für das Leben, Demut
45- oder 135-Grad-Achse	Linkes Auge: 2-Uhr-Bereich Rechtes Auge: 10-Uhr-Bereich	Extrem stark oder schwach ausgeprägter Wille; sexuelle Themen	Wille und Kraft sind integriert, spirituelle Perspektive der Sexualität

Bei Astigmatismus rate ich außerdem zum »Paradigma des Abdeckens«. Hierzu überkleben Sie das Brillenglas für das eine Auge vollständig mit durchscheinendem Klebeband. Decken Sie entweder das dominierende Auge ab oder das Auge schärfsten Sehens, das Sie mit der Schlitzkarte ermittelt haben. Das Brillenglas des anderen, des astigmatischen Auges kleben Sie ebenfalls mit einem durchscheinenden Klebeband ab, doch versehen Sie diese zuvor in dem Bereich, den Sie als den verschwommensten Sehens herausgefunden haben, mit einem Schlitz. Ihr bewusstes Sehen soll sich darin üben, durch das Auge zu sehen, vor dem sich der Sehschlitz befindet. Verbringen Sie Zeit damit, durch den Schlitz zu blicken. Stellen Sie sich vor, dass das einfallende Licht eine heilende Energie ist, die im astigmatisch unklaren Bereich Ihres Auges die volle Wahrnehmungsfähigkeit weckt. Beschäftigen Sie sich mit den in der Tabelle aufgeführten

Begriffen Ihrer Überlebenswahrnehmungen und machen Sie sich Ihre Überlebensstrategien der Vergangenheit bewusst. Sobald Sie Ihre Beobachtungen in Ihrem Tagebuch festgehalten haben, verwenden Sie die Begriffe unter der Rubrik »Flexible Wahrnehmung«, um Ihre früheren Überlebenserfahrungen durch neue Wahrnehmungen zu ersetzen.

Beispielsweise könnten Sie, während Sie durch den Schlitz blicken, sich dessen bewusst werden, dass Sie Ihre Arbeit gar nicht mit Engagement machen. Engagement ist entlang der 9- bis 3-Uhr-Ebene des Auges lokalisiert. Dort ergibt der astigmatische Meridian eine 90-Grad-Achse. Sie versehen das Klebeband für das Brillenglas also mit einem Schlitz in diesem horizontalen Bereich. Indem Sie nun durch diesen Schlitz blicken, ermitteln Sie die inneren Ursachen für Ihren Mangel an Engagement – eine Ursache könnte zum Beispiel fehlende Herausforderung sein. So erklärt sich möglicherweise, woher die störenden Verzerrungen und die Unschärfe kommen. Bedienen Sie sich dieser Maßnahme nur zu Hause, wo Sie sich gut zurechtfinden, und seien Sie vorsichtig mit Treppen und in der Küche. Seien Sie außerdem gewarnt, dass diese Übung Einfluss auf Ihre Tiefenwahrnehmung nimmt. Sie können die abgeklebte Brille zunächst jeweils für 20-Minuten-Phasen tragen, die Sie täglich um eine Minute verlängern, bis Sie eine Höchsttragedauer von drei bis vier Stunden erreicht haben.

Flexible Wahrnehmung entwickeln

Sehen Sie sich die Irisphänomene an, die sich im astigmatischen Bereich Ihrer Augen befinden. Stellen Sie Fragen, die im Zusammenhang mit diesem Bereich der Iris stehen. Verwenden Sie die Begriffe aus der Tabelle, um Sätze zu bauen, mit denen Sie die Übung unterstützen, die ich im Einzelnen später noch einmal erläutern will. Nehmen Sie zum Beispiel den Begriff Fürsorge, der sich auf die 90-Grad-Achse beziehungsweise den 9- bis 3-Uhr-Bereich bezieht. Den Satz »Ich verhindere es, dass mir Fürsorge zuteil wird, indem ich ...« würden Sie mit Ihren eigenen Worten zu Ende führen. Sie könnten etwa sagen: »Ich verhindere es, dass mir Fürsorge zuteil wird, indem ich mich nicht vernünftig ernähre.« Sobald Sie diesen Prozess im Griff haben, wiederholen Sie den Satz während der noch zu beschreibenden Übung und vervollständigen ihn jedes Mal um ein anderes Ende. Es ist wichtig, den Satz nicht jedes Mal gleich zu beenden. Wenn Sie keine weiteren Einfälle zur Vervollständigung des Satzes haben, dann haben Sie den Prozess entweder abgeschlossen oder Sie sperren sich dagegen, einen noch tieferen Zugang zu Ihren Gefühlen und Emotionen zu finden. Um festzustellen, um welche der beiden Möglichkeiten es sich handelt, müssen Sie tief in Ihr Inneres blicken und nach einem möglichen Gefühl des Unbehagens Ausschau halten. Stellen Sie ein solches fest, dann manifestiert sich in Ihnen Widerstand gegen Gefühle und Emotionen. Setzen Sie die Arbeit mit der abgeklebten Brille dennoch fort.

Wenn Sie meinen, den Prozess abgeschlossen zu haben, dann ist nun die flexible Wahrnehmung an der Reihe. Hierzu könnten Sie sagen: »Der bewusste Weg zur Fürsorge für mich selbst ist...« Ihre Ergänzung könnte lauten: »... mir jeden Morgen und Abend genug Zeit für eine gute Nahrungsbereitung und für eine Mahlzeit in Ruhe zu nehmen.« Ersetzen Sie den zweiten Teil des Satzes jedes Mal durch einen anderen. Zunächst befassen Sie sich mit den astigmatischen Überlebenswahrnehmungen, die Sie davon abhalten, sich selbst Fürsorge angedeihen zu lassen. Dann erzeugen Sie klare Wahrnehmungen, indem Sie in Übereinstimmung mit einer klaren Sicht auf Ihr Leben einen bewussten Weg finden, sich selbst Fürsorge zuteil werden zu lassen.

Therapeutische Brille gegen Astigmatismus

Angenommen, Sie kommen auf Ihrem Weg zu bewusstem Sehen gut voran, dann haben Sie die Möglichkeit, sogar noch tiefer in den Prozess einzusteigen. Sie benötigen einen hilfreichen Augenarzt oder Optiker, der sich dem behavioristischen Ansatz in der Augenheilkunde verwandt fühlt. Im Anhang des Buches finden Sie Hinweise auf solche Praktiker, die Ihnen die für Sie erforderliche Schlitzbrille verschreiben können – allerdings werden solche Brillen natürlich keinen Schlitz enthalten, sondern so geschliffen sein, dass Licht wie durch einen Schlitz in Ihr Auge fällt.

Erkundigen Sie sich zuvor bei Ihrem Augenarzt oder Optiker nach seiner Bereitschaft, sie auf die Glaubenssätze dieses Buches einzulassen. Erklären Sie, dass Sie sich einer integrativen Sehtherapie unterziehen, die bewusstes Sehen fördert. Lassen Sie den Augenarzt oder Optiker wissen, dass Sie die therapeutische Brille bewusst anwenden und nur während Ihrer Übungszeiten tragen werden und dass Sie bereit sind, eine Erklärung zu unterschreiben, in der Sie versichern, dass Sie während des Autofahrens oder beim Bedienen jeglicher Maschinen ausschließlich Ihre normale Brille aufsetzen. Mit einer solchen schriftlichen Versicherung nehmen Sie ihm möglicherweise die Angst vor Schadensersatzforderungen, falls Ihnen beim Tragen der therapeutischen Brille irgendetwas zustößt.

Falls Sie kurzsichtig sind, dann erklären Sie Ihrem Augenarzt, dass Sie den Zylinder Ihres Astigmatismus verstärken und die Sphäre reduzieren wollen. Sie selbst verstehen vielleicht nicht so ganz, was diese Fachbegriffe bedeuten, doch der Augenarzt wird wissen, was zu tun ist, und Ihnen helfen, Ihr Ziel zu erreichen. Die therapeutische Brille wird dafür sorgen, dass genau in dem Bereich, in dem Sie Ihr unschärfstes Sehen ermittelt haben, nun Ihr klarstes Bild entsteht. Genau diesen therapeutischen Vorteil wollen Sie erreichen, denn mit dieser Korrektur werden Ihre Überlebenswahrnehmungen aktiviert.

Falls Sie weitsichtig sind, ist das Konzentrieren des Lichts auf den verschwommensten Bereich möglich, indem die astigmatische Komponente der Brille reduziert wird. Ob Sie nun kurz- oder weitsichtig sind, die therapeutische Brille hat nicht das Ziel, Ihre normale Brille vollständig zu ersetzen. Sie brauchen sie auch weiterhin unbedingt nachts, beim Autofahren und im Kino. Außerdem haben Sie, wenn Ihnen beide Brillen, die therapeutische und die normale, zur Verfügung stehen, die Möglichkeit, je nach geplanter Tätigkeit eine bewusste Entscheidung darüber zu treffen, welche von beiden Sie aufsetzen. Tragen Sie Ihre therapeutische Brille anfangs vor allem daheim, wo Sie sich eher auf unvermittelt hochkommende Gefühle einstellen können. Führen Sie Tagebuch über die Erfahrungen, die Sie machen, und lesen Sie jede Woche nach, was Sie eingetragen haben, um eine Verbindung zwischen alten und neuen Wahrnehmungen herzustellen.

Sie werden sich sicherlich Gedanken über die Kosten machen, die durch einen häufigen Brillenwechsel auf Sie zukommen. Ohne Zweifel werden Sie hierfür Geld einplanen müssen. Suchen Sie einen Optiker, der preiswerte Gestelle verkauft und Ihnen einen guten Preis macht. Nutzen Sie außerdem das Internet, um Einrichtungen zu suchen, bei denen Sie preiswerte Gläser und Gestelle bestellen können. Mit dieser Herangehensweise werden Sie Ihre Kosten so gering wie möglich halten.

> **ÜBUNG: DEM DAUMEN FOLGEN**
>
> Falls Sie bei Ihren Experimenten mit der Schlitzkarte festgestellt haben, dass eines Ihrer Augen in einem bestimmten Bereich eine größere Unschärfe aufweist, dann ist dies das Auge, mit dem Sie üben wollen, während Sie das andere abdecken. Tragen Sie eine schwarze Augenklappe über dem dominierenden, besseren Auge. Für das schwache, astigmatische Auge benutzen Sie weder Abdeckung noch Brillenglas, sondern lassen es »nackt«.
>
> - Halten Sie einen Ihrer Daumen in einem Abstand von zwölf Zentimetern vor Ihr offenes Auge. Rufen Sie sich ins Gedächtnis, wo sich bei diesem Auge der Bereich unschärfsten Sehens befindet. Wir wollen annehmen, dass es sich um den vertikalen 12-Uhr-Bereich handelt.
> - Nun halten Sie den nach oben weisenden Daumen vor das Auge und bewegen Sie ihn nach oben und nach unten. Dabei halten Sie den Abstand von zwölf Zentimetern ein. Bewegen Sie den Daumen nicht aus Ihrem Gesichtsfeld heraus.
> - Sie können auf den sich bewegenden Daumen auf drei verschiedene Arten reagieren.
>   - Erstens, Sie lassen Ihr Auge dem sich bewegenden Daumen folgen. Achten Sie darauf, dass die Bewegung flüssig und mühelos ist. Währenddessen atmen Sie auf integrierte Weise, Ihr Einatmen ist vom Ausatmen und dann von einer kurzen Pause gefolgt. Folgen Sie Ihrem in Bewegung befindlichen Daumen mit

dem Auge, ohne den Kopf zu bewegen. Stellen Sie dabei fest, was mit dem Raum hinter dem Daumen geschieht. In welche Richtung scheint sich der Raum zu bewegen, während Sie auf den Daumen blicken? Verursacht Ihnen die Bewegung Schwindelgefühle? Wie fühlt es sich an, bei dem sich bewegenden Daumen zu bleiben?
- Zweitens, bewegen Sie den Daumen wie zuvor vor Ihrem Auge aufwärts und abwärts. Nur diesmal folgen Sie ihm nicht mit dem Auge, sondern mit dem Kopf. Das mag sich anfangs merkwürdig anfühlen, doch mit der Zeit wird es Ihnen leichter fallen. Vergessen Sie dabei nicht Ihr entspanntes integriertes Atmen.
- Und drittens, Sie wählen einen Fixpunkt im Raum jenseits des hochgestreckten Daumens. Bewegen Sie wieder den Daumen auf und ab, doch diesmal halten Sie das Auge auf den Fixpunkt im Hintergrund gerichtet. Machen Sie sich das Bewegungsmuster bewusst.
- Experimentieren Sie, indem Sie den Daumen in verschiedene Richtungen bewegen, und achten Sie darauf, welche Wirkung dies auf Sie hat. Tragen Sie Ihre Beobachtungen in Ihr Tagebuch ein. Machen Sie sich bewusst, dass diese Übungen der Aktivierung Ihrer Erinnerungen dienen und dass Sie für die hochkommenden Gefühle Ruhepausen zwischen den einzelnen Schritten des Prozesses benötigen. Sie können sich auch hier der vorgeschlagenen Satzanfänge bedienen und sie nach Ihren Vorstellungen beenden, damit Ihre Überlebenswahrnehmungen zutage treten.
- Decken Sie das Auge mit der Hand ab, wenn Sie müde werden. Nutzen Sie diese Ruhephase, um den Satzanfang zur flexiblen Wahrnehmung zu vervollständigen.
- Überprüfen Sie am Ende jeder Sitzung Ihr Auge mit der Schlitzkarte. Sie könnten überraschend feststellen, dass sich Ihre Wahrnehmungen verändert haben. Achten Sie darauf, wie sich diese wachsende Klarsichtigkeit auf Sie auswirkt, und schreiben Sie alle Veränderungen auf.

ÜBUNG: DREIDIMENSIONALE FUSIONSBILDER

Ich habe eine Reihe von Fusionsbildern zur Integration des linken und rechten Auges bei Astigmatismus entwickelt (siehe Farbtafeln 15, 16 und 17). Beachten Sie, dass jedes Foto einen anderen unscharfen Bereich aufweist, und zwar handelt es sich jeweils um einen vertikalen, einen horizontalen und zwei diagonale. Die unscharfen Bereiche sind jene, die am häufigsten von Astigmatismus betroffen sind und die Sie für sich mithilfe der Schlitzkarte bereits ermittelt haben.

- Ziel der Übung ist es, die Augen so nach innen zu richten, dass ein neues Bild entsteht. Sie kennen das Verfahren bereits aus vorangegangenen Übungen (etwa mit Farbtafeln 13 und 14 und dem dazugehörigen Übungstext im Bildteil). Um das dritte Bild sehen zu können, heben Sie Ihren ausgestreckten Daumen in etwa 30 Zentimeter Entfernung vor Ihren geöffneten Augen in die Höhe und fixieren ihn.
- Während Sie sich weiter auf den Daumen konzentrieren, nehmen Sie die beiden Bilder wahr, die sich in einer Linie mit dem Daumen befinden. Anfangs sehen Sie vielleicht vier Bilder, möglicherweise bewegen sich die beiden mittleren sogar. Indem Sie den Abstand zwischen Ihren Augen und dem Daumen variieren, finden Sie einen Punkt, an dem die vier Bilder zu dreien verschmelzen. Wenn Ihnen dies gelingt, dann entfernen Sie den Daumen und erhalten die drei Bilder in Ihrem geistigen Auge so lange wie möglich aufrecht.
- Der nächste Schritt besteht darin, sich zu entspannen und nun das dritte Bild deutlicher zu sehen. Wenn es Ihnen möglich ist, in aller Präsenz durch die Foveas Ihrer beiden Augen zu blicken und sich zugleich des peripheren Raums mit ihrer Netzhaut bewusst zu sein, dann werden alle Teile des mittleren Bildes unverzerrt und klar erscheinen.

Beginnen Sie die eben beschriebenen Übung mit der Abbildung, mit der Sie am besten arbeiten können. Dann nehmen Sie sich die schwierigere, also diejenige vor, die klar zu sehen Ihnen schwerer fällt. (Sie könnten es auch als Ihre Aufgabe betrachten, die verschwommenen und verzerrten Bereiche der Bilder zum Verschwinden zu bringen.)

Je länger Sie fähig sind, entspannt und gleichmäßig atmend das dritte Bild zu sehen, desto mehr sehen Sie durch das Auge von Vivencia. Möglicherweise stellen Sie Tiefenabweichungen fest und bemerken Elemente in den Bildern, die Ihnen auf den ersten Blick noch nicht aufgefallen waren. Zusätzlich kann es sein, dass Sie über neue Erkenntnisse und erweitertes inneres Bewusstsein Zugang zu einer tieferen Perspektive auf sich selbst erhalten.

Orientierung und Bewusstsein

FALLGESCHICHTE: JUSTINE

Justine war elf Jahre alt, als sie zum ersten Mal zu mir kam. Laura, ihre Mutter, die selbst Therapeutin war, machte sich Sorgen wegen der Brille, die man ihrer Tochter zuletzt verschrieben hatte. Der Bereich ihres unschärfsten Sehens befand sich auf der horizontalen 9- bis 3-Uhr-Achse. Man hatte ihr eine Brille gegen Weitsichtigkeit verschrieben, die einen Astigmatismus von +3,25 Dioptrien kompensierte.

Justine wies ein fortschiebendes weitsichtiges Verhalten entlang des horizontalen Meridians auf. Diese Art weitsichtiger Astigmatismus wird als »gegen die Regel« bezeichnet; es handelt sich um eine weniger weit verbreitete Astigmatismusart. Ich sah mir ihre Iris an und stellte tiefe emotionale Talstrukturen entlang der Horizontalachse fest. Die Struktur zeigte mir, das Justine tief in ihrem geistigen Auge eine Emotion verbarg.

Mit diesen Informationen über Justines weitsichtigen Astigmatismus und die tiefe Emotion, die im Zusammenhang mit Freude, Fürsorge und Engagement stand und auf der Horizontalachse vorhanden war, verfügte ich über eine gute Ausgangsposition bei der Suche nach den Ursachen für ihren Astigmatismus. Wie sah Justines Überlebenspersönlichkeit aus? Welcher Elternteil übte in ihrem Leben den entscheidenden Einfluss aus? Welche Art Überlebenswahrnehmungen projizierte Justine durch ihre Augen, um eine derartige Verzerrung hervorzurufen? Die Informationen in ihrer Iris und ihr Brillenrezept ließen mich tiefere Fragen stellen. Auch Ihnen steht diese Möglichkeit offen, indem Sie sich der Tabelle auf Seite 222 bedienen.

Justine gelang es nicht, ihre Augen einwärts zu drehen. Jedes Mal wenn ich ein Objekt auf sie zuführte, schloss sich das linke Auge oder wanderte nach rechts ab. Ich konnte erkennen, dass Justine ihrem rechten Vater-Auge den Vorzug gab und ihr linkes Mutter-Auge buchstäblich verschloss. Der nächste Schritt bestand darin, etwas über ihren Vater herauszufinden. Weil sie ihr rechtes Auge so offensichtlich bevorzugte, nahm ich an, dass sie ihrem Vater näher stand als der Mutter und wütend auf die Mutter war. Da ihr erster Besuch nur eine Stunde dauerte, entschloss ich mich, es zunächst beim physischen Ansatz bewenden zu lassen, und schlug vor, dass sich Justine erst einmal mit der integrativen Praxis des Schielens befassen, auf ihre Nase und beide Nasenflügel sehen sollte. Ich vermutete, dass Laura mit Justine zurückkommen würde, wenn sich diese Übung als wirksam erwies.

18 Monate später saßen Justine und ihre Mutter erneut in meinem Sprechzimmer. Justine hatte sich mit der Schielübung beschäftigt, und es gelang ihr, mit 60-prozentiger Wahrscheinlichkeit ihre Nase zu sehen. Sie meinte, sich allgemein wohler zu fühlen und bei den Schularbeiten besser konzentrieren zu können. Noch immer fiel es ihr schwer, ihre Leseaufgaben zu bewältigen. Zudem war ein weiteres wichtiges Thema hinzugekommen: Justine befand sich nun in der Pubertät und hatte zahlreiche Auseinandersetzungen mit ihrer Mutter. Ich arbeitete die Hälfte der Zeit mit Justine und sprach die restliche halbe Stunde allein mit Laura.

Es traf zu, dass sich Justines weitsichtiges Zornmuster in erster Linie gegen ihre Mutter richtete. Die andere meiner Meinung nach bedeutsame negative Auswirkung auf Justines Sehleistung war das beruflich sehr aktive Leben ihres Vaters und der Mangel an Fürsorge durch ihn, den Justine in jüngeren Jahren so abgöttisch geliebt hatte. Außerdem hatte Justine als kleines Kind gespürt, dass Mutter und Vater keine gute sexuelle Beziehung zueinander hatten – häufig die Ursache, wenn sich zwischen beiden Augen kein gutes Zusammenspiel ergibt.

Justines Vater war eine außereheliche Beziehung eingegangen, als sich Justine im Alter von acht oder neun Jahren befand und ihr Astigmatismus erstmals zutage trat. Nach Justines erstem Besuch bei mir war ihr Vater plötzlich verstorben. Nun war Justine fast 13 Jahren alt und ihre sinkenden Schulleistungen schienen mir ein weiterer Hinweis auf ihre innere unglückliche Grundstimmung zu sein. Es gelang ihr nicht, in ihrer Mitte zu bleiben und sich willentlich zu konzentrieren.

Wenn das geistige Auge wie in Justines Fall Überlebensstrategien entwickeln muss, dann druckt das Kameraauge ein bestimmtes astigmatisches Lösungsmuster aus. Meine klinische Erfahrung hat mir deutlich gezeigt, dass man, wenn man mit dem Astigmatismus des Kameraauges auf die beschriebene Weise verfährt, die Überlebenswahrnehmungen des geistigen Auges ermitteln und heilen kann. Sobald dies geschehen ist, öffnet sich das Auge von Vivencia und bewusstes Sehen wird zugänglich. Diese Art des Sehens ist klar und real.

Selbstachtung

Der Aufbau von Selbstachtung ist eine der größten Herausforderungen, vor denen junge Menschen stehen. Ein Bereich der Iris trifft Aussagen über den Grad dieser Selbstachtung. Sie befindet sich im rechten Auge neben der Vertikalen auf der 11-Uhr-Position und im linken auf der 1-Uhr-Position. Wenn Sie zurück zur Tabelle auf Seite 222 blättern, stellen Sie fest, dass unscharfes Sehen auf der Vertikalen mit der 180-Grad-Achse und dem Astigmatismus »nach der Regel« assoziiert wird. Meine Forschungsergebnisse zeigen eine äußerst enge Beziehung zwischen dem Astigmatismus »nach der Regel«, Selbstachtung und seinen nahen Verwandten Sinnlichkeit und Sexualität.

Eine gesunde Selbstachtung hat ihren Ursprung hauptsächlich in einem großzügigen Maß positiver Verstärkung und in positiven Rollenvorbildern durch die Eltern. Selbstachtung wiederum fördert Selbstbestimmung, verleiht uns den Mut, uns auf schwierige Projekte einzulassen und Entscheidungsfähigkeit zu entwickeln.

Jede Form negativer Kritik während der Kindheit untergräbt Selbstachtung. Die von mir gesammelten Fallbeispiele lassen darauf schließen, dass Astigmatismus »nach der Regel« als Schutzreaktion vor geringer Selbstachtung entsteht. Auf diese Weise geht die betroffene Person der Wirklichkeit emotionaler Verletzung und emotionalen Schmerzes aus dem Weg. Die astigmatische Verzerrung der Wirklichkeit ist vollkommene Anpassung mit dem Ziel, Gefühle zu vermeiden.

Jonathan hatte während seiner Kindheit solche Erfahrungen gemacht. Sein Vater Maurice war ein äußerst kritischer Mann. Maurice liebte seinen Sohn, doch liebte er ihn aus einer sehr unreifen Position heraus, aus der er seine eigene niedrige Selbstachtung auf Jonathan projizierte. So erklärte Maurice seinem Sohn von früher Kindheit an, dass er ihn nicht für besonders intelligent hielt.

Jonathan erzählt seine Geschichte:

FALLGESCHICHTE: JONATHAN, ERSTER TEIL

>> Das Zusammensein mit meinem Vater war ein Albtraum. Er kritisierte alles, was ich tat. Wie ich mich anzog, Holz mit einer Säge zerteilte, meine Hausaufgaben machte, auf meinem Fahrrad saß. Er hackte auf mir herum wie ein Feldwebel bei der Armee auf einem Rekruten. Ich begriff sehr früh, dass ich ihm nichts recht machen konnte. Schon bald hielt ich selbst mich für dumm und hatte jegliches Selbstvertrauen verloren. Ich entwickelte Astigmatismus und hatte deshalb Kopfschmerzen, wenn ich zu lernen versuchte. Außerdem hatte ich Mühe, beide Augen zur Zusammenarbeit zu bewegen. Als Kind liebte ich meinen Vater, begriff jedoch nicht, warum er so grausam war. Voller Angst wartete ich auf den nächsten Angriff. Später, als ich mich mit bewusstem Sehen beschäftigte, wurde mir klar, dass ich sogar Lehrer anzog, die mich so wie mein Vater behandelten. Es war

nicht so, dass mein Vater mich nicht mochte. Er wollte das Beste für mich, weil er seine eigenen Unzulänglichkeiten kannte. Das Problem bestand darin, dass er seine eigene verzerrte Art, mit dem Leben fertig zu werden, auf mich projizierte. Ich übernahm seine Sehschwäche und seine Überlebensstrategien. Es fiel mir schwer, Entscheidungen zu treffen. Ich hatte weder Vertrauen in meine Instinkte noch in meine intellektuellen Fähigkeiten. Das Leben war entsetzlich.

Ich musste lernen, dem Instinkt meiner Emotionen zu vertrauen. Ich unterzog mich viele Male Prozessen, in denen ich mich den Ängsten stellte, die zur Verzerrung meiner Sehleistung und zu Fehlhaltungen meines Körpers geführt hatten. In einem meiner bevorzugten Bewusstwerdungsprozesse setzte ich meinen Körper ein, um etwas über meine Ängste und Wahrnehmungen zu erfahren. In dem Jahr, als ich 13 wurde, war in unserer Stadt ein neues Schwimmbad eröffnet worden. Es verfügte über drei Sprungbretter: ein Einmeter-, ein Dreimeter- und ein Sechsmeterbrett. Ich lernte, meine Angst vor Verletzung zu überwinden, indem ich mich Höhen stellte und zunächst vom Einmeterbrett sprang. Ich entdeckte, dass ich elegant ins Wasser eintauchte, wenn ich meinen Körper vorher in die richtige Position brachte. Wenn irgendein Teil meines Körpers nicht die richtige Haltung einnahm, dann tat mir dieser Teil beim Eindringen ins Wasser weh.

Auf diese Weise lernte ich Körperkontrolle. Wenn ich nicht aufpasste, dann erinnerte mich der Schmerz daran, dass ich nicht präsent genug gewesen war. Dann versuchte ich es mit dem Dreimeterbrett. Nun musste ich meine Wahrnehmung der neuen Entfernung zwischen mir und der Wasseroberfläche anpassen. Das Eindringen ins Wasser war wie ein visuelles Erkennen. Ich musste meinen Körper genau zum richtigen Zeitpunkt in die vertikale Position bringen, um mühelos ins Wasser zu gleiten. Das meinen Körper umfließende Wasser verschaffte mir eine wunderbare kinästhetische Erfahrung. Ich spürte den Raum, den mein Körper in der Vertikalen einnahm. Später stellte ich fest, dass mein Astigmatismus ebenfalls vertikal ausgerichtet war.

Als Nächstes war das Sechsmeterbrett an der Reihe. Nun drang ich tie-

> fer und mit größerer Geschwindigkeit ins Wasser ein. Die massierende Wirkung, die das mich umspülende Wasser auf mich hatte, rief ein bestimmtes Gefühl tief in meinem Inneren wach. Außerdem hatte ich mich der Angst gestellt, von solcher Höhe ins Wasser zu springen. Ich selbst entschied, wann ich springen würde. Ich übte mich darin, mich bei meinem Flug durch den Raum auf meine inneren Quellen zu verlassen. In vielerlei Hinsicht bereiteten mich dies selbst auferlegten Bewusstwerdungsprozesse auf mein späteres Leben vor.

Während eines Trainings in bewusstem Sehen konnte Jonathan die Verbindung zwischen seinem Körpergefühl und der vertikalen Ausrichtung seines Sehens herstellen. Wenn er ins Wasser eintauchte, erlebte er die gleichen Gefühle in seinen Augen und in seinem Körper, die er auch hatte, wenn er seinen Daumen vor seinen offenen Augen auf- und abbewegte. Wenn er diese Übung machte meinte Jonathan, in seinem Körper bewege sich gleichfalls eine Energie auf und ab, vom Kopf bis zu den Füßen. Man könnte sich fragen, ob Jonathans frühe Schwimm- und Taucherfahrungen ihm möglicherweise einen stärker entwickelten Astigmatismus ersparten. Jonathan, der im westaustralischen Perth aufgewachsen war, erinnert sich daran, dass er als Teenager Body-Surfing liebte. Er beschrieb, wie er seinen Körper positionierte, um die hereinkommende Welle richtig zu erwischen, und dass er Stunden mit diesem Spiel zubrachte. Ihm wurde klar, dass er auf diese Weise seine im Inneren gespeicherten Gefühle und die in seiner Muskulatur verhärteten Emotionen meisterte.
Er erklärt:

FALLGESCHICHTE: JONATHAN, ZWEITER TEIL

> » Wenn ich zentriert bin und mich meiner visuellen Bewusstheit bediene, kann ich die Kraft der Welle erahnen und weiß, wie ich mein Körpergewicht verlagern muss, um auf ihr zu reiten. Dieser Prozess bringt meine Sinne mit meiner Körpermuskulatur in Übereinstimmung. Wenn ich erfolgreich bin, dann gleite ich ruhig auf der Welle dahin und bin erfüllt von Glückseligkeit und Jubel. Werden jedoch meine Gedanken und Gefühle aus ihrer Einheit gerissen, dann über-

nimmt die Welle die Führung und wirft meinen Körper wie einen Zweig in einem Gebirgsbach umher. Mich unkontrolliert der Zorn der Welle auszuliefern, erinnerte mich an das Gefühl, das ich als Jugendlicher beim Zusammensein mit meinem Vater hatte. Ich fühlte mich auf Gedeih und Verderb einer Kraft ausgeliefert, über die ich keine Kontrolle hatte. Inzwischen habe ich mich ausreichend im Griff, um wirkungsvoll mit einer externen Kraft fertig zu werden. Wenn ich eins mit mir und bewusst bin, dann fühle und sehe ich bewusst. Body-Surfing hat mir gezeigt, wie ich einen Zugang zum horizontalen Raum meines Körpers finden kann. Ich habe gelernt, meine rechte und meine linke Körperseite und meine beiden Gehirnhemisphären zu integrieren. Das gleiche Gefühl macht sich in mir breit, wenn ich meinen sich vor mir hin- und herbewegenden Daumen beobachte. »

Diagonaler Astigmatismus und Sexualität

Bei dieser Astigmatismusart befindet sich der unscharfe Bereich entlang des 10-Uhr- und 2-Uhr-Meridians. Im Vergleich zu den »normalen« 9-Uhr-, 3-Uhr- und 12-Uhr-Bereichen könnte man diesen Astigmatismus als fortgeschrittene Anpassung bezeichnen, weil zusätzlich zu der vertikalen oder horizontalen noch eine weitere Verzerrung der Unschärfe durch die Überlebensstrategien des geistigen Auges hinzukommt. Diese größte Verschwommenheit manifestiert sich im Kameraauge zwischen den horizontalen und den vertikalen Bereichen.

Viele Jahre lang stellte ich mir die Frage, was einen Menschen wohl dazu veranlasste, nicht sehen zu wollen? Mit diagonalem Astigmatismus habe ich mich erst auseinander gesetzt, als ich mich für die Irisphänomene in der 10-Uhr-Position des rechten und in der 2-Uhr-Position des linken Auges zu interessieren begann.

Diese Bereiche in den Iris legen potentielle Einschränkungen nahe, die tief in unbewussten Teilen des geistigen Auges vergraben sind. Hier ist es besonders schwierig, Zugang zu Erinnerungen zu finden. Diese Überlebenswahrnehmungen haben ihren Ursprung in genetischen Faktoren, die in der Iris nachweisbar sind und mit Sinnlichkeit und Sexualität zusammenhängen. Mir als Augenarzt fiel es nicht leicht, meinen Patienten Fragen zu ihrer Sexualität zu stellen. Während ich also als Optometrieprofessor an der Pacific University in Portland/Oregon arbeitete, schloss ich mich mit einem Sozialarbeiter zusammen, um den Zusammenhang zwischen Astigmatismus und Sexualität zu erforschen. Der Sozialarbeiter machte ausführliche Aufzeichnungen von Patienten, die unter Astigmatismus und anderen Refraktionsstörungen litten.

In unserer gemeinsamen Studie stellten wir fest, dass 75 Prozent der amerikanischen Gesamtbevölkerung frühe, Verwirrung stiftende Erfahrungen mit Sexualität macht. Diese Erfahrungen reichen von körperlichem oder emotionalem Missbrauch bis hin zu Vermeidungsstrategien, Verwirrung, Traumata und Ablehnung der eigenen Sexualität. Dieses Ergebnis deckte sich mit meinen eigenen Erhebungen: 75 Prozent meiner kurzsichtigen und astigmatischen Patienten waren auf die eine oder andere Art in ihrer Sexualität gestört.

In den darauf folgenden Jahren entwickelte ich in meiner Privatpraxis und in meinen Workshops die erforderliche Ungezwungenheit, um mit Patienten über den Zusammenhang von Astigmatismus und Sexualität sprechen zu können. Ich konnte beobachten, dass die vom Kameraauge produzierten astigmatischen Verzerrungen abnehmen, wenn sich die Patienten mit den hier beschriebenen Übungen befassen, sich ihren Überlebenswahrnehmungen stellen und eine flexible Art der Wahrnehmung entwickeln. In manchen Fällen ist die Zusammenarbeit mit einem Psychotherapeuten erforderlich. Wenn sich die betreffende Person von den Kontrollmechanismen durch das geistige Auge befreien kann, dann ist sie eher dazu in der Lage, mit dem Auge von Vivencia zu sehen. Bewusstes Sehen stärkt den gesunden Gebrauch des Kameraauges und führt in vielen Fällen zur Freiheit von der süchtig machenden Kraft einer kompensierenden Brille.

Depressive Menschen und solche, die über geringe Selbstachtung verfügen, setzen Sex manchmal als Suchtmittel, um sich besser zu fühlen oder um ihre Zorn nicht spüren zu müssen. Solange Sexualität auf diese Art ausgelebt wird, muss sich der Betreffende die Quelle seiner unangenehmen Gefühle nicht genau ansehen. Ich gehe davon aus, dass Astigmatismus in Verbindung mit Integrationsschwierigkeiten beider Augen einen Überlebensmechanismus darstellt, der unangenehme Wahrnehmungen im Zusammenhang mit Sexualität im geistigen Auge zurückhält.

Eine bedeutende Zahl von Frauen, die sich im Alter zwischen Ende 40 und Mitte 60 befinden und für bewusstes Sehen engagieren, haben ausgesagt, dass es ihnen leicht fällt, ihre sexuellen Bedürfnisse zu unterdrücken. Teilweise leben Sie mit der Leugnung ihrer Erotik. Wenn wir einen Teil unserer Wirklichkeit verleugnen, ist dies dann für diesen Teil Anlass, sich bemerkbar zu machen und unsere Aufmerksamkeit zu erlangen? Mir scheint, ja. Wenn wir die Emotionalität unserer Sexualität unterdrücken, dann offenbart Astigmatismus diesen Bereich unserer unklaren Lebenssicht. Im Rahmen bewussten Sehens führt uns Astigmatismus zu den Bereichen unserer visuellen Leugnung. So können wir uns unserem Leben mit erneuerter Klarheit stellen und die Erfüllung und Glückseligkeit finden, die wir alle so reichlich verdienen.

Körperhaltung und Astigmatismus

Die Entstehung von Astigmatismus wurde bisher vor allem mit der Unterdrückung oder Blockierung eines Bereichs im Raum des geistigen Auges in Zusammenhang gebracht. Die innere Verzerrung erzeugt erfolgreich eine visuelle Verzerrung von unserer visuellen Wirklichkeit und projiziert eine Strukturveränderung auf das Kameraauge. Die Wahrnehmung der Außenwelt wird also verbogen, damit sie mit unserer inneren Unfähigkeit übereinstimmt, die unser Bewusstsein durch die Augen erreichenden Einflüsse zu verarbeiten.

Die Forschungsergebnisse von Paul Harris, eines Verhaltensoptometristen, legen nahe, dass die gleiche Art von Verzerrung stattfinden kann, wenn der Körper nicht auf seine vertikale Orientierung ausgerichtet ist. Dr. Harris stellte Astigmatismus bei Konzertmusikern fest, die beim Spielen eine verdrehte Körperhaltung einnehmen; ein typisches Beispiel sind die Violinisten, die beim Spielen den Kopf in der Regel zur Geige neigen.

Weiter hat man festgestellt, dass Menschen, deren Beschäftigung es verlangt, die Augen häufiger in die eine und weniger in die andere Richtung zu wenden, Astigmatismus entwickeln können. Vergleichen Sie etwa einen Postarbeiter mit einem Fließbandarbeiter. Der Postarbeiter bewegt die Augen beim Einsortieren von Post in verschiedene Fächer vor allem vertikal und weniger horizontal. Der Fließbandarbeiter hingegen bewegt seine Augen überwiegend in der horizontalen Ebene. Interessant ist, dass der Postarbeiter in der Horizontale weniger klar sieht und zu einem Astigmatismus »gegen die Regel« neigt. Der Fließbandarbeiter jedoch entwickelt einen Astigmatismus »nach der Regel«, und es mangelt ihm auf der vertikalen Ebene, der am wenigsten geübten Augenbewegung, an Sehschärfe.

Entscheidend ist es, beim Lesen, bei Computer- oder anderer Schreibtischarbeit bewusst auf eine gute vertikale Ausrichtung von Rückgrat, Kopf und Augen zu achten. Es ist unklug, im Bett auf der Seite liegend zu lesen. Am Computer sollten Sie auf einem Stuhl mit guter Wirbelsäulenunterstützung sitzen. Überprüfen Sie regelmäßig, ob Ihre Wirbelsäule angenehm gerade oder irgendwie verbogen ist. Machen Sie immer wieder Pausen, während derer Sie die Arme über den Kopf ausstrecken und Ihre Wirbelsäule dehnen.

Ich habe Ihnen Astigmatismus auf der Basis meiner persönlichen Erfahrung mit zahlreichen Klienten präsentiert. Für sie hat sich meine Herangehensweise als nützlich erwiesen. Doch wie Sie sehen, ist das Thema Astigmatismus komplex. Astigmatismus bietet einen fruchtbaren Boden zur Selbsterforschung. Nehmen Sie die Herausforderung an, sich alle Verschleierungen und Verzerrungen aus der Vergangenheit bewusst zu machen, damit Sie sich sowohl in der Gegenwart wie auch in der Zukunft an klarem, bewusstem Sehen erfreuen können.

10. KAPITEL

Augenkrankheiten – Erwache und siehe!

Von der Blindheit zum Licht

Die schmerzhaften Worte »Sie werden innerhalb der nächsten drei Jahre auf dem rechten Auge erblinden. Lernen Sie, damit zu leben!« hörten sich für Françoise wie ein Todesurteil an. Der Augenarzt, der diese Worte ausgesprochen hatte, bot keine andere Behandlung an als nur die Überwachung der langsamen Verschlechterung. Als Françoise neun Jahre alt gewesen war, hatte man bei ihr Astigmatismus diagnostiziert und ihr eine Brille verpasst. Doch sie brauchte sie nur beim Lesen und bei den Hausaufgaben aufzusetzen. Die Verschreibung für ihr rechtes Auge lautete +1,00, -1,00 Dioptrien auf der 30-Grad-Achse, und für das linke +1,00, -1,00 Dioptrien auf der 150-Grad-Achse. Diese Bereiche astigmatischen unscharfen Sehens trafen auf den Iris mit jenen für Sinnlichkeit und Sexualität zusammen, die ich im vorangegangenen Kapitel besprochen habe. Mit ihren 30 Jahren wollte sich Françoise nicht in diese niederschmetternde Diagnose schicken. Sie suchte nach Alternativen und fand schließlich ihren Weg zu bewusstem Sehen. Sie erinnert sich:

FALLGESCHICHTE: FRANÇOISE

>> Meine Augen hatten mir früher nie Probleme bereitet, doch als ich 23 Jahre alt war, hatte ich plötzlich Schwierigkeiten, Dinge in meinem Gesichtsfeld zu sehen. Ich war damals sehr beschäftigt, also unternahm ich nichts. Als ich dann 25 war, hatten sich die Symptome so ausgewachsen, dass ich zum Augenarzt ging. Mein rechtes Auge wies keine 100-prozentige Sehleistung auf. Die Augenärztin hielt es für eine Farbensehschwäche, ein Problem, das ich bisher nicht gehabt hatte. Sie meinte, ich hätte eine Augenkrankheit, etwas Ähnliches wie einen Schlaganfall bloß eben im Auge. Obwohl sie mir nicht weiter-

helfen konnte, überwies sie mich auch nicht an einen anderen Arzt. Ich machte die nächsten Schritte auf eigene Faust, suchte einen Neurologen auf, um mein Hirn scannen und auf einen möglichen Tumor überprüfen zu lassen. Mein Sehnerv sei gesund, sagte der Arzt, und Tumore waren gleichfalls nicht vorhanden.

Eine zweite Konsultation eines Augenarztes bescherte mir die Diagnose, dass ich in drei Jahren blind sein würde. Man forderte mich auf, stark zu sein. Ich informierte meine Eltern, obwohl ich keine näheren Informationen über den genauen Zustand meines Auges erhalten konnte. Im Sommer 1996 brachte mein Vater meine Unterlagen in eine bekannte medizinische Fakultät. Drei Ärzte befassten sich dort mit meinem Fall. Schließlich lautete die Diagnose Stäbchenzellen/Zapfenzellen-Dystrophie. Die für das Dämmerungssehen zuständigen Stäbchenzellen waren stärker betroffen. Ich wurde an einen Netzhautspezialisten überwiesen, bei dem ich sechs Monate auf einen Termin warten musste. Ich war erleichtert, weil ich endlich einen Arzt gefunden hatte, der mir etwas über den Zustand meines Auges sagen konnte.

Der Arzt teilte mir mit, dass sich die Stäbchenzellen/Zapfenzellen-Dystrophie langsam weiterentwickle. Er konnte mir nicht erklären, warum ich diese Krankheit hatte. Er bezeichnete sie als genetisch, aber niemand in meiner Familie hatte bisher ein solches Leiden. Er riet mir, sehr vorsichtig mit der Sonne zu sein und immer eine Sonnenbrille zu tragen, denn das ultraviolette Licht könne die Netzhaut weiter schädigen. Ich hielt mich an seinen Rat.

Nach dem Gespräch mit diesem Spezialisten verkaufte ich mein Auto und gab das Fahren auf. Ich konnte aber noch lesen und funktionierte auch sonst mehr oder weniger normal. Meinen nächsten Termin bei diesem Spezialisten sollte ich in zwei Jahren haben. Ich versuchte, im Umgang mit meiner Krankheit tapfer zu sein. Alle wollten, dass ich mir Arbeit suchte, die mehr Sicherheit versprach, etwa in der Verwaltung. Doch das war nicht das Leben, das ich mir vorstellte. In diesen zwei Jahren schwankten meine geistige Verfassung und meine Moral zwischen den Extremen hin und her. Dann erklärte mir der

Spezialist, dass sich der Zustand meines Auges nicht verschlimmert hatte.

Mir wurde klar, dass ich für mich selbst eine Lösung suchen musste. Ich lernte einen Mann kennen, der mir bei meiner persönlichen Entwicklung half. Mein Geist öffnete mir bisher verschlossene Möglichkeiten der Weiterbildung. Ich las nützliche Bücher über Körperzustände und ihre metaphorische Verbindung mit dem Geist. Ich hatte begonnen, an anderen physischen Problemen zu arbeiten. Ich fragte mich, wenn es mir gelang, bei anderen Teilen meines Körpers gute Ergebnisse zu erzielen, warum dann nicht auch bei meinen Augen? Diese Fragestellung war der Durchbruch für mich.

Ich forschte nach Büchern über Augenkrankheiten. Ich entdeckte Dr. Roberto Kaplan. Ich suchte ihn auf und absolvierte eine erste ereignisreiche zweistündige Sitzung bei ihm. Ich weinte Tränen des Glücks. Ich fing an, Dinge aus meiner Vergangenheit freizusetzen, und folgte seinem Rat, mein dominierendes linkes Auge abzudecken. Die Kassetten zu Selbstheilung und Loslassen, die er entwickelt hatte, halfen mir weiter.

Ich fand heraus, dass mein rechtes Auge in Verbindung mit meinem Vater oder der männlichen Seite meiner Familie stand, und erkannte, dass der Zustand meines rechten Auges meine lebenslange Verwirrung im Hinblick auf Männer widerspiegelte. In meinen Träumen sehnte ich mich nach einer kreativeren Beschäftigung wie Tanzen, Singen oder Filmemachen. Ich wollte mit Menschen zusammenarbeiten. Ich meinte, ihnen helfen zu können. Meine Krankheit erzählte mir von einem Bereich in meinem Leben, den ich nicht erfüllt hatte.

Meine Ernährung war gut. Ich aß nur wenig Milchprodukte und wenig Fleisch. Ich fing an, eine stimulierende Farbe für mein rechtes Auge zu verwenden, um das Selbstheilungspotential von Körper und Geist zu steigern. Außerdem unterstützte ich mein Abwehrsystem mit Antioxidanzien, die ich mir unter die Zunge sprühte. Im Gegensatz zu den Empfehlungen meines vormaligen Augenarztes, der mich vor der schädlichen Wirkung von Sonnenlicht gewarnt hatte, übte ich mich nun darin, es liebevoll in meine Augen einzuladen. Am frühen Morgen, wenn ich auf das Eintreffen des Zuges wartete, saß ich mit zur Sonne hingewendetem Gesicht und geschlossenen Augen da. Ich liebte die Wärme der Sonne auf meinem Gesicht.

Nach einer Zeit fühlte sich die Sonne so gut für meine Augen an, dass ich auf das Tragen der Sonnenbrille verzichtete – nur beim Skifahren setzte ich sie weiterhin auf. Die Sonne wurde mein Freund. Sie war nicht mehr mein Feind. Ich erkannte, dass die Sonne mir nichts anhaben kann, wenn ich nur bewusst mit ihr umgehe. Ich hörte mir fast zwei Monate lang weiterhin die Selbstheilungskassetten an. Ihr Inhalt und die von ihnen vermittelten Informationen rüttelten meinen Geist wach. Ich fing an, für mich einzustehen. Ich hatte keine Lust mehr, mich von irgendwelchen Leuten als Opfer missbrauchen zu lassen.

Die Verbindung von Selbstheilungskassetten und dem Abdecken meines gesunden Auges riefen in mir Erinnerungen aus meiner Kindheit wach, die ich fast vergessen hatte. Zwei Wochen lang fühlte ich mich äußerst verletzlich. Mein Weinen machte es mir möglich, noch besser loszulassen.

Ich nahm mir vor, langsamer zu leben und eine neue Arbeit zu finden. Als Erstes würde ich mich um mich selbst kümmern. Ich würde nur Arbeit annehmen, die mich wirklich interessierte. Eine Zeit lang arbeitete ich mit Filmen und die Genesung meines Auges schritt fort.

Ich wollte herausfinden, welcher Art die emotionalen Blockaden waren, die zu meiner Augenkrankheit geführt hatten. Roberto Kaplan lud mich zu einem dreiwöchigen Selbstheilungsretreat ein, den er und seine Partnerin abhielten. Während des Retreats liefen tief greifende Veränderungen ab. Ich fing wieder an, das gesunde Auge abzudecken. Anfangs fiel es mir extrem schwer. Ich fühlte mich emotional an meinen Vater gebunden und dies beeinträchtigte meine Atmung. Als ich die Augenklappe bewusster trug, offenbarte sich mir eine neue emotionale Welt. Jeden Tag kam eine andere Emotion an die Oberfläche. In einem Augenblick schlug mein Herz, als hätte ich gerade einen Marathon gelaufen. Im nächsten hatte ich das Gefühl, meine Brust stehe in Flammen. Dann fand ich plötzlich Frieden. Jeden Tag durchlief ich reinigende Emotionen. Ich hatte tiefe Kindheitsgefühle gegenüber meinem Vater fest in einer Kiste versperrt.

Die Augenklappe über meinem linken Auge eröffnete mir die Welt hinter meinem rechten – sie schien dunkel und düster. Mitten in meinem Gesichtsfeld war ein dunkler, kompakter Bereich. Er sah aus wie die Nachahmung eines Auges. Während des Retreats führte uns Roberto durch ein Heilritual, in dem wir unsere Begrenzungen untersuchten. Ich versetzte mich ins Alter zwischen sechs und acht Jahren. Zahlreiche Erinnerungen kamen in mir an die Oberfläche. Eines Abends wurde ich ermutigt, meine Begrenzungen auszuspielen. Ich spürte, wie es war, sechs Jahre alt zu sein. Ich hasste es, wenn mein Vater mich umarmte oder berührte. Meine Schwester war missbraucht worden. Ich hatte das, was ich empfand, in eine Kiste einsperren müssen, um nicht verletzt zu werden. Ich blieb bei den Gefühlen, obwohl sie äußerst beängstigend waren. Ich lag auf dem Boden und bewegte mich, gab Laute von mir und dann tanzte ich. Ich lebte sie aus. Im Zeitraum von ein paar Sekunden war ich wieder sechs Jahre alt. Dann kam alles heraus.

In diesem Augenblick verbrannte ich die Begrenzungen in mir. Ich erkannte, dass ich missbraucht worden war. Ich hatte diese Opferrolle mit meinem Chef neu inszeniert. Inzwischen bereiten mir all die dazugehörigen Gefühle und Emotionen keine Schwierigkeiten mehr. Ich bin in der Lage, sie zu- und dann loszulassen. Meine Vergangenheit schmerzt mich nicht mehr. Es geht mir gut mit meinem Vater. Es ist keinen Vorwurf. Nun liegt das alles hinter mir.

Am Tag danach war ich so erleichtert, so glücklich. Ich war ein neuer Mensch. Ich stellte fest, dass sich mein rechtes Auge mit Licht füllte. Der dunkle, kompakte Bereich löste sich auf. Nun erschien es mir wie ein hübscher nebelhafter Schleier, der dünner und dünner wurde. Ich konnte spüren, wie das Licht in mein rechtes Auge hineingelangte. Ich bin wirklich glücklich, denn jetzt kann ich mit meinem rechten Auge sogar wieder lesen. Während ich mein linkes Auge abdecke, sehe ich die Gesichter und Augen der Leute um mich her. Ich heile meine Augenkrankheit und bin frei, mein Leben auf bewusste Weise fortzusetzen. **«**

Ein Neuanfang

Françoises Geschichte zeigt eindringlich, wie man selbst unter widrigsten Umständen die Augen in ihrer Funktion wiederherstellen kann, wenn man seinem tiefsten Licht gestattet, das eigene Sehen zu lenken. Während ein solches Konzept in der heutigen konventionellen Augenheilkunde relativ fremd ist, bereiten Menschen wie Françoise den Weg für einen zukünftigen Umgang mit den Augen. Chirurgische Eingriffe und medikamentöse Behandlungen sind sicherlich dort am Platz, wo die Augen nicht auf die Methoden bewussten Sehens ansprechen oder wo ein schwer wiegendes Trauma die Ursache für die Verschlechterung der Sehleistung ist. Zunächst jedoch müssen die Patienten endlich mehr in ihren eigenen Heilungsprozess einbezogen werden.

Ich erkläre meinen Patienten, dass der Körper ein vollkommenes, fein gestimmtes Instrument der Selbstheilung ist. In der Intensität unserer auf das Maximum beschleunigten Welt erinnern uns Schmerzen und Symptome daran, dieses Instrument neu zu eichen. Unser Körper befindet sich in einem ununterbrochenen Prozess der Regeneration. Bewusstes Sehen heißt in diesem Zusammenhang, es bereits zu merken, wenn unsere Augensymptome in einen Zustand des Ungleichgewichts geraten.

In der überwiegenden Mehrheit von Augenerkrankungen verbirgt sich in den dunklen Schatten des blendenden Leidens bereits ein Neuanfang. Grauer Star (Katarakt), grüner Star (Glaukom), Makuladegeneration und Sehnerv-, Netzhaut- und Hornhauterkrankungen präsentieren sich, um uns vor physischer Blindheit zu warnen, die kommen wird, wenn wir nicht den einen oder anderen Aspekt unseres aus dem Gleichgewicht geratenen Lebens ändern. Das physische Symptom des Gar-nicht- oder Nur-schlecht-sehen-Könnens veranlasst uns, den Aspekt zu untersuchen, demgegenüber wir uns bisher blind gestellt haben. Wenn wir unsere Symptome leugnen, dann wird uns unser Augenleiden ausbremsen, um endlich unsere Aufmerksamkeit zu erlangen. Eine derartige »Blindheit« ist auch als »Minitod« bezeichnet worden. Ein Teil unserer Lebensweise muss einen Sterbeprozess durchlaufen, damit eine neue Lebensvision entstehen kann.

Bestandteil dieses Todes ist es in der Regel, einen tieferen Zugang zu den eigenen Gefühlen zu bekommen. Unweigerlich sind wir aufgefordert, uns der emotionalen Seite unserer Persönlichkeit zu stellen. Bewusst sein und bewusst sehen verlangt, dass wir jeden einzelnen Stein umdrehen, wenn wir uns von den Unvollständigkeiten der Vergangenheit befreien wollen.

Körper und Geist aus dem Gleichgewicht

Als ausgebildeter Augenarzt und Optometrist wäre ich nie auf den Gedanken gekommen, dass meine Praxis sich eines Tages der Unterweisung von Menschen mit Augenkrankheiten widmen würde. Meine Spezialität war die Refraktionsmessung des Sehapparats und die Sehtherapie für binokulares Sehen und Lernbeschwerden.

Ende der Siebzigerjahre führte mich mein eigener Wunsch nach bewusstem Sehen nach Seattle, um dort eine Lösung zu finden. Ich war frustriert. Patienten in der Klinik, in der ich die Sehtherapie supervidierte, fragten mich ständig, ob es nicht irgendwelche Methoden gab, um ihre Kurzsichtigkeit zu verringern. Gelegentlich wurde ich von Personen mit anderen Augenleiden mit Fragen wie dieser gelöchert: »Gibt es irgendetwas Natürliches, das ich gegen meinen grünen Star/meinen grauen Star tun kann?« Unwillig musste ich dann in meiner Unwissenheit den Kopf schütteln.

Raymond Gottlieb, ein Kollege und Mentor, hielt sich in Seattle auf, um dort einen Vortrag über Syntonics, einen weniger bekannten Zweig der Optometrie, zu halten. Er und andere Ärzte hatten farbiges Licht verwendet, um refraktive und binokulare Symptome zu behandeln. Er war davon überzeugt, dass Farben bei der Heilung bestimmter Augenleiden eine Rolle spielen konnten.

Solche Hypothesen brachten bei mir als klinischem Professor die Alarmglocken zum Schrillen. Für mich war es vollkommen ausgeschlossen, dass farbiges Licht auf biologisches Gewebe Einfluss nehmen konnte. »Ich möchte den Forschungsbericht sehen«, verlangte ich. Wenn Gottlieb mit seinen Behauptungen Recht hatte, dann würden ich und Tausende anderer Augenärzte zugeben müssen, dass wir unseren Patienten nicht die ganze Wahrheit sagten. Die Behauptung, dass nur Chirurgie und Medikation etwas bei Augenkrankheiten bewirkt, wäre als Lüge entlarvt.

Dr. Gottlieb sah mir fest in die Augen und sagte: »Sie wollen einen Forschungsbericht? Warum forschen Sie nicht selbst?« Seine Dreistigkeit machte mich fassungslos. Doch ich hatte ausgezeichnete Voraussetzungen in meiner optometrischen Klinik, um Untersuchungen durchzuführen. Am nächsten Tag stöberte ich in einem alternativen Buchladen und dabei fiel mir die englische Ausgabe eines alten, von dem deutschen Arzt Wilhelm Luftig geschriebenen Buches in die Hände: *Fort mit Brille und Augenglas* (Berlin 1928). Ich konnte mein Glück kaum fassen. Schützend drückte ich das erstandene Buch beim Verlassen des Ladens an meine Brust. Ich wusste intuitiv, dass der Text dieses Mannes mir die Augen für eine ganze Welt neuer Möglichkeiten öffnen würde.

FALLGESCHICHTE: SHARON, ERSTER TEIL

» Am nächsten Tag in der Klinik wurde ich von Sharon angesprochen, einer kurzsichtigen Patientin Ende 30, bei der eine Netzhautablösung diagnostiziert worden war. Man hatte versucht, dieser Netzhautablösung chirurgisch mit einer Skleraeindellung durch Plombenaufnähung in ihrem rechten Auge zu begegnen. Sharon flehte mich an, ihren Fall zu übernehmen. Sie wollte unbedingt Selbstheilungstechniken erlernen, um dieser Netzhautablösung entgegenzutreten und einer möglichen Wiederholung bei ihrem linken Auge vorzubeugen.

Es war mir unangenehm, dass Sharon mich bat, über meine übliche Herangehensweise hinauszugehen. Ich sträubte mich. Was würden meinen Kollegen sagen? Was würde geschehen, wenn der Erfolg ausblieb? Und was würde erst sein, wenn sich Sharons Auge besserte? Ich würde meinen gesamten Methodenapparat überdenken müssen. Diese Fragen galoppierten durch meinen Kopf. An diesem Abend begann ich Luftigs Bericht über die Arbeit mit seinen Patienten zu lesen. Ich blieb bis in die Morgenstunden auf, weil ich vollkommen fasziniert war davon, dass er Licht, Homöopathie und Ernährungsumstellung einsetzte, um das erkrankte Augengewebe des Patienten zu wecken.

Die konventionelle westliche Medizin geht davon aus, dass Alter und Krankheit eine natürliche Folge des Lebens sind. Und doch gibt es eine ganze Reihe von Menschen in unserer Welt, die, ohne je irgendwelche schweren Krankheiten gehabt zu haben, über 100 Jahre alt werden und sich bis zum Schluss ihre gute Gesundheit bewahren. Bestimmte Kulturen ernähren sich sehr einfach: von Früchten, Gemüse, Nüssen und Körnern und weniger von Fleisch und Milchprodukten. Solche Menschen sind oft bis in die Achtziger und Neunziger vital und frei von Krankheiten.

Luftig vertritt die Auffassung, dass der Körper sich im Gleichgewicht befinden muss. Wenn sein sensibles konstitutionelles Gleichgewicht durch ungesunde Lebensweise, mangelhafte Ernährung, Überarbeitung, Unglücklichsein, Missbrauch und Mangel an natürlichem Licht gestört ist, dann wird dies in den Augen sichtbar. Diese Denkweise schien mir äußerst überzeugend! Luftigs Worte berührten mich in meinem tiefsten Sein. Ich wusste, das war der Weg, den ich einschlagen musste.

Am nächsten Morgen rief ich Sharon an und sagte ihr, dass ich sie als Einzelfallstudie annehmen würde. Ich hatte von der medizinischen Verwendung der Visualisation gelesen. Eine ganze Reihe von Ärzten verwendeten Bilder, um die Heilung von Krankheiten angefangen bei Bluthochdruck bis hin zu Krebs zu unterstützen. Warum sollte ihre Herangehensweise nicht auch bei den Augen erfolgreich sein?

Ich schrieb den Text für eine Visualisation, mit dem das Selbstheilungspotential der Netzhaut geweckt werden sollte. Ich las Sharon den Visualisationstext vor, während sie ihre Augen mit den Handflächen abdeckte. In einer lebhaften Reise erforschte sie nach meinen Anweisungen ihre Augen, redete jeder der einzelnen Strukturen gut zu, bis sie schließlich bei der Netzhaut anlangte. Hier sollte Sharon sich vorstellen, wie gesundes Blut von ihrem Herzen zu ihren Augen gepumpt wurde. Sie stellte sich vor, dass sie gesunde Nahrung aß und dass ihr reines Blut die heilenden Nährstoffe zu ihrer Netzhaut transportierte. Auf diese Weise unterstützte sie das Wiederanwachsen ihrer Netzhaut im rechten Auge durch ihre aktive Mitwirkung.

> Ich stellte fest, dass diese Herangehensweise noch einen weiteren wichtigen Vorteil hatte. Als Sharon mit dem Projekt begann, wies sie ängstliches Verhalten auf. Der von mir eingebrachte integrative Ansatz neutralisierte diese Ängstlichkeit und bewirkte wichtige Veränderungen in Sharons Geist. Ihre Ängste wurden durch das ersetzt, was meist als Hoffnung oder Glauben bezeichnet wird. Ich nenne es lieber »Erregung angesichts der Möglichkeiten«. Sharon erwartete und wollte, dass die Zusammenarbeit mit mir zum Ziel führte. Diese neue Bereitschaft, selbst Verantwortung für den eigenen Heilungsprozess zu übernehmen, ist eine wirksame Medizin. Sie bereitet die innere Bühne, damit natürliche Heilung stattfinden kann.

In der konventionellen medizinischen Praxis wird dieser Aspekt einer sich selbst regulierenden Heilung als unwissenschaftlich abgetan. Forschungspuristen suchen nach direkten Ursachen und Wirkungen sowie nach messbaren funktionalen oder Verhaltensveränderungen. Ich bin der Meinung, dass jeder Mensch sein ganz individuelles Heilmittel benötigt, um die Bewusstseinsveränderung im Geist herbeizuführen. Außerdem beginnen die Menschen, die selbst Verantwortung für ihr Wohlergehen übernehmen, ihr Leben in Übereinstimmung mit ihrem Rhythmus und ihren persönlichen Bedürfnissen zu leben.

Abbremsen

Augenleiden wie jene von Sharon bringen uns abrupt zum Stillstand. Wenn man eine Augenkrankheit hat, dann weiß man, wie das Leben plötzlich stehen bleibt, sobald man sich dem Ernst der Situation stellt. Sharon hatte einen Beruf und ihr Leben war ausgefüllt. Nun war sie gezwungen abzubremsen, ihr Auge operieren zu lassen und ihr Leben neu in den Griff zu bekommen. Sie konnte nicht mehr Auto fahren, Kochen und Lesen gingen nur noch langsam. Ihr Augenleiden beförderte sie von einem »normalen« Leben auf der Überholspur auf die Kriechspur. Ihr Heilungsprozess zwang sie, Fragen zu ihrem Leben zu stellen.

Ich ließ sie ihre Zufriedenheit in ihrer Ehe, in ihrem Beruf, mit ihrer Gesundheit, mit ihrem kreativen Selbstausdruck und mit ihrem Leben als Hausfrau untersuchen. Der Grund hierfür: Ich wollte sie zu bewusstem Sehen motivieren. Denn wenn man sich bewusst ansieht, wie man sich sein Leben in der Vergangenheit eingerichtet hat, dann kann das die Dinge verändern.

Bewusstes Sehen offenbart die Fehleinschätzungen der Vergangenheit. Sie sind gezwungen, die Illusionen Ihrer Wahrnehmungen zu untersuchen. Es gehört zur visuellen Heilung von Augenkrankheiten dazu, in Ausrichtung auf Vivencia die oben genannten Aspekte des Lebens zu rekonstruieren. Hierbei laufen zwei parallele Prozesse ab. Auf der einen Seite machen Sie sich Praktiken zunutze, wie Françoise und Sharon es getan haben, indem sie Selbstheilungskassetten anhörten. Andererseits untersuchen Sie zugleich Ihren äußeren Lebensprozess. Auf diese Weise bereitet die innere Heilung die Bühne für die Erschaffung neuer Wahrnehmungen, die tatsächlich Bestandteil Ihres realen inneren Wesens sind. Ihre Seele spricht durch Ihre Augen und Sie sehen Ihr Leben im wahrsten Sinne des Wortes deutlicher.

Schließlich stellte sich heraus, dass Sharon in ihrer Ehe nicht glücklich war. Ja, sie konnte sich sogar der Tatsache stellen, dass sie bereits nach anderen Männern Ausschau hielt. Sharon machte den Mangel an sexueller Bindung zwischen ihrem Mann und sich dafür verantwortlich und fügte hinzu: »Jim ist ein guter Mann und Vater, aber er kommt abends nach Hause und will nur Marihuana rauchen. Ich will jedoch einen gesunden Lebensstil pflegen. Ich habe das Gefühl, dass wir uns auf eine Weise auseinander leben, die ich nicht erklären kann.«

Ich ließ Sharon ihre Aussage näher untersuchen. Ich machte sie darauf aufmerksam, dass ein innerer Glaube an die Trennung eine Art Wahrnehmungsbewusstsein ist. Indem ich ihr eine Reihe von Fragen stellte und sie darin anleitete, ihre Ausdrucksweise zu untersuchen, konnte Sharon einen Zusammenhang zwischen dem Auseinanderleben mit ihrem Mann und ihrer Netzhautablösung herstellen. Könnte es vielleicht sein, dass Gefühle der Entfremdung von einem geliebten Menschen auch für eine mentale Ablösung stehen? Wie bei Astigmatismus und Kurz-/Weitsichtigkeit drückt der Netzhautreflex die Botschaft des Geistes aus. Auch in Sharons Fall tut die strukturelle Ablösung der Netzhaut nichts anderes.

Sharon richtete farbiges Licht in ihr rechtes Auge, um den Heilungsprozess zu vertiefen:

FALLGESCHICHTE: SHARON, ZWEITER TEIL

» Ich besorgte mir eine von den Lampen, die sie im Theater benutzen und vor die man verschiedenfarbige Filter schieben kann, und montierte sie über meinem Bett. Ich wählte eine Farbkombination aus blauem und violettem Filter und blickte aus einer Entfernung von etwa 50 Zentimetern in das Licht. Gleichzeitig hörte ich mir die Selbstheilungskassette für die Netzhaut an. Die Verbindung aus Licht, Heilkost und den Botschaften von der Kassette gab mir das Gefühl, dass ich mich an meiner eigenen Heilung beteiligte. Ich hatte mich nicht nur einfach meinem Augenarzt ausgeliefert.

Auf dieser Basis untersuchte ich, inwieweit ich in meiner Befriedigung von meinem Mann abhing. Während der folgenden Monate intensiver Suche wurde mir bewusst, wie sehr ich meine Malerei und meine künstlerische Betätigung vernachlässigt hatte.

Bei meiner nächsten Untersuchung drei Monate später waren die Ärzte erstaunt darüber, wie gut die Netzhaut wieder angewachsen war. Außerdem hatte sich mein Gesichtsfeld erweitert und die Zahl der blinden Flecken war zurückgegangen. Das Sehvermögen und die Kurzsichtigkeit meines linken Auges hatten sich stabilisiert. Symptome wie Blitzesehen waren verschwunden. Die Wahrscheinlichkeit einer endgültigen Netzhautablösung wurde als gering eingeschätzt.

Jim und ich fuhren gemeinsam in Urlaub und fanden noch einmal die Gemeinsamkeiten, die uns ursprünglich zusammengebracht hatten. Meine physische Sehleistung verbesserte sich. Ich verringerte die Brechkraft der Brille gegen meine Kurzsichtigkeit um anderthalb Dioptrien. Mein inneres Sehvermögen, im Wesentlichen bezüglich der Gefühle zu meinem Mann, hatte an Klarheit gewonnen. Mein Augenleiden hatte mir einen Geisteszustand offenbart, demgegenüber ich blind gewesen war. Auch Jim erlangte mehr Bewusstsein. «

Eine Wahrnehmungsverschiebung

Wilhelm Luftig brachte bei seinen Patienten Ernährungsumstellung, Homöopathie, Lichttherapie und Körperübungen zur Anwendung. Möglicherweise führte diese Kombination bei seinen Patienten eine gewisse Bewustheit herbei. Ich experimentierte nun gleichfalls mit dem Einfluss, den Ernährungsumstellung, Farben und Selbstheilungssuggestionen auf das Bewusstsein nehmen. Langsam führte ich diese Heilverfahren bei der Arbeit mit Sharon und anderen Patienten ein. Ich regte sie dazu an, Tagebuch zu führen, und befragte sie gemeinsam mit einem Sozialarbeiter.

Anfangs glaubten die Patienten, dass die geschilderten Heilverfahren ihre Augenleiden beseitigen würden. Deshalb taten sie das, was ich, der Arzt, von ihnen verlangte. Typischerweise glauben Patienten das, was ihre Ärzte ihnen sagen. Die Empfehlung eines Arztes hat so viel Macht wie ein verschriebenes Medikament. Ich nehme an, dass sich auch die Intention des Patienten, gesund zu werden und auf bewusste Weise zu sehen und zu leben, gewinnbringend auf den Heilungsprozess auswirkt.

In die Behandlung meiner klinischen Patienten baute ich sowohl afrikanische Rituale, die ich aus meiner Herkunft kannte, als auch tibetische philosophische Ansätze mit ein. Der tibetische Ansatz fußt in der Vorstellung, dass Dankbarkeit eine angemessene Reaktion auf alles ist, was sich im Leben eines Menschen offenbart. Jeden Tag soll ein kurzer Moment der Anerkennung dessen, was ist, gewidmet und das Jetzt mit Augen der Liebe anerkannt werden. Ziel ist es, dem Herzen die Führung zu überlassen und zu erkennen, dass alles von Bewusstsein durchdrungen ist.

Ich brachte meine Patienten dazu, das Essen als einen heiligen Übergangsritus zur Gesundheit zu betrachten, als Gelegenheit, dem Körper heilende Nahrung und Energie zuzuführen. Einige meiner Patienten mussten erst darin unterwiesen werden, wie man sich einmal am Tag eine gesunde Malzeit zubereiten kann. Andere mussten lernen, den Akt des Essens als wichtige tägliche Zeremonie zu würdigen: sich zum Essen hinzusetzen, Stoffservietten und Platzdeckchen zu verwenden, das beste Porzellan und Besteck aus dem Schrank zu holen. Sie eigneten sich sogar eine andere Art des Kauens an, aßen so bewusst und präsent, wie sie die Übungen mit der

Kerze oder den Fusionsbilder machten. Sie übten atmen und ihre Organe die gegessenen Speisen bewusst und mit Liebe verdauen zu lassen.

Diese Prozesse bewirkten tief greifende Veränderungen bei den Patienten. Bewusstheit spielte nun im Zusammenhang mit ihrem Sehen eine Rolle. Sie waren nicht mehr nur darauf aus, ihre Augen zu richten. Ihre Augenleiden wurden zum Katalysator, der ihnen half herauszufinden, welche Art Leben sie in Zukunft führen wollten. Sie wurden sich ihrer früheren unbewussten, roboterhaften Wahrnehmung bewusst. Weil sie sich in ihrem Leben durch diese Fragestellungen bereichert fühlten, entwickelten sie die Intention, in Zukunft erfüllt und leidenschaftlich zu leben.

Meine Erfahrung mit diesen klinischen Patienten wirkte sich dramatisch auf meinen Ansatz im Umgang mit Augenkrankheiten aus. Ich lernte Augenkrankheiten und Sehschwächen nicht länger als Problem anzusehen, sondern Gelegenheit, bewusst und vom tiefsten Selbst her zu sehen.

Selbstheilung

Eine Patientin namens Heather, eine wunderbare Frau, hatte gerade ihren siebzigsten Geburtstag gefeiert. Sie hatte eine beidseitige Linsentrübung (grauer Star). Obwohl ihr Arzt ihr versicherte, dass er mit einem einfachen chirurgischen Eingriff ihr Problem beheben könne, zögerte sie, die Prozedur über sich ergehen zu lassen. Sie suchte mich auf, um mit mir Möglichkeiten zu beraten, wie sie selbst ihre Sehleistung verbessern konnte.

In solchen Fällen bespreche ich mit dem Patienten zunächst die medizinischen Möglichkeiten. Ich versicherte Heather, dass es sich bei der Linsenimplantation um ein relativ sicheres, gut erprobtes Verfahren handle. Ich bat sie, mit ihrem Arzt den Gesundheitszustand der Makularegion zu besprechen. Sie entgegnete, dass die letzte Konsultation nur geringe Veränderungen dieser Netzhautregion sichtbar gemacht hätte und dass ihr Arzt darin keinen Anlass zur Besorgnis gesehen habe.

Hier erzählt Heather, wie sie unsere einstündige Sitzung in Erinnerung hat:

Fallgeschichte: Heather

>> Mit Dr. Kaplans Hilfe untersuchte ich mein Leben und insbesondere die Bereiche, in denen ich mich verloren und unglücklich fühlte. Mir fehlte meine Familie so sehr. Ich lebe allein in der großen Stadt Frankfurt. Meine Kinder und Enkelkinder leben in Australien. Ich spüre ihre Liebe so sehr und doch sind sie so weit fort.

Dr. Kaplan nahm meine Hände und drehte sie mit den Handflächen nach oben. Er legte seine Hände auf meine und forderte mich auf, ihre Wärme zu spüren. Er schloss die Augen und fing an zu atmen. Innerhalb von Sekunden spürte ich, wie die Wärme von seinen Händen in meine hineinfloss. Es kam mir so vor, als lägen meine Hände auf einem warmen Ofen. Dr. Kaplan forderte mich auf, im gleichen Rhythmus mit ihm zu atmen. Erst vollständiges Einatmen, dann ein längeres Ausatmen. Sobald ich seinen Rhythmus gefunden hatte, führten wir eine Pause zwischen dem Aus- und Einatmen ein.

Ich spürte weiterhin die Wärme, die in meine Hände floss. Nach ein paar Minuten forderte mich Dr. Kaplan auf, die Liebe meiner Familie zu spüren. Dieser Vorschlag ließ mich Tränen der Freude weinen. Ich goss dieses Gefühl der Liebe wie heilenden Nektar in meine Hände. Dann wies mich Dr. Kaplan an, meine warmen Handflächen auf meine geschlossenen Augen zu legen. Die Ellbogen stützte ich dabei auf den Knien ab.

Das Gefühl in meinen Augen war unglaublich. Ich konnte spüren, wie die Wärme in meine Augen eindrang. Sie schien sich von einem hellen Gelb in ein Orange zu verwandeln. Dr. Kaplan sprach mit sanfter, heilender Stimme. Ich ließ das farbige Licht durch die Linsen meiner Augen strömen. Wie ein Laserstrahl begannen Farben und Wärme meinen grauen Star aufzulösen. Dann schickte ich das Licht weiter bis auf die Netzhaut. Ich stellte mir vor, dass die Strahlen in dem Bereich, den Dr. Kaplan als Makularegion bezeichnet hatte, Heilung und den Blutfluss aktivierten.

Nachdem ich die Hände von den Augen nahm, erschien mir alles so wunderbar hell. Ich sah Dr. Kaplan an und umarmte ihn, etwas, was ich nie zuvor bei einem Arzt getan hatte. Die Geste fühlte sich so spontan und richtig an. Ich verließ seine Praxis mit heilenden Freudentränen in den Augen. In meinem Herzen wusste ich, dass das genau die Medizin war, die ich brauchte.

Sehvermögen kann sich bessern!

Sandra Merideth ist Sehlehrerin. Sie berät und unterweist Menschen, die Probleme mit den Augen haben. Sie selbst hatte ein Augenleiden namens Keratokonus, bei dem sich auf der Hornhaut eine kegelförmige Aufdehnung bildet. Die resultierende Hornhautverformung bewirkt einen außergewöhnlichen Astigmatismus. Sandra sagt über dieses Augenleiden:

Fallgeschichte: Sandra, erster Teil

» Das Gesichtsfeld ist fragmentiert und einzelne Sichtpunkte proliferieren. Wer unter Keratokonus leidet, der hat bei einer sich nähernden Person das Gefühl, dass der andere erst näher kommt und sich dann wieder zurückzieht. Diese Person kann zwei Nasen und drei oder vier Arme haben. Wenn etwa Knöpfe an seinem Hemd das Sonnenlicht fangen, dann spaltet sich dieses Licht und verteilt sich in alle Richtungen. Jeder einzelne Knopf sieht wie mehrere Knöpfe aus und jeder von ihnen schickt wiederum diese merkwürdigen lumineszierenden, sich spinnennetzartig ausbreitenden Lichtstrahlen aus. «

Sandra benötigte für ihr rechtes Auge −17,00 Dioptrien. Mit der Hilfe dieser Brille konnte sie gerade das große E auf der Augentafel erkennen. Damit verfügte sie auf dem rechten Auge über eine etwa 10- bis 20-prozentige Sehleistung. Ihr linkes Auge benötigte nur −9,00 Dioptrien, womit sie es mit diesem Auge auf eine immerhin etwa 50-prozentige Sehleistung brachte. Bei Augenkrankheiten kommt es übrigens häufig vor, dass auch mit Brille keine 100-prozentige Sehleistung wiederhergestellt wird.

Sandra berichtete mir, dass sie ihren Augenarzt aufgesucht hatte, damit er für sie eine Brille herstellte, die sie tragen konnte, sobald sie ihre Kontaktlinsen entfernte. Statt der verlangten −9,00 Dioptrien gab sich Sandra mit −5,75 zufrieden, denn sie war entschlossen, ihre Dioptrienzahl zu senken und ihr Sehkraftpotential zu erhöhen. Was sie sah, als sie ihre verschwommene Welt ohne Brille betrat, schildert sie so:

FALLGESCHICHTE: SANDRA, ZWEITER TEIL

» Ich machte lange Spaziergänge ohne Brille. Anfangs kam mir die Welt äußerst unwirklich vor. Ich begegnete jemandem, der wie der Elefantenmensch aussah, und etwas schob – oder zog? – irgendeine Art dreirädrigen braunen Wagen. Ich konnte mir nicht erklären, was für eine Erscheinung das wohl war, bis eines der drei Räder bellte ... nur ein Mann, der drei Hunde spazieren führte! «

Anfangs war Sandra mit den von ihren »nackten« Augen gelieferten absolut unscharfen Bildern konfrontiert. Diese Beobachtung ist natürlich die Regel, wenn Brillenträger ihre Brille abnehmen. Doch da Sandra die Übungen machte und regelmäßig mit den Fusionsbildern arbeitete, nahm die Unschärfe nach und nach ab.

» Ein paar Wochen später fügte sich ein Hinterhof, den ich immer nur als abstraktes Farbenchaos gesehen hatte, plötzlich zu wiedererkennbaren Objekten zusammen. Ich erkannte das knallorange Dreirad eines Kleinkinds, einen umgedrehten Liegestuhl, einen Gartenschlauch und einen verrosteten Grill. «

Sandras Augen besserten sich in solchem Maße, dass sie ausprobieren wollte, ob sie mit ihrer −5,75-Dioptrien-Brille Auto fahren können würde.

» Ich machte meine Sehprüfung mit meiner −5,75-Dioptrien-Brille und bestand! Im ersten Augenblick erschienen mir die Buchstaben auf der Augentafel etwas verschwommen, doch dann hörte ich wieder die Stimme des Augenarztes, der meinen Keratokonus diagnostiziert hatte. »Sie werden für den Rest Ihres Lebens harte Kontaktlinsen tragen müssen«, hatte er gesagt. Als mir diese Worte wieder ein-

> fielen, sah ich die Buchstaben auf der Tafel plötzlich in absoluter Schärfe. Seither konnte ich meine Brille auf –4,25 Dioptrien reduzieren. Mit dieser Brille sehe ich durchweg mindestens 20/32 und beidäugig (etwa 64 Prozent). Mit meinem rechten Auge, in dem sich die kegelförmige Aufdehnung befindet, sehe ich für gewöhnlich 20/70 bis 20/100 (ungefähr 20 bis 28 Prozent). Ich finde es bemerkenswert, dass es Zeiten gab, da ich mit einem –17,00-Dioptrien-Glas vor diesem Auge die Augentafel kaum erkennen konnte. Und mit meinem linken Auge sehe ich, obwohl es gleichfalls eine kegelförmige Aufdehnung hat, 20/40 (50 Prozent).

Sandra führt ihren Erfolg auf die integrativen Übungen (in Kombination mit den Farbtafeln 9, 10 und 12 bis 17) zurück, mit denen sie ihr binokulares Sehen förderte: »Die Fusion beider Augen, die Integration beider Gehirnhälften und die Harmonisierung zahlreicher Lebensaspekte, die auf den ersten Blick nichts mit dem Sehen zu tun haben, haben sich bei der Reduktion meines Keratokonus am wirksamsten gezeigt.«

Farben und Heilung

Die Erfahrungen mit diesen Einzelfallexperimenten veranlassten mich, Dr. Gottliebs Herausforderung anzunehmen und die Heilwirkung von Farben klinisch zu untersuchen. Ich erhielt Fördermittel, um festzustellen, inwieweit sich das Gesichtsfeld von Kindern mit Leseschwächen mit der Hilfe von Farbtherapie erweitern ließ. (Ich habe diese Untersuchung im dritten Kapitel angesprochen.) Das Ergebnis dieser Studie veranlasste mich, ausgleichende Farben in das Repertoire meiner Heilaktivitäten zur Förderung funktionalen Sehens bei Patienten mit Augenkrankheiten aufzunehmen.

Wir wissen, dass der Körper dann am besten arbeitet, wenn ein Säure-Basen-Gleichgewicht aufrechterhalten wird. Es müssen auch die Feuer-, Wasser-, Luft- und Erdelemente im Gleichgewicht sein. Das autonome und das zentrale Nervensystem im Gehirn sorgen für eine entsprechende Regulierung. Wenn wir nicht mehr richtig auf unseren wahren Wesenskern ausgerichtet sind, dann kann der Körper seinerseits rasch aus dem Gleichgewicht fallen.

Auf die gleiche Weise kann ein Zustand der Verwundung, verzerrte Angst und Zorn sowie emotionales Ungleichgewicht dazu führen, dass einzelne Organe ihre Funktion ganz oder teilweise einbüßen. Ich halte Augenkrankheiten für einen Indikator entweder eines übermäßigen oder nicht ausreichenden Gebrauchs eines bestimmten Gewebes. Im Fall von Astigmatismus etwa scheint ein Verlust des Energieflusses in den Augenstrukturen vorzuliegen.

Indem man das Auge farbigem Licht aussetzt, wird der Energiefluss im Gewebe des Auges gesteigert. Bestimmte Farben erhöhen die Vibrationsqualität des Blutflusses und der empfindlichen Zellen. Die kühleren Farben verlangsamen diese Vibrationsenergien.

An Bindehautentzündung erkrankte Augen zum Beispiel sind von einer hochroten entzündeten Farbe. Eine kühle Farbe wie Indigo, eine Mischung aus Blau und Violett, bremst die Vibrationsenergie und hemmt die Entzündung. Die kühle Farbe verringert die Hitze des Augenleidens. Der Patient berichtet, dass ihm die Behandlung mit dieser Farbe gut tut.

Umgekehrt verhält es sich im Fall einer Makuladegeneration. Wie der Name bereits sagt, befindet sich die Makula in einem degenerativen oder Abbauprozess. Sie benötigt die Stimulation durch eine warme Farbe wie etwa Gelb oder Orange.

In meinen anderen Büchern *Spielend besser sehen* und *Die Integrative Sehtherapie* gehe ich detaillierter auf die Herstellung von Gleichgewicht mit Farben ein. Ich mache außerdem deutlich, welche Farben und welche Ernährung für die einzelnen Augenkrankheiten und Sehschwächen am besten geeignet sind. Betrachten Sie Farben als eine ideale Möglichkeit, das Gleichgewicht in Ihrem Körper, die entscheidende Voraussetzung für bewusstes Sehen, wiederherzustellen. Nahrungsmittel können ebenfalls dynamische Heilfarben transportieren, die sich günstig auf Ihr Wohlbefinden auswirken. Beschäftigen Sie sich beim Essen einen Moment lang mit den anwesenden Farben. Laden Sie die in den Speisen enthaltene Energie ein, Ihre Augenkrankheit zu heilen.

Die Ausbalancierung des Nervensystems hilft dem Einzelnen, einen tieferen Bereich seines Geistes zu erreichen. Im Alter von 77 Jahren führte Hanna ein sehr aktives Leben. Sie und ihr Mann Klaus waren beide Ärzte. Gemeinsam betrieben sie lange Zeit eine stark frequentierte Praxis. Im Laufe der Jahre hatten sie sich auseinander gelebt. Klaus hatte sich mehr in sich zurückgezogen und sich sogar eine Zeit lang von ihr getrennt. Ihre Kinder lebten in der Nähe, doch sie führten ihr eigenes Leben.

Als ich Hanna zum ersten Mal sah, wirkte sie deprimiert. Sie berichtete:

FALLGESCHICHTE: HANNA

> Ich habe meine erste Brille im Alter von 72 Jahren bekommen. Doch meine Augen wurden danach so schnell schlechter, dass ich wieder zum Augenarzt ging. Er diagnostizierte grauen Star. Ich musste sechs Wochen auf die Operation an meinem linken Auge warten. Doch danach konnte ich noch schlechter sehen. Ich erkannte nicht einmal mehr die Formen der Dinge, die ich malte. Der Arzt erklärte mir, nun müsse das rechte Auge operiert werden. Auch hier hatte er grauen Star diagnostiziert – hervorgerufen durch bestimmte Medikamente, die ich eingenommen hatte. Er operierte und danach sah ich sehr gut. Ich fuhr zum Skifahren in Urlaub. Am letzten Tag fiel ich auf den Kopf. Ein paar Sekunden war ich bewusstlos. Nach einer Woche war mein normales Sehvermögen noch immer nicht zurückgekehrt. Wieder sah ich sehr schlecht. Ich ging erneut zu dem Chirurgen. Er riet mir zur Laserchirurgie. Er machte ein Foto von dem betroffenen Auge und diagnostizierte Makuladegeneration. Weiter konnte er nichts für mich tun. Da erkannte ich, dass ich mich nun um mich selbst kümmern musste.

Als Hanna die Botschaft hinter ihrem ersten Augenleiden nicht beachtete, entstand ein zweites, die Makuladegeneration, das sich noch etwas nachdrücklicher bemerkbar machte. Manchmal brauchen wir eine zweite und dritte Ermahnung, bevor wir uns endlich unserem Innenleben zuwenden und versuchen herauszufinden, wo es aus dem Gleichgewicht geraten ist, an welcher Stelle wir tiefe Gefühle oder Emotionen verleugnen. Das kommt häufig vor. Doch wir dürfen nicht vergessen, dass die empfindlichen Strukturen der Augen mit der Weisheit der Seele verbunden sind. Jedes Mal wenn unsere Augen ein Symptom entwickeln, ist es von größter Wichtigkeit, innezuhalten und die Botschaft zu hören. Stellen Sie sich vor, jemand klopft an Ihre Vordertür. Wenn Sie nicht reagieren, dann wird die Person lauter klopfen. Auf die gleiche Weise beharren unsere Augen mit immer deutlicher wahrnehmbaren Symptomen darauf, unsere Aufmerksamkeit auf das zu lenken, was hinter ihnen liegt.

Anfangs überließ Hanna es einfach dem Arzt, den grauen Star wegzuoperieren. Trotz des chirurgischen Eingriffs bereitete sich die Makula bereits darauf vor, das Klopfen noch zu verstärken, damit Hanna sich auf einer tieferen Ebene mit ihrem Leben beschäftigte. Als Hanna schließlich aufhören musste zu malen und sich in ihrer Mobilität eingeschränkt fühlte, fing sie damit an, die Verantwortung für sich selbst zu übernehmen.

Zu diesem Zeitpunkt lernte ich Hanna kennen. Ich führte sie in die Prinzipien der Selbstheilung ein. Nach einer dreiwöchigen intensiven Heilungsphase konnte Hanna schließlich den Tod ihres früheren Lebens akzeptierten und ihre Blindheit gegenüber ihren Bedürfnissen loslassen. Sie musste wieder täglich malen und die Tatsache anerkennen, dass ihr Ehemann nicht länger dazu in der Lage war, ihre Bedürfnisse nach Fürsorge zu erfüllen. Ich machte mir in meinen Aufzeichnungen die folgende Notiz zu Hanna: »Sie eliminierte die Dunkelheit, den drohenden Tod, lud Licht und Geist ein. Von Schuld und dunklem Aufruhr verwandelte sich die Totenmaske in Licht, als das Gesicht des spirituellen Geistes wiedergeboren wurde.«

Nach unseren Sitzungen fühlte sich Hanna in der Wahrnehmung ihrer Unabhängigkeit wie neugeboren. Sie stellte sich ihrer Zukunft, indem Sie Klaus mitteilte, dass sie täglich Zeit zum Malen brauchte und nicht nur sein persönliches Kindermädchen und seine Köchin sein wollte. Nachdem sie sich mit den zugrunde liegenden Ursachen auseinander gesetzt hatte, verbesserte sich ihre Sehleistung so weit, dass sie allein im Zug oder im Flugzeug reisen konnte. Ihre Bilder transportierten die Botschaft ihrer dunklen, eingeengten Vergangenheit, doch auch die farbenprächtige Zukunft leuchtete aus ihnen hervor. Als ich mich beim letzen Mal von Hanna verabschiedete, gab ich ihr das nachfolgende Gedicht:

Mein Geist lädt mich ein,
meine Augen zu öffnen,
im Licht,
in der Liebe zu sein,
und mitteilend,
fange ich an zu erkennen,
wer ich bin,
fühle ich, warum ich bin,
wachse ich in das Licht hinein,
in die Liebe, in die Freude,
in die Farbe.
Ich wachse jeden Tag rasch
in mich selbst hinein.
Ich bin glücklich und dankbar.

Übung: Zugang zu den tieferen Gefühlen finden

Die Farbtafel 18 dient Ihnen, um Zugang zu Ihren tieferen Gefühlen und Emotionen zu finden. Auf dem Weg zu Ihren Gefühlen helfen Ihnen die einzelnen Bilder in der Fotokollage, die Themen zu entdecken, die hinter Ihrer Augenkrankheit oder Ihrer Sehschwäche stehen. Bringen Sie drei Wochen lang täglich fünf Minuten damit zu, sich von den individuellen Bildern der Kollage berühren zu lassen. So geschieht Heilung.

- Beginnen Sie mit den drei Iris. Ihre Pupillen sind durch Bilder ersetzt worden.
- Betrachten Sie zunächst die rechte Irisabbildung. Über die Iris ist das Bild eines alten Kirchenfensters gelegt. Es steht für die heilige geometrische Form der Augenstruktur. Sehen Sie die blaue Blase in der Mitte als das Kuppelfenster zu Ihrem Auge, die Hornhaut. Die blaue Blase symbolisiert die Kraft, die zu entdecken Ihnen jederzeit offen steht.
- Dann nehmen Sie sich die braune Iris links unten vor. Die Markie-

rungen in der Iris stellen Ihren Familienstammbaum dar. Das die Pupille ersetzende Bild ist die Netzhaut und vermittelt einen Eindruck, als könnte man durch das Loch in der Iris direkt auf den Augenhintergrund blicken. So sieht der Augenarzt den Augenhintergrund, wenn er mit dem Ophthalmoskop in das Auge eines Patienten schaut. Sie sehen ein Netz aus Blutgefäßen, durch das gesundes Blut gepumpt wird. Stellen Sie sich vor, dies sei Ihr eigenes Auge.

- Betrachten Sie die dreieckige aus Sonnenstrahlen zusammengesetzte Struktur, die alle drei Iris miteinander verbindet. Sie und Ihr Familienstammbaum sind für immer und über alle räumlichen und zeitlichen Begrenzungen hinweg miteinander verbunden.
- Erkennen Sie das ungeborene Kind im Inneren der dreiseitigen Lichterscheinung als Ihre vorgeburtliche Existenz an.
- Können Sie die beiden Teilbilder finden, die vom Tod handeln? Das Kreuz in der rechten unteren Ecke und der Schädel, der die Pupille in der linken oberen Iris ersetzt, geben Ihnen die Möglichkeit, sich auf den Tod des alten Schmerzes und Leids zu konzentrieren.
- Betrachten Sie das Schwarzweißbild in der linken oberen Ecke. Einem Jungen stehen Qualen ins Gesicht geschrieben.
- Die Blindheit, dargestellt durch die beiden Personen mit Augenbinden unter dem gequälten Jungen, erinnert uns daran, dass das, was wir im Inneren nicht sehen, im Äußeren als Augenkrankheit in Erscheinung tritt.
- Tiefe Emotion, die nicht zugelassen wird, explodiert eines Tages wie der Vulkan in der linken unteren Ecke.
- Sobald wir aus dem vorangegangenen Tod geboren werden, sehen wir die Liebe. Sie wird durch das Kind in der oberen rechten Ecke dargestellt, das gerade geküsst wird.
- Der nackte Körper ist unsere unverhüllt dargestellte Vivencia-Natur.

11. KAPITEL

Die Zukunft und bewusstes Sehen

> Indem man gegen das Vorhandene ankämpft,
> verändert man nichts. Um etwas zu verändern,
> muss man ein neues Modell erdenken
> und das Vorhandene überflüssig machen.
> BUCKMINSTER FULLER

Buckminster Fuller war im tatsächlichen und im übertragenen Sinne ein weitsichtiger Visionär. Er hatte eine Sehschwäche namens Strabismus, gemeinhin als Schielen bezeichnet. Es wäre durchaus plausibel, wenn Herr Fuller Zugang zu bewusstem Sehen gehabt hätte, denn er war fähig die physischen Begrenzungen seines Kameraauges zu transzendieren und erstaunliche Einsichten und Visionen zum Vorschein zu bringen. Auch Gandhi hatte eine Sehschwäche: Er war weitsichtig. Seine Vision war eine der Wahrheit und des Friedens. Diese beiden außergewöhnlichen Männer erreichten bewusstes Sehen vermutlich dadurch, dass sie nicht ihr Kameraauge veränderten, sondern indem sie mit dem Auge von Vivencia sahen. Durch ihre Menschlichkeit leisteten sie ihren beeindruckendsten Beitrag.

Ich glaube, dass bewusstes Sehen das neue Modell für die Augenheilkunde ist und sich Augenärzte und Optiker überall auf der Welt eines Tages dieses Konzepts bedienen werden. Andere haben vor mir neue Vorstellungen im Hinblick auf das Sehen eingeführt. Zu ihnen gehören William Bates, der besseres Sehen ohne Brille propagierte, und A. M. Skeffington, der Großvater der Verhaltensoptometrie. Auch wenn ihre Ideen nicht in ihrer ganzen Tragweite von allen Augenärzten übernommen wurden, hinterließen sie doch einen unauslöschlichen Eindruck im menschlichen Bewusstsein. Bewusstes Sehen ist das neue Paradigma für das 21. Jahrhundert. Es hat nicht die Aufgabe, »das Vorhandene überflüssig zu machen« wie Fuller sagt. Vielmehr verhält es sich so, wie Gandhi es ausdrückte: »Die Wahrheit ist wie ein großer Baum, der mehr und mehr Früchte trägt, je besser man ihn pflegt.« Die Wahrheit bewussten Sehens wird sich laut zu Wort melden, weil sie mit der universellen Wahrheit im Einklang ist.

Ich spüre, dass schon bald ein Zeitpunkt kommen wird, da man das Praktizieren bewussten Sehens als normal empfindet. Das Fördern bewussten Sehens ist Sehen mit den Augen des Friedens. Wenn wir alle in unserem Inneren mehr Frieden finden, dann werden auch der Frieden und die Harmonie in unserer Welt zunehmen. Das Zuhause und die Familie werden wieder den Wert haben, der beidem gebührt. Ich bin überzeugt davon, dass wir bereits auf dem besten Weg sind. Unsere sich verändernde Welt liefert Hinweise auf zwei Tendenzen.

Auf der einen Seite fallen unsere Uneinigkeit symbolisierenden Strukturen wie die Berliner Mauer. Länder wie Russland und Südafrika lassen größere Freiheiten zu, achten individuelles Recht und das Recht auf Selbstbestimmung.

Andererseits gibt es weiterhin Kriege und Hungersnöte. Das Leiden geht weiter. Menschen sind ohne Nahrung und Unterkunft. Die Dualität der Wahrnehmung erzeugt dramatische Polaritäten.

Die Einbeziehung dieser beiden Polaritäten ist entscheidend, um die Integration von Gedanken, Gefühlen und Emotionen zu meistern. In den vorangegangenen Kapiteln haben Sie zahlreiche Übungen kennen gelernt, mit denen dies erreicht werden kann. Unsere Weltsicht ist eine Metapher für diese Polaritäten. Ein jeder von uns bringt genau die Umstände mit, sei es Krieg, Bankrott, Scheidung, der Tod eines geliebten Menschen oder sogar blind machende Sehschwächen, die erforderlich sind, um eine vollständige Integration zu erleben. Der Integrationsprozess in uns selbst ist eine Voraussetzung für bewusstes Sehen. Weltkonflikte sind nichts anderes als äußere Manifestationen unaufgelöster innerer Konflikte.

Bewusstes Sehen verlangt von jedem von uns, zunächst diese Konflikte in uns aufzulösen und dann mitzuerleben, wie unsere neue Art des Sehens sich zunehmend in der umfassenden globalen Landschaft ausbreitet.

Was wir hier in diesem Buch erforscht haben, ist erst der Anfang. Ob Sie nun schon mit Ihrer Arbeit an bewusstem Sehen begonnen haben oder nicht, vergessen Sie nie, dass es auf dem Prinzip von Integration und Ganzheit beruht. Es gibt immer einen Grund, warum Materie zusammenfindet oder auseinander strebt. Das ist physikalisches Grundwissen und gehört zu den Grundgesetzen der Natur. Es ist Bestandteil des Evolutionsprozesses. Unsere Leben sind ein Teil dieser unablässigen Veränderung. Es gibt Augenblicke der Klarheit, die zu Integration führen, genauso wie es auch Verschwommenheit, Desintegration und Doppelbilder geben muss.

Die Zukunft bewussten Sehens ist abhängig von der bewussten Wahrnehmung der Dualität dessen, was Sie in der Welt sehen. Hüten Sie sich davor, sich dem einen oder dem anderen Standpunkt anzuschließen. Die Anziehungskraft der Polarität gibt Ihnen die Gelegenheit, sich mit unaufgelösten Gefühlen und unterdrückter Emotion zu beschäftigen. Wenn Sie sich für einen der beiden Pole entscheiden, dann verringern Sie vielleicht Ihre Chancen für eine tiefere Integration. Ihre Wahrnehmung ist gefärbt von einem einseitigen Standpunkt und Sie bleiben in Ihren Glaubensvorstellungen, Ängsten und unaufgelösten Emotionen stecken.

Dualitäten sind dazu da, dass man sich mit ihnen auseinander setzt und von ihnen lernt. Wachstum und Entwicklung bringen das Verständnis für die individuellen Komponenten mit sich, die, wenn sie miteinander verbunden werden, Ihnen das Erreichen einer höheren und noch anspruchsvolleren Ebene der Integration ermöglichen. So läuft Ihr Bewusstwerdungsprozess ab.

Ihr letztendliches Ziel ist es, beide Polaritäten dualistischen Sehvermögens zu beobachten und in Ihrem Inneren Schalter zu finden, die Ihnen die Reintegration der Teile Ihres Seins ermöglichen. Dann sehen Sie durch Ihr Auge der Vivencia, können präsent bleiben und voll bewusst, während Sie zugleich die Gegenwart der Dualität beobachten, ohne sich von einem der beiden Pole vereinnahmen zu lassen.

Bewusstsein ist bereits in uns und um uns her vorhanden. Es bedarf bewussten Sehens, um sich des Bewusstseins bewusst zu werden. Seit zwei Jahren habe ich in meinen Leben zwei Pole, die mir helfen, Dualität und Bewusstsein zu verstehen. Einen Teil meiner Zeit verbringe ich in einer kleinen rustikalen Holzhütte in British Columbia/Kanada auf einer relativ abgelegenen Insel. Als einzige Geräusche höre ich das Meer, die Bewegungen der Bäume und die Schreie von Adlern und vorbeifliegenden Möwen. Ich sitze an meinem Tisch und blicke auf den Ozean. Es gibt keinen Fernseher, keine Zeitungen, keine Stadt- oder Autogeräusche und keine Einkaufszentren. Nur die Geräusche der Natur. In dieser Umgebung höre ich die Stille meines tiefsten Bewusstseins. Ich kann meinen inneren Gefühlen und Emotionen nicht entfliehen. Ich habe die echte Chance, bewusstes Sehen zu praktizieren.

In so unmittelbarer Nähe zur Natur kann ich durch meine Augen sehen, bei meinem inneren Wesen sein und zugleich Verbindung aufnehmen mit dem Ozean, mit den Bäumen und den Tieren. Das ist auch eine Form von Dualität. Ich gehe in der Natur spazieren. Ich bin bei mir. Ich werde mir meines Sehens bewusst. Dieses Stillsein ist ein Teil meines Bewusstseins, den ich wirklich genieße.

Noch eine Polarität gibt es, an der ich mich erfreue. In einem Zeitraum von zwei Stunden kann ich ein Flugzeug erreichen, das mich in eine Stadt Europas bringt. Um zum Flughafen zu gelangen, muss ich das Schiff erreichen, das mich zum Bus bringt, der mich schließlich am Flughafen abliefert. Sobald ich auf diese Weise meine Hütte verlasse, bin ich wieder mit visuellem Lärm – mit Zeitungen, Zeitschriften, Fernsehen, Werbung, Menschen – sowie mit Stadtlärm, Verkehr und Luftverschmutzung konfrontiert. Wenn ich es mir gestatte, in Reaktivität abzugleiten, dann nimmt mein Sehen eine unbewusste Form an. Das ist die Richtung, die jene Polarität namens Lärm und Aufregung durch die Außenwelt vorgibt.

Ich habe dieses reaktive Verhalten oft genug an mir beobachtet, um zu wissen, dass es einfach respektiert, gespürt und erlebt werden muss, aber keinesfalls geleugnet werden darf. Wenn ich meine Erregung leugne, dann gerate ich emotional aus dem Gleichgewicht. Ein solches Ungleichgewicht zusammen mit dem beständigen Lärm und dem Aktionismus der Außenwelt führt mich fort von dem inneren Frieden, den ich auf meiner Insel so tief erlebe.

Indem ich das praktiziere, was ich Ihnen hier in diesem Buch vorgestellt habe, kann ich mich in meine ruhige innere Umgebung auch dann zurückziehen, wenn ich mich mitten in einer geschäftigen Stadt befinde. Ich bleibe auch dann zentriert und präsent, wenn ich von Aktivität und Geräuschen umgeben bin. Bewusstes Sehen heißt, bei dem zu bleiben, was ist, und Entscheidungen zu treffen, die einen ausgeglichenen Seinszustand aufrechterhalten.

Bleiben Sie auf Beobachtungsposten, wenn Sie Ihre Integration verlieren. Es ist eine große Herausforderung, im Leben immer präsent zu sein. In der Welt werden unsere Überlebenswahrnehmungen ständig auf die Probe gestellt, damit wir feststellen, ob unsere Wirklichkeitsauffassung etwa auf einem nicht integrierten Zustand des Sehens basiert. Bewusstes Sehen heißt, auf der Basis der eigenen Perspektive zwischen Wirklichkeit und Illusion unterscheiden zu können. Denken Sie daran, bei bewusstem Sehen sind Sie selbst der Autor Ihres Lebens. Sie integrieren Ihr inneres Drehbuch oder Ihre Lebensvision in das, was Ihnen von außen präsentiert wird.

Unsere Welt ist bestimmt von nahezu uneingeschränkten Öffnungszeiten, Internetbanking und Essen im Stehen. Robert Kellum weist darauf hin, dass diese Art des Sehens uns dazu verführt, Leichtigkeit und ständige Verfügbarkeit zu erwarten. »Nach der Sicht der Außenwelt, geht es allein um Annehmlichkeit.«

Statt mit der Arbeit aufzuhören, weil uns der Kopf wehtut, nehmen wir eine Kopfschmerztablette und fahren mit unserer Betätigung fort. Wenn unsere Augen einmal keine scharfen Bilder liefern, dann setzen wir eine Brille auf und missbrauchen sie weiter. Wir wollen lange leben, jung aussehen und schön sein und all dies mit einem Minimum an Einsatz erreichen. Bewusstes Sehen verlangt ein Gleichgewicht zwischen Annehmlichkeit und einer oft anstrengenden Selbstverantwortung, führt uns in uns selbst zurück, macht uns weniger abhängig von den Vorstellungen, die andere von uns haben.

Ein überzeugendes Beispiel für diese Wirklichkeit liefert die neue Laser-Augenchirurgie, die als Allheilmittel für alle Refraktionsfehler angepriesen wird. Im Jahr 1998 haben sich allein in den Vereinigten Staaten 250 000 Menschen mit dieser Methode operieren lassen. Sind diese Patienten dazu mit dem Versprechen verführt worden, danach über eine klare, 100-prozentige Sehleistung zu verfügen? Können wir wirklich alles glauben, was von außen etwa durch glänzende Werbekampagnen an uns herangetragen wird? Wie steht es mit den Versprechen für die Fernsicht, die Nahsicht? Den Blick in die Zukunft? Welche unbekannten Folgen könnten solche Operationen haben? Mit der Zeit werden wir es wissen. Hat irgendeiner dieser Menschen, die sich übereilt auf die Operation gestürzt haben, darüber nachgedacht, wie sich der Eingriff wohl auf seine innere Sicht, die seine Kurzsichtigkeit überhaupt erst verursacht hat, auswirken könnte? Vermutlich nicht.

Ich denke, wenn Sie bewusstes Sehen in aller Gründlichkeit erforscht haben und Sie Ihr physisches Sehvermögen dennoch nicht zufrieden stellt, dann haben Sie als letzte Möglichkeit immer noch die Chance, mit einem Arzt über eine mögliche Operation zu sprechen.

Wir haben die Wahl, ob wir dieses Leben als Herausforderung oder als Spaziergang erleben wollen. Wir können uns für Faulheit oder für Verantwortlichkeit entscheiden. Sie können wählen, ob Sie bewusst und vom Auge der Vivencia her sehen wollen. Das bedeutet keinesfalls, dass Ihr Weg frei von Herausforderungen sein wird. Es bedeutet, dass Ihr Leben Sie durch Ihr bewusstes Sehen mit einem vollkommenen Plan für Ihr einzigartiges Wesen belohnen wird. Gelegenheiten, um Glückseligkeit zu erleben und Erleuchtung zu erfahren, stehen Ihnen genauso offen, wie Ihre Entscheidung, ja zu bewusstem Sehen zu sagen.

Nun betrachten Sie Farbtafel 19.

So kann man auf unserem Planeten Frieden sehen und spüren. Unsere Augen machen es möglich, die gesamte Menschheit als eine große Familie zu sehen, die friedlich und glücklich auf diesem wunderbaren Planeten zusammenlebt. Bewusstes Sehen hilft uns, das innere Gleichgewicht wiederherzustellen. Es bringt uns neuerlich nahe, wie unser physischer

Körper funktionieren soll. Wenn wir bewusst sehen, dann hat unsere Seele Platz, aus der Dunkelheit unserer modernen Lebensweise herauszutreten.

Damit möchte ich Sie dafür segnen, dass Sie dieses Buch gelesen haben.

Glossar

Akkommodation: Anpassung des Auges für scharfes Sehen in wechselnden Entfernungen.

Alterssichtigkeit (Presbyopie): Altersbedingter Verlust der Fähigkeit zur Nahakkomodation, der ab einem Alter von 40 Jahren einsetzen kann. Alterssichtigkeit wird mit Plusgläsern korrigiert.

Amblyopie: Durch eine Brille unkorrigierbare Sehschwäche. Sie tritt ein, wenn das Gehirn die von einem Auge hereinkommenden Meldungen missachtet.

Astigmatismus (Zerr- oder Stabsichtigkeit): Die nicht punktuelle Abbildung durch das abbildende System des Auges infolge einer Hornhautverkrümmung. Das Leiden kann schwankend auftreten und durch Stress, körperliche Fehlhaltungen und emotionale Faktoren hervorgerufen werden. Im übertragenen Sinn ist Astigmatismus die Unfähigkeit, ein geschehenes Ereignis zu akzeptieren, und Bestandteil der Überlebenspersönlichkeit. Astigmatismus wird durch zylindrische beziehungsweise torische Gläser kompensiert.

Auge von Vivencia: Sehvermögen, das mit dem Teil unseres Geistes assoziiert ist, von dem aus wir auf der Basis unseres wahren Wesenskerns und ohne Masken sehen.

Bewusstsein: Erkannte und verarbeitete Wahrnehmung.

Binokulares Sehen: Das beidäugige Einfachsehen (Simultansehen) aller auf einer kreisförmigen horizontalen Linie gelegenen Objekte.

Dioptrie: Maßeinheit für die brechende Kraft optischer Systeme. Eine Linse mit einer Dioptrie bündelt parallele Lichtstrahlen in der Entfernung von einem Meter im Brennpunkt. Zur Kennzeichnung von Konvex- und Konkavgläsern wird dem Wert ein Plus- beziehungsweise ein Minuszeichen vorangestellt.

Doppelsehen (Diplopie): Die Wahrnehmung zweier neben- oder schräg übereinander liegender Bilder eines Gegenstandes.

Flexible Persönlichkeit: Gegenteil der Überlebenspersönlichkeit. Der Teil unserer Persönlichkeit, der sich uneingeschränkt in seiner Bewusstheit entwickeln kann.

Fovea centralis (Sehgrube): Die mit dem Denken assoziierte Stelle schärfsten Sehens.

Fusion (Verschmelzung): Die Verschmelzung der auf korrespondierenden Netzhautstellen der beiden Augen entstehenden Bilder zu einem einzigen Bild als Hirnrindenleistung.

Geistiges Auge: Mit dem Gehirn und dem Geist assoziierter Teil des Auges. Hier wird der physische Teil des Sehens verarbeitet.

Integration: Die Verschmelzung von Fähigkeiten und Charaktereigenschaften. Der Vorgang des Vereinens im Gegenatz zum Isolieren. Er deutet auf einen Zustand hohen menschlichen Verstehens und Bewusstseins hin.

Kameraauge: Das physische Auge. Hier findet der physische Teil des Sehens statt.

Konkavlinse (Minusglas oder Zerstreuungslinse): Sphärische Linse mit Konkavität einer oder beider Flächen und entsprechend verdünntem Zentrum beziehungsweise dickeren Randpartien. Sie »zerstreut« die eintreffenden Lichtstrahlen und kompensiert Kurzsichtigkeit.

Konvexlinse (Plusglas oder Sammellinse): Sphärische Linse mit zentraler konvexer Nachaußenwölbung einer oder beider Flächen. Sie »sammelt« die eintreffenden Lichtstrahlen und kompensiert Weitsichtigkeit.

Kurzsichtigkeit (Myopie): Eine Brechungsanomalie des Auges, bei der die Punktvereinigung paralleler Lichtstrahlen vor der Netzhaut erfolgt und eine Sehunschärfe zur Folge hat. Im übertragenen Sinn ist Kurzsichtigkeit die Unfähigkeit, große Zusammenhänge zu erkennen. Kurzsichtigkeit wird mit Minusgläsern kompensiert.

Makula lutea (gelber Fleck): Ovaler Fleck in der Mitte des Augenhintergrunds auf der Sehachse. In der Mitte befindet sich die Fovea centralis, die Stelle schärfsten Sehens.

Refraktion (Lichtbrechung): Die Bedingungen des Auges, die zur Abbildung der Umweltgegenstände auf der Netzhaut führen.

Refraktionsanomalie (Brechungsfehler): Fehlsichtigkeit des Auges. Parallel einfallende Lichtstrahlen werden auf der Netzhaut nicht punktuell vereinigt.

Sehen: Entspanntes, weiches, diffuseres Wahrnehmen von der Netzhaut her. Es steht mit einer gefühlsbetonten Geisteshaltung und mit Passivität in Beziehung. Gedanken und Tun werden unterdrückt oder weniger hervorgehoben.

Schauen: Konzentriertes, angespanntes, fokussiertes Hinschauen. Es steht mit einer rationalen, logischen Geisteshaltung und mit Aktivität in Beziehung. Gefühle und Sein werden unterdrückt oder weniger hervorgehoben.

Schielen (Strabismus): Eine Störung der Sensomotorik des Sehorgans mit der Unfähigkeit, die Blicklinien beider Augen auf den gleichen Punkt zu richten, beziehungsweise die Stellungsanomalie eines Auges mit Verlust der Fähigkeit zu beidäugigem Einfachsehen.

Überlebenspersönlichkeit: Gegenteil der flexiblen Persönlichkeit. Der Teil unserer Persönlichkeit, der durch Ängste, Leugnungen und Glaubensvorstellung in seiner Bewusstheit eingeschränkt ist.

Weitsichtigkeit (Hyperopie): Eine Brechungsanomalie des Auges, bei der die Punktvereinigung paralleler Lichtstrahlen erst hinter der Netzhaut erfolgt und eine Sehunschärfe zur Folge hat. Im übertragenen Sinn ist Weitsichtigkeit die Unfähigkeit, sich mit intimen Erfahrungen wohl zu fühlen. Weitsichtigkeit wird mit Plusgläsern kompensiert.

Bibliografie

Bates, W. H., *Rechtes Sehen ohne Brille. Heilung fehlerhaften Sehens durch Behandlung ohne Brille.* Lorch: Rohm, 1991.
Bennett, H. Z., *Lens of Perception.* Berkeley, CA: Celestial Arts, 1987.
Carter, R., *Mapping the Mind.* Berkeley, CA: University of California Press, 1998.
Damasio, A. R., »How the Brain Creates the Mind« in: *Scientific American,* S. 112–117, Dez. 1999.
Forrest, E. B., *Stress and Vision.* Santa Ana, CA: Optometric Extension Progaram Foundation, 1987.
Gottlieb, R., »Relieving Stress in Myopia« in: *Behavioural Aspects of Vision Care, Myopia Control.* Santa Ana, CA: Optometric Extension Programm Foundation, 1921.
Grof, S. und **H. Z. Bennett**, *The Holotropic Mind: The Three Levels of Human Consciousness and How They Shape Our Lives.* San Francisco: HarperCollins, 1992.
Grossman, M. und **G. Swarthout**, *Natural Eye Care. An Encyclopedia.* Los Angeles: Keats Publishing, 1999.
Harris, P., »Visual Conditions of Symphony Musicians« in: *Journal for the American Optometric Association,* Vol. 59, Nr. 12, S. 952–959, Dez. 1988.
Johnson, D. R., *What the Eye Reveals.* Olga, WA: Rayid Publications, o.J.
Jung, C. G., *Erinnerungen, Träume, Gedanken.* Düsseldorf: Walter, 1987.
Kaplan, Dr. R.-M., »Changes in Form Visual Fields in Reading Disabled Children, Produced by Syntonic (colored light) Stimulation« in: *The International Journal of Biosocial Research* 5 (1): S. 20–33, 1983.
ders., *Spielend besser Sehen.* München: Knaur, 1995.
ders., *Die Integrative Sehtherapie.* Freiamt: Arbor, 2000.
Kellum, R. B., *Capitalism and the Eye.* Ann Arbor, MI: UMI Dissertation Information Service, 1997.
Orfield, A., »Seeing Space: Undoing Brain Re-programming to Reduce Myopia« in: *Journal of Behavioral Optometry* 5 (5): S. 123–131, 1994.
Schiffer, F., *Of Two Minds. The Science of Dual-Brain Psychology.* New York: Free Press, 1998.

Selye, H., *Stress without Distress*. New York: Dutton, 1980.
Weser, C. und J., *Deine Augen: Das Tor zur Seele*. München: Goldmann, 1994.
Zajonc, A., *Die gemeinsame Geschichte von Licht und Bewusstsein*. Reinbek: Rowohlt, 1994.

Hilfe zu bewusstem Sehen

Meine Veröffentlichungen und Fotografien sind eine Art, wie ich meine Erfahrungen weitergebe. Eine weitere Möglichkeit ist, dass Sie über Telefon, Fax, E-Mail oder persönliche Beratung mit mir in Kontakt treten. Außerdem biete ich Workshops und Retreats an, in denen ich Teilnehmer in der Irisinterpretation und in Integrativer Sehtherapie ausbilde. Sie finden sowohl in den Vereinigten Staaten als auch in Europa statt und als zertifizierter Lehrer der Integrativen Sehtherapie können Sie anderen helfen, zu bewusstem Sehen zu finden. Wenn Sie mehr wissen wollen, dann besuchen Sie mich auf meiner Homepage oder schreiben Sie mir per Brief, Fax oder E-Mail. Ich würde mich freuen, Ihnen mit Informationen weiterhelfen zu können.

Dr. Roberto Kaplan
Voice Mail/Fax Kanada: 00 1-6 04-6 08-35 19
Voice Mail/Fax Europa: 00 49-69-25 57 70 03
E-Mail: robertokap@sunshine.net
Website: www.consciousseeing.com
           www.bewusstessehen.com

Seminare, Workshops und Produkte für bewusstes Sehen

Wenn Sie an weiteren Informationen über Seminare, Workshops, Selbstheilungskassetten, Lochbrillen, Farbfilter und an anderen Produkte für bewusstes Sehen interessiert sind, dann wenden Sie sich an:

Nordamerika:
Beyond 20/20 Vision®
P.O. Box 68
Roberts Creek, B.C. V0N 2W0
CANADA
Tel. 0 01-6 04-8 85-71 18
Voice Mail: 0 01-6 04-6 08-35 19
Fax: 0 01-6 04-6 08-35 19
E-Mail: Order@beyond2020vision.com
Website: www.beyond2020vision.com

Europa:
Institut für Integrative Sehtherapie
Schulgasse 90/24
A-1180 Wien
Tel./Fax: 00 43-1-4 78 84 37
Tel./Fax: 00 49-69-25 57 70 03
E-Mail: robertokap@attglobal.net
E-Mail: gabriela.jorg@nextra.at
Website: www.integrativesehtherapie.at
www.bewusstessehen.com

Frankfurter Ring e.V.
Kobbachstr. 12
60433 Frankfurt am Main
Tel.: 0 69-51 15 55
Fax: 0 69-51 22 20
E-Mail: info@frankfurter-ring.org
Website: www.frankfurter-ring.org
Vermittlung von mit Sehtherapie arbeitenden Augenärzten und Optikern:
Optometric Extension Program: www.oep.org
College of Optometrists in Vision Development:
www.covd.org und Tel. 0 01(8 88) 2 68-37 70
www.optometrists.org/eye_doctors.html

Dank

Euch allen gebührt mein herzlichster Dank: meinen Eltern Mark und Hilly, zahllosen Lehrern, meinen Kindern Julia, Symon und Daved, meiner geliebten Freundin Gabriela, meinem amerikanischen Verleger Hal Zina Bennett, der mich außerdem in allen Buchangelegenheiten bestens berät, und den Verlagsmitarbeitern sowohl in Amerika als auch in Deutschland, die auf großzügige Weise zum Entstehen dieses Buches beigetragen haben. Seid gesegnet auf dem Weg zu bewusstem Sehen.